EU
TEREI
SUMIDO
NA
ESCURIDÃO

CB049590

MICHELLE McNAMARA

EU
TEREI
SUMIDO
NA
ESCURIDÃO

TRADUÇÃO: LUIS REYES GIL

1ª reimpressão

VESTÍGIO

Copyright © 2018 Tell Me Productions, Inc.

Título original: *I'll Be Gone in the Dark*

Todos os direitos reservados pela Editora Vestígio. Nenhuma parte desta publicação poderá ser reproduzida, seja por meios mecânicos, eletrônicos, seja via cópia xerográfica, sem a autorização prévia da Editora.

GERENTE EDITORIAL
Arnaud Vin

EDITOR ASSISTENTE
Eduardo Soares

ASSISTENTE EDITORIAL
Pedro Pinheiro

REVISÃO
Eduardo Soares

ADAPTAÇÃO DE CAPA ORIGINAL
Diogo Droschi (sobre capa de Faber. Fotografia: © Ed Freeman / Getty)

DIAGRAMAÇÃO
Guilherme Fagundes

**Dados Internacionais de Catalogação na Publicação (CIP)
Câmara Brasileira do Livro, SP, Brasil**

McNamara, Michelle, 1970-2016
    Eu terei sumido na escuridão / Michelle McNamara ; tradução Luis Reyes Gil. -- 1. ed. ; 1. reimp. -- São Paulo : Vestígio, 2022.

    Título original: I'll be gone in the dark

    ISBN 978-85-8286-472-2

    1. Investigação de assassinato em série - Califórnia (Estados Unidos) I. Título.

18-16746   CDD-364.1523209794

Índices para catálogo sistemático:

    1. Assassinatos em série : Califórnia : Estados Unidos : Criminologia 364.1523209794 Cibele Maria Dias - Bibliotecária - CRB-8/9427

A **VESTÍGIO** É UMA EDITORA DO **GRUPO AUTÊNTICA**

São Paulo
Av. Paulista, 2.073 . Conjunto Nacional
Horsa I . Sala 309 . Cerqueira César .
01311-940 São Paulo . SP
Tel.: (55 11) 3034 4468

Belo Horizonte
Rua Carlos Turner, 420
Silveira . 31140-520
Belo Horizonte . MG
Tel.: (55 31) 3465 4500

www.editoravestigio.com.br
SAC: atendimentoleitor@grupoautentica.com.br

Nada de mordomo, empregada, nem de sangue na escada.
Nenhuma tia excêntrica, jardineiro ou amigo da família
sorrindo no meio das bugigangas e do assassinato.
Apenas uma casa suburbana com a porta da frente aberta
E um cachorro latindo para um esquilo, e os automóveis
Passando. O cadáver bem morto. A esposa na Flórida.

Avalie as pistas: o espremedor de batatas num vaso,
A fotografia rasgada de um time de basquete metodista,
Espalhados junto com comprovantes de pagamento na sala;
Uma carta de fã para Shirley Temple não enviada,
O *button* do Hoover na lapela do falecido,
O bilhete: "Não vejo problema em ter sido morto desse jeito".

Não admira que o caso continue sem solução,
Ou que o investigador, Le Roux, tenha enlouquecido completamente,
E fique sentado sozinho num quarto branco, de roupa branca,
Gritando que o mundo inteiro enlouqueceu, que as pistas
Não levam a nada, ou levam a muros tão altos que seu topo não pode ser visto;
Gritando todos os dias da guerra, gritando que nada tem solução.

– Weldon Kees, "Clube do Crime"

SUMÁRIO

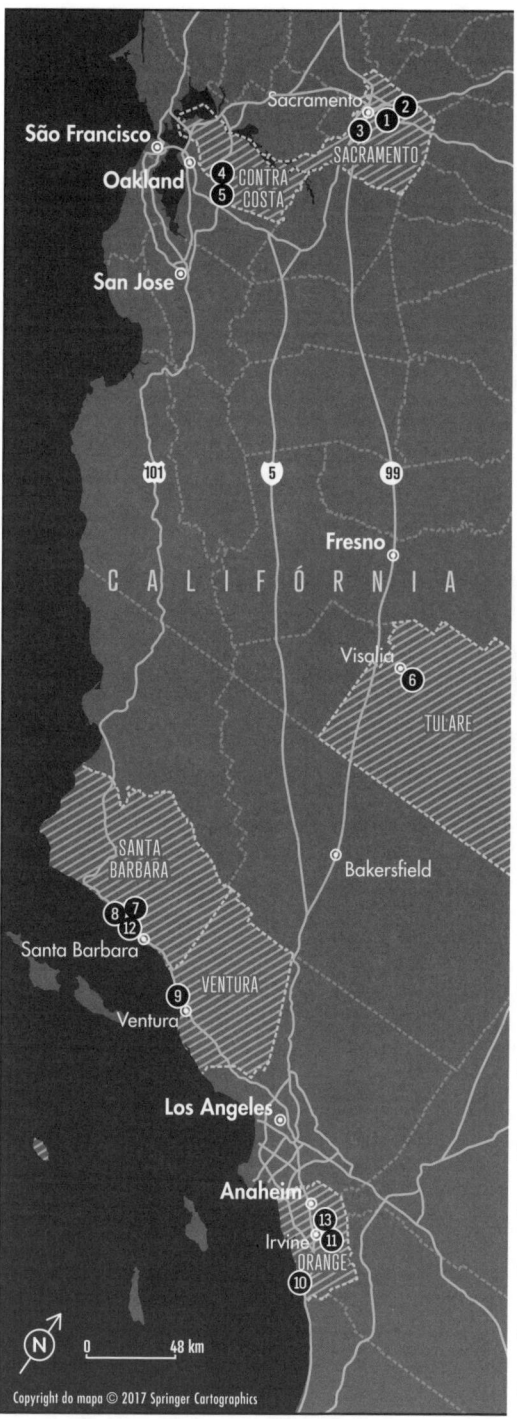

ATAQUES DO ESTUPRADOR DA ÁREA LESTE
(Junho de 1976 a julho de 1979) Norte da Califórnia
Ataca 50 mulheres em sete condados

① 18 de junho de 1976 – Rancho Cordova
Uma mulher de 23 anos (identificada neste livro como
"Sheila") é estuprada em sua cama por um intruso
mascarado. Será o primeiro ataque de dezenas, por
um homem que viria a ser conhecido na mídia e no
judiciário como "Estuprador da Área Leste".

② 5 de outubro de 1976 – Citrus Heights
O Estuprador da Área Leste ataca pela quinta vez,
visando uma dona de casa de 30 anos, Julie Miller*.
O estuprador espera o marido da vítima sair para o
trabalho e entra minutos depois. O filho de 3 anos de
idade da vítima permanece no quarto dela durante todo
o suplício.

③ 28 de maio de 1977 – Parkway – Sul de Sacramento
Fiona Williams*, de 28 anos, e o marido Phillip são
vítimas do EAL em seu 22º ataque conhecido – o
sétimo ataque em que o homem está presente durante
o incidente.

④ 28 de outubro de 1978 – San Ramon
A contagem oficial chega a 40 quando o EAL ataca
outro casal: Kathy*, de 23 anos, e o marido, David*.

⑤ 9 de dezembro de 1978 – Danville
Esther McDonald*, 32 anos, é acordada à noite,
amarrada e estuprada, tornando-se a 43ª vítima do EAL.

OS ROUBOS E DISPAROS DO SAQUEADOR DE VISALIA
(Abril de 1974 a dezembro de 1975)

⑥ Visalia
Exploração de um possível vínculo com as várias
invasões e o assassinato de Claude Snelling.

A VIOLÊNCIA DO ORIGINAL NIGHT STALKER
(Outubro de 1979 a maio de 1986)

⑦ 1ª de outubro de 1979 – Goleta
O Original Night Stalker ataca um casal durante uma
malsucedida invasão de casa; o casal escapa.

⑧ 30 de dezembro de 1979 – Goleta
O ONS mata o Dr. Robert Offerman e Debra
Alexandria Manning.

⑨ 13 de março de 1980 – Ventura
O ONS mata Charlene e Lyman Smith.

⑩ 19 de agosto de 1980 – Dana Point
O ONS mata Keith e Patrice Harrington.

⑪ 6 de fevereiro de 1981 – Irvine
O ONS mata Manuela Witthuhn.

⑫ 27 de julho de 1981 – Goleta
O ONS mata Cheri Domingo e Gregory Sanchez.

⑬ 5 de maio de 1986 – Irvine
O ONS mata Janelle Cruz.

PERSONAGENS

VÍTIMAS

Vítimas de estupro
Sheila* (Sacramento, 1976)

Jane Carson (Sacramento, 1976)

Fiona Williams* (Sul de Sacramento, 1977)

Kathy* (San Ramon, 1978)

Esther McDonald* (Danville, 1978)

Vítimas de homicídio
Claude Snelling (Visalia, 1978)**

Katie e Brian Maggiore (Sacramento, 1978)**

Debra Alexandria Manning e Robert Offerman (Goleta, 1979)

Charlene e Lyman Smith (Ventura, 1980)

Patrice e Keith Harrington (Dana Point, 1980)

Manuela Witthuhn (Irvine, 1981)

Cheri Domingo e Gregory Sanchez (Goleta, 1981)

Janelle Cruz (Irvine, 1986)

---

* Pseudônimo.

** Nunca associado de maneira conclusiva ao Assassino do Golden State.

INVESTIGADORES

Jim Bevins – investigador, Departamento do Xerife do Condado de Sacramento

Ken Clark – detetive, Escritório do Xerife de Sacramento

Carol Daly – detetive, Departamento do Xerife do Condado de Sacramento

Richard Shelby – detetive, Departamento do Xerife do Condado de Sacramento

Larry Crompton – detetive, Departamento do Xerife do Condado de Contra Costa

Paul Holes – criminalista, Departamento do Xerife do Condado de Contra Costa

John Murdock – chefe, Laboratório de Criminalística do Xerife, Condado de Contra Costa

Bill McGowen – detetive, Departamento de Polícia de Visalia

Mary Hong – criminalista, Laboratório de Criminalística do Condado de Orange

Erika Hutchcraft – investigadora, Escritório Distrital da Promotoria do Condado de Orange

Larry Pool – investigador, Countywide Law Enforcement Unsolved Element (CLUE) ["Autoridade Policial do Condado para Casos Não Solucionados"], Departamento do Xerife do Condado de Orange

Jim White – criminalista, Departamento do Xerife do Condado de Orange

Fred Ray – detetive, Escritório do Xerife do Condado de Santa Barbara

INTRODUÇÃO

ANTES DO ASSASSINO DO GOLDEN STATE, o "estado dourado" da Califórnia, havia a garota. Michelle vai falar dela: a garota, arrastada até o beco que sai da Pleasant Street, assassinada e largada num monte de lixo. A garota, uma jovem de vinte e poucos anos, morta em Oak Park, Illinois, a algumas quadras de onde Michelle foi criada – numa movimentada casa de católicos irlandeses.

Michelle, a mais nova de seis irmãos, assinava as entradas de seu diário como "Michelle, a Escritora". Ela contou que o assassinato despertou nela o interesse pelas histórias de crimes reais.

Nós duas teríamos formado um belo par (embora talvez um par estranho). Na mesma época, no começo da minha adolescência, lá em Kansas City, Missouri, eu também queria ser escritora, embora tenha adotado no meu diário um apelido um pouco mais pretensioso: Gillian, a Grande. Como Michelle, cresci numa família irlandesa numerosa, frequentei escola católica e cultivei um fascínio pelo escuro. Li *A Sangue-Frio*, de Truman Capote, quando tinha 12 anos, numa cópia barata de segunda mão, e isso iria iniciar minha obsessão de toda a vida por crimes reais.

Adoro ler sobre crimes reais, mas sempre tive consciência de que, como leitora, estou na realidade escolhendo ser uma consumidora das tragédias de outras pessoas. Portanto, como qualquer consumidora responsável, tento ser criteriosa nas minhas escolhas. Leio apenas o melhor: escritores que sejam obstinados, perspicazes e humanos.

Era inevitável que encontrasse Michelle.

Sempre achei que o aspecto menos valorizado de um grande escritor de crimes reais é a humanidade. Michelle McNamara teve uma misteriosa capacidade de entrar na mente não só dos assassinos, mas também dos policiais que os perseguiram, das vítimas que foram destruídas, e do rastro de dor deixado para os parentes. Quando adulta, virei uma visitante regular de seu notável blog, *True Crime Diary* ["Diário do Crime Real"]. "Por que você não escreve para ela?", meu marido insistia. Ela era de Chicago; eu moro em Chicago; as duas éramos mães que passavam uma quantidade pouco saudável de tempo revirando pedras nos lados escuros da humanidade.

Eu resisti às sugestões do meu marido – acho que o mais perto que cheguei em termos de conhecê-la foi me apresentar a uma tia dela num evento de livraria – ela me passou seu telefone, e eu mandei a Michele uma mensagem de texto, dizendo algo tão pouco próprio de escritores como "Você é incrível!!!".

A verdade é que eu não tinha certeza se queria conhecer essa escritora – sentia que ela estava um nível acima de mim. Eu crio personagens; ela tinha que lidar com fatos, ir até onde a história a levasse. Ela tinha que ganhar a confiança de investigadores desconfiados, cansados, encarar montanhas de documentos que poderiam conter aquela única informação crucial, e convencer famílias e amigos arrasados a remexer em velhas feridas.

Ela fazia isso com um encanto particular, escrevendo à noite enquanto a família dormia, num quarto com um monte de cartolinas da filha espalhadas, anotando com giz de cera colorido os códigos penais da Califórnia.

Sou uma horrível colecionadora de assassinos, mas não tinha conhecimento do homem que Michelle iria apelidar de Assassino do Golden State, até ela começar a escrever sobre esse pesadelo, responsável por cinquenta agressões sexuais e pelo menos dez assassinatos na Califórnia nas décadas de 1970 e 1980. Este era um caso que esfriara havia décadas; testemunhas e vítimas haviam se mudado ou falecido ou sumido; o caso abrangia várias jurisdições – tanto no sul como no norte da Califórnia – e envolvia uma miríade de arquivos criminais que não contavam com os benefícios das análises de DNA ou de laboratório. São poucos os escritores que levariam isso adiante, e menos ainda os que fariam isso bem.

A obstinação de Michelle em perseguir esse caso foi impressionante. Num exemplo típico, ela localizou no site de um brechó no estado do Oregon um par de abotoaduras que haviam sido roubadas de uma cena de crime em Stockton, Califórnia, em 1977. Não só isso; ela podia também lhe dizer que "nomes de menino que começam com N eram relativamente raros, aparecendo apenas uma vez na lista dos cem nomes mais comuns nas décadas de 1930 e 1940, época em que o dono original das abotoaduras provavelmente teria nascido". Veja bem, isso sequer é uma pista que leve ao assassino; é uma pista que leva às abotoaduras que o assassino roubou. Essa dedicação aos detalhes era típica. Escreve Michelle: "Uma vez, passei uma tarde vasculhando todos os detalhes possíveis a respeito de um membro da equipe de polo aquático da turma de 1972 da Escola Secundária Rio American, porque na foto do anuário ele aparecia esbelto e com panturrilhas grossas" – um *possível* traço físico do Assassino do Golden State.

Muitos escritores que deram suor e sangue reunindo tal volume de pesquisa podem se perder nos detalhes – estatísticas e informação tendem a deixar de lado a humanidade. Os traços que fazem da pessoa um pesquisador incansável com frequência estão em oposição às nuances da vida.

Mas *Eu terei sumido na escuridão*, além de um belo trabalho de divulgação de informações, é também um retrato de época, lugar e pessoa. Michelle dá vida às subdivisões da Califórnia que ficam junto a plantações de laranja, novos conjuntos habitacionais insossos que faziam das vítimas as estrelas de seus próprios filmes de suspense chocantes, as cidades que viviam à sombra das montanhas e ganhavam vida uma vez por ano com as milhares de tarântulas frenéticas que saíam em busca de parceiros para acasalar. E as pessoas, ah, meu Deus, as pessoas – ex-hippies ainda esperançosos, ou recém-casados em sua labuta, ou uma mãe e uma filha adolescente discutindo a respeito de liberdade e responsabilidade e trajes de banho, sem saber que faziam isso pela última vez.

Fui fisgada desde o início, e Michelle também, ao que parece. Sua caçada de muitos anos, atrás da identidade do Assassino do Golden State, cobrou um duro preço: "Tenho um grito permanentemente preso na minha garganta agora".

Michelle faleceu durante o sono aos 46 anos de idade, antes que pudesse terminar este livro notável. Você encontrará relatos de casos de colegas dela, mas a identidade do Assassino do Golden State – quem era ele – permanece sem solução.* A identidade dele não me importa minimamente. Quero que seja capturado; não me importa quem seja. Olhar para o rosto de um homem desses é um anticlímax; atribuir-lhe

---

* Ver Nota à edição brasileira, p. 319. [N.E.]

algum nome, mais ainda. Sabemos o que ele fez; qualquer informação adicional inevitavelmente parecerá trivial, vaga, um clichê: "Minha mãe foi cruel comigo. Odeio mulheres. Nunca tive família ..." E assim por diante.

Quero saber mais a respeito de pessoas de verdade, completas, não a respeito de sujos detritos humanos. Quero saber mais a respeito de Michelle. À medida que ela detalhava sua busca por esse homem sombrio, eu me vi procurando pistas a respeito dessa escritora que tanto admiro. Quem era a mulher em quem confiei o suficiente para acompanhar esse pesadelo? Como era ela? O que a tornou assim? O que lhe deu esse encanto? Num dia de verão, eu me vi no trajeto de vinte minutos da minha casa em Chicago até Oak Park, até o beco onde "a garota" foi encontrada, onde Michelle, a Escritora, descobriu sua vocação. Só quando cheguei é que entendi por que estava ali. Era porque estava numa busca própria, na minha perseguição a essa notável perseguidora do escuro.

— Gillian Flynn
Autora de *Garota exemplar*

PRÓLOGO

NAQUELE VERÃO, PERSEGUI O ASSASSINO EM SÉRIE À NOITE, instalada no quarto de brinquedos da minha filha. No essencial, eu imitava a rotina da hora de deitar de uma pessoa normal. Escovava os dentes. Vestia o pijama. Mas depois que meu marido e minha filha caíam no sono, ia para o meu espaço de trabalho improvisado e ligava o laptop, essa escotilha de 15 polegadas de largura e infinitas possibilidades. Nosso bairro, a noroeste do centro de Los Angeles, é muito tranquilo à noite. Às vezes o único som era o do clique do mouse conforme eu chegava cada vez mais perto das entradas de casas de homens que eu não conhecia, usando o *Street View* do Google Maps. Eu raramente me mexia, mas dava saltos de décadas com uns poucos toques de teclas. Anuários de colégios. Certidões de casamento. Fotos de arquivos policiais. Vasculhava milhares de páginas de arquivos policiais da década de 1970. Ficava matutando em cima de relatórios de autópsias. Não achava nada demais fazer isso rodeada por meia dúzia de bichos de pelúcia e por um conjunto de bongôs cor de rosa. Encontrara meu local de pesquisa, tão privado quanto o labirinto de um rato. Toda obsessão precisa de um espaço próprio. O meu estava cheio de papéis com desenhos para colorir, nos quais eu fazia anotações com giz de cera colorido a respeito dos códigos penais da Califórnia.

Era por volta de meia-noite do dia 3 de julho de 2012, quando abri um documento que eu compilara, listando todos os itens singulares que ele roubara ao longo dos anos. Havia me aventurado um pouco em metade dessa lista: becos sem saída. O item seguinte a pesquisar era um par de abotoaduras roubadas de Stockton, Califórnia, em setembro de 1977. Nessa época, o Assassino do Golden State, como eu acabei chamando-o, ainda não se graduara como assassino. Era um estuprador em série, conhecido como o Estuprador da Área Leste, que atacava mulheres e meninas nos seus quartos, primeiro na parte leste do Condado de Sacramento, depois fazendo incursões em comunidades do Central Valley e nos arredores de East Bay, em São Francisco. Era jovem – entre 18 e 30 anos –, caucasiano e atlético, capaz de escapar saltando cercas altas. Seu alvo preferido eram casas de apenas um andar, localizadas a dois lotes da esquina em um bairro tranquilo de classe média. Usava sempre uma máscara.

Precisão e autopreservação eram os traços que permitiam identificá-lo. Quando escolhia uma vítima, costumava entrar na casa com antecedência, quando não houvesse ninguém lá, examinava as fotos da família, assimilava o arranjo. Desativava as luzes da varanda e destravava as portas de vidro corrediças. Tirava as balas das armas. Proprietários das casas, despreocupados, fechavam portões deixados abertos; fotos que ele tivesse mudado de lugar eram colocadas de volta, e atribuía-se isso à bagunça normal do dia a dia. As vítimas dormiam sossegadas até que o facho da lanterna as obrigasse a abrir os olhos. Ficavam ofuscadas, desorientadas. Mentes sonolentas arrastavam-se, e depois aceleravam. Uma figura que elas não conseguiam ver manejava a luz, mas quem, e por quê? Seu medo encontrava a direção quando ouviam a voz, descrita como um sussurro gutural entredentes, abrupto e ameaçador, embora algumas vítimas notassem um lapso ocasional e a variação para um tom mais agudo, um tremor, um gaguejar, como se o estranho mascarado no escuro estivesse escondendo não só o rosto mas também uma instabilidade brusca que nem sempre conseguia disfarçar.

O caso Stockton em setembro de 1977, quando ele roubara as abotoaduras, foi seu vigésimo terceiro ataque, e aconteceu após um intervalo de verão muito bem delimitado. Os ganchos da cortina raspando no varão acordaram a mulher de 29 anos de idade em seu quarto, na região noroeste de Stockton. Ela levantou a cabeça do travesseiro. As luzes do pátio de fora emolduraram a silhueta junto à porta. A imagem evaporou quando o facho da lanterna encontrou seu rosto ofuscando-a; uma energia poderosa correu em direção à cama. Seu último ataque havia sido no fim de semana prolongado do Memorial Day [o feriado nacional celebrado na última segunda-feira de maio, em homenagem aos militares mortos em combate]. Era 1h30 da madrugada da terça-feira depois do Labor Day [celebrado nos Estados Unidos na primeira segunda-feira de setembro]. O verão terminara. Ele estava de volta.

Ele agora ia atrás de casais. A vítima feminina tentara explicar o mau cheiro do seu agressor ao policial que fazia o relatório. Ela se esforçava para identificar o odor. Disse que não era cheiro de falta de banho. Não vinha de debaixo do braço dele, ou da sua respiração. O melhor que a vítima conseguiu dizer, anotou o policial em seu relatório, foi que parecia um cheiro de nervoso, que emanava não de alguma zona em particular do corpo dele, mas de todos os seus poros. O oficial perguntou se ela poderia ser mais específica. Ela disse que não. O fato era que não se tratava de nenhum cheiro que ela já tivesse sentido antes.

Como em outros casos em Stockton, ele resmungava que precisava de dinheiro, mas ignorava dinheiro vivo que encontrasse bem diante dele. O que queria daqueles que violava eram coisas de valor pessoal: alianças de casamento gravadas, carteiras de motorista, moedas comemorativas. As abotoaduras, relíquias de família, tinham um estilo incomum para a década de 1950, e um monograma com as iniciais N.R. O relator oficial havia feito um desenho esquemático delas à margem do relatório policial. Curioso como eram peculiares. Por meio de uma pesquisa na internet descobri que nomes de menino que começam com N eram raros, aparecendo apenas uma vez na lista dos cem nomes mais comuns nas décadas de 1930 e 1940, quando o dono original das abotoaduras provavelmente teria nascido. *Googlei* uma descrição das abotoaduras e apertei Enter no meu laptop.

Você precisa ter muita ousadia para achar que é capaz de decifrar um caso complexo de um assassino em série, que uma força tarefa representando cinco jurisdições da Califórnia, com ajuda do FBI, não tem sido capaz de solucionar, especialmente quando o trabalho de detetive que você faz é, como o meu, do tipo autodidata. Meu interesse por crimes tem raízes pessoais. O assassinato não esclarecido de uma vizinha quando eu tinha 14 anos despertou um fascínio por casos não solucionados. O advento da internet transformou meu interesse numa ocupação ativa. Depois que os registros públicos foram disponibilizados online e que foram inventadas ferramentas de busca sofisticadas, entendi de que maneira uma cabeça cheia de detalhes de crimes podia interagir com uma barra de pesquisa vazia, e em 2006 criei um site chamado *True Crime Diary*. Quando minha família vai dormir, faço uma viagem no tempo e reformato evidências estagnadas, usando tecnologia do século XXI. Começo clicando, vasculhando a internet atrás de pistas digitais que as autoridades talvez tenham deixado de fora, passando um pente fino em listas telefônicas digitalizadas, anuários, e vistas de cenas de crime no Google Earth: um poço sem fundo de potenciais pistas para o investigador de laptop que existe hoje no mundo virtual. Compartilho minhas teorias com os leais frequentadores do meu blog.

Tenho escrito sobre centenas de crimes não resolvidos, envolvendo desde assassinos que usam clorofórmio a padres homicidas. O Assassino do Golden State, porém, é o que mais me consumiu. Além das cinquenta agressões sexuais no Norte da Califórnia, foi responsável por dez assassinatos sádicos no sul do estado. Este foi um caso que se estendeu por uma década e acabou mudando a lei sobre DNA no estado. Nem o Assassino do Zodíaco, que aterrorizou São Francisco no final da década de 1960 e início da de 1970, nem o Night Stalker ["Perseguidor Noturno"], que fez os californianos do sul trancarem suas janelas nos anos 1980, foram tão ativos. No entanto, o Assassino do Golden State foi pouco reconhecido. Não tinha um nome sugestivo até eu cunhar um. Atacava em diferentes jurisdições da Califórnia, que nem sempre compartilhavam informações ou se comunicavam bem entre elas. Quando os testes de DNA revelaram que crimes antes tidos como não relacionados eram obra do mesmo homem, havia transcorrido mais de uma década desde seu último assassinato conhecido, e sua captura não era mais prioridade. Ele voou abaixo do radar, à solta e não identificado.

Mas ainda aterrorizava suas vítimas. Em 2001, uma mulher em Sacramento atendeu o telefone na mesma casa em que havia sido atacada 24 anos antes. "Lembra quando a gente brincou?", sussurrou um homem. Ela reconheceu a voz na hora. As palavras dele fizeram-na lembrar de algo que ele dissera em Stockton, quando a filha de 6 anos de idade do casal levantou para ir ao banheiro e deparou com ele no corredor. Ele estava a cerca de seis metros de distância dela, um homem com uma máscara marrom de esqui e luvas pretas de lã, e sem calças. Ele tinha um cinto com uma espécie de espada nele. "Estou fazendo umas brincadeiras com sua mãe e seu pai", ele disse. "Venha me assistir."

O que me fisgou foi que o caso parecia ser solucionável. Sua área de destroços era ao mesmo tempo muito grande e muito pequena; ele fizera muitas vítimas e deixara muitas pistas, mas em comunidades relativamente restritas, facilitando a prospecção de dados de potenciais suspeitos. Senti-me logo arrastada pelo caso. A curiosidade virou um apetite intenso. Entrei na perseguição, absorvida por uma febre de cliques que conectava meu ímpeto de fazer conexões com uma descarga prazerosa de dopamina. Não era só eu. Encontrei um grupo de pesquisadores empenhados, que criaram um mural de mensagens online para trocar pistas e teorias a respeito do caso. Deixei de lado quaisquer julgamentos que pudesse ter feito e segui a conversa deles, ao todo vinte mil posts. Filtrei e excluí os de gente esquisita com motivos duvidosos e me concentrei nos verdadeiros perseguidores. Às vezes aparecia no mural de mensagens uma pista, como a imagem de um adesivo de um veículo suspeito, visto perto do ataque, uma pequena contribuição coletiva de detetives sobrecarregados de trabalho que ainda estavam tentando resolver o caso.

Não o considero um fantasma. Minha fé estava num erro humano. Ele deve ter cometido algum erro em algum ponto do caminho, eu ponderava.

Naquela noite em que fiquei pesquisando as abotoaduras, eu já vinha com aquela obsessão pelo caso havia quase um ano. Gosto de blocos de notas amarelos, especialmente as dez primeiras páginas mais ou menos, quando tudo parece fluente e promissor. O quarto de brinquedos da minha filha estava cheio desses meus blocos de notas amarelos preenchidos pela metade, um hábito perdulário e que refletia meu estado mental. Cada bloco era uma linha de investigação que começava e empacava. Procurei conselho com detetives aposentados que haviam trabalhado no caso, muitos dos quais acabei considerando meus amigos. Sua ousadia já havia sido minada, mas isso não impediu que incentivassem a minha. A caçada para encontrar o Assassino do Golden State, que abrangeu quase quatro décadas, parecia menos uma corrida de revezamento do que um grupo de fanáticos amarrados numa corda e tentando escalar uma montanha impossível. Os caras mais velhos tiveram que parar uma hora, mas insistiam em que eu fosse em frente. Eu me queixei com um deles dizendo que me sentia como se estivesse atirando para todos os lados.

– Meu conselho? Atire para um lado só – disse ele. – Atire até acabar a munição.

Os itens roubados eram o lado para o qual eu vinha atirando. Eu não estava otimista. Minha família e eu estávamos indo para Santa Monica para o fim de semana do Quatro de Julho. Eu ainda não havia feito as malas. A previsão do tempo não animava. Então eu vi, numa imagem no meio de centenas de outras que eram carregadas na tela do meu laptop, o mesmo estilo de abotoadura do desenho esboçado no arquivo policial, com as mesmas iniciais. Chequei várias vezes o desenho tosco do policial com a imagem no meu computador. Estavam sendo vendidas por oito dólares num brechó de uma cidadezinha do Oregon. Comprei na hora, pagando quarenta dólares pela entrega expressa, no dia seguinte. Fui pelo corredor até meu quarto. Meu marido já dormia. Sentei na beirada da cama e fiquei olhando fixo para ele até que abriu os olhos.

– Acho que encontrei o cara – eu disse. Meu marido nem precisou perguntar quem era o tal "cara".

PARTE UM

PARTE UM

IRVINE, 1981

DEPOIS DE CONCLUIR SEU TRABALHO NA CASA, a polícia disse a Drew Witthuhn: "É toda sua". A fita amarela foi removida; a porta da frente, fechada. A impassível precisão dos policiais em seu trabalho ajudara a desviar a atenção da mancha. Não havia como não vê-la agora. A cama de seu irmão e de sua cunhada ficava logo ao entrar pela porta da frente, bem diante da cozinha. Em pé junto à pia, Drew só teve que virar a cabeça para ver o esguicho escuro que manchava a parede branca acima da cama de David e Manuela.

Drew orgulhava-se de não ser melindroso. Na Academia de Polícia, eram treinados para lidar com o estresse e não se abalar nunca. Resistir às emoções era um requisito para se formar. Mas até a noite de sexta-feira, 6 de fevereiro de 1981, quando a irmã da sua noiva parou junto à mesa dele no Rathskeller Pub em Huntington Beach e disse ofegante: "Drew, ligue pra sua mãe", ele não imaginara que seria obrigado a usar essas habilidades – a de ficar de boca fechada e olhar firme para a frente enquanto todos os demais gritavam de olhos esbugalhados – tão cedo ou tão perto da sua casa.

David e Manuela moravam no número 35 da rua Columbus, em uma casa térrea de Northwood, um conjunto residencial novo em Irvine. O bairro era uma das ramificações de subúrbio que se estendiam no que restara do velho rancho Irvine. Laranjais ainda dominavam os arredores, margeando o concreto e o asfalto intrusos com suas imaculadas fileiras de árvores, junto a um galpão de processamento e de alojamentos para colhedores. O futuro daquela paisagem em transformação podia ser medido pelo som: o estrondo de caminhões despejando cimento ia abafando o dos tratores, cada vez em menor número.

Um ar ameno mascarava a transformação acelerada de Northwood. Fileiras de altos eucaliptos, plantados por fazendeiros na década de 1940 como proteção contra os fortes ventos de Santa Ana, não haviam sido derrubadas, mas tinham agora outro propósito. As construtoras usaram as árvores para dividir as avenidas principais e separar os núcleos. O loteamento de David e Manuela, Shady Hollow, era um núcleo de 137 casas, com quatro tipos de plantas disponíveis. Eles escolheram a Planta 6014, "O Salgueiro", com três quartos, 140 metros quadrados. No final de 1979, quando a casa ficou pronta, eles se mudaram.

Para Drew, a casa parecia típica de gente mais velha, embora David e Manuela tivessem apenas cinco anos a mais que ele. Primeiro, porque era nova em folha. Os armários da cozinha brilhavam, pelo pouco uso. A geladeira ainda cheirava a plástico por dentro. E a casa era muito espaçosa. Drew e David haviam sido criados numa casa mais ou menos do mesmo tamanho, mas nela espremiam-se sete pessoas, era preciso ter paciência para aguardar sua vez de tomar banho, e jantavam todos acotovelados na mesa. David e Manuela guardavam as bicicletas num dos três quartos da casa; no outro quarto vago, David guardava sua guitarra.

Drew tentava ignorar uma ponta de ciúmes, mas a verdade é que invejava o irmão mais velho. David e Manuela estavam casados havia cinco anos, e os dois tinham emprego fixo. Ela trabalhava com empréstimos no California First Bank; ele era vendedor na House of Imports, uma revenda da Mercedes-Benz. Unidos por aspirações de classe média. Eles passavam um bom tempo discutindo se deveriam ou não erguer um muro de tijolos na frente da casa e qual seria o melhor lugar para comprar bons tapetes orientais. A casa número 35 da rua Columbus era um esboço aguardando ser preenchido. Seus espaços vazios davam-lhe um ar de promessa. Drew sentia-se comparativamente atrasado e imaturo.

Depois de sua primeira visita, raramente Drew passava algum tempo na casa deles. O problema não era exatamente o nível de ressentimento, mas talvez o desprazer. Manuela, filha única de imigrantes alemães, era rude, às vezes de um jeito desconcertante. No California First Bank, era conhecida por ficar dizendo às pessoas quando é que tinham que cortar o cabelo ou por apontar os erros dos outros. Ela mantinha uma lista privada de erros que seus colegas haviam cometido, que ela escrevia em alemão. Era magra, bonita, com os ossos do rosto salientes e implantes nos seios; decidira fazer o procedimento depois de casar, porque tinha o peito pequeno e David, segundo confessou ela a uma colega, meio dando de ombros, ressentida, parecia preferir peitos grandes. Mas não fazia ostentação da nova aparência. Ao contrário, preferia gola olímpica e mantinha os braços cruzados junto ao corpo, como alguém que está a postos para uma briga.

Drew podia ver que o relacionamento funcionava bem para o irmão, mais retraído e hesitante, com uma maneira de falar mais tangencial do que direta. Mas era muito frequente Drew sair da companhia deles irritado com a energia de Manuela, com suas reclamações que causavam atritos em cada espaço em que entrava.

No início de fevereiro de 1981, Drew soube por meio de comentários que circulavam na família que David não estava se sentindo bem e fora internado no hospital, mas fazia um tempo que não via o irmão e não tinha planos de visitá-lo. Na segunda-feira, 2 de fevereiro, Manuela internara David no hospital comunitário Santa Ana-Tustin, com uma grave virose gastrointestinal. Nas noites seguintes, manteve a mesma rotina: ia à casa dos pais jantar, e depois até o quarto 320 do hospital, para ver David. Falavam-se todos os dias e todas as noites por telefone. No final da manhã de uma sexta-feira, David ligou para o banco para falar com Manuela, mas os colegas disseram que ela não tinha ido trabalhar. Ligou para casa, mas ninguém atendia o telefone, o que o deixou intrigado. A secretária eletrônica deles sempre atendia depois do terceiro toque; Manuela não sabia lidar com o aparelho. Em seguida, ele ligou para a mãe dela, Ruth, que concordou em dar um pulo de carro até a casa, atrás da filha. Quando viu que ninguém atendia, usou sua chave para entrar. Alguns minutos depois, Ron Sharpe,* um amigo próximo da família, recebeu uma ligação de Ruth, histérica.

– Eu dei uma olhada à minha esquerda e vi as mãos dela abertas desse jeito, e o sangue espalhado pela parede – contou Sharpe aos detetives. – Não conseguia entender como o sangue tinha chegado até a parede desde o lugar onde ela estava deitada.

Ele deu apenas uma olhada no quarto, não voltou para olhar de novo.

Manuela estava deitada na cama de bruços. Vestia um robe marrom de tecido aveludado e estava meio enfiada num saco de dormir, no qual às vezes dormia quando sentia muito frio. Marcas vermelhas rodeavam seus pulsos e tornozelos, evidência de amarras, que haviam sido removidas. Uma chave de fenda grande estava largada no pátio de concreto a meio

---

* Pseudônimo.

metro da porta de vidro corrediça dos fundos. O mecanismo de trava da porta havia sido forçado.

Uma tevê de 19 polegadas havia sido levada de dentro da casa até o canto sudoeste do quintal dos fundos, encostada a uma cerca de madeira alta. O canto da cerca estava levemente afastado, como se alguém tivesse batido na cerca ou saltado com excessiva força. Investigadores observaram marcas de sapato, com um padrão de pequenos círculos, nos quintais da frente e dos fundos, e em cima do medidor de gás no lado leste da casa.

Uma das primeiras peculiaridades que os investigadores observaram foi que a única fonte de luz no quarto vinha do banheiro. Perguntaram a David sobre isso. Ele estava na casa dos pais de Manuela, onde um grupo de familiares e amigos se reunira ao saber da notícia, para se lamentar e se consolar. Os investigadores notaram que David parecia abalado e confuso; a dor deixara sua mente à deriva. Não terminava de dar suas respostas. Mudava de assunto de repente. A pergunta sobre a luz confundiu-o.

– Onde está a luminária? – ele perguntou.

Uma luminária com uma base quadrada e uma estrutura de metal cromado, na forma de uma bola de canhão, havia sumido de cima da caixa de som, do lado esquerdo da cama. Sua ausência deu à polícia uma boa ideia sobre o objeto pesado que havia sido usado para agredir Manuela até a morte.

Perguntaram a David se ele sabia por que a fita cassete havia sido removida da secretária eletrônica. Ele estava em choque. Balançou a cabeça. A única explicação possível, disse ele à polícia, era que a voz de quem quer que tivesse matado Manuela estivesse gravada na secretária.

A cena era muito bizarra. Muito bizarra para Irvine, que tinha poucos crimes. Era muito bizarra para o Departamento de Policia de Irvine; para alguns deles, parecia uma coisa montada para despistar. Algumas joias estavam desaparecidas e a televisão fora arrastada até o quintal. Mas que ladrão deixa sua chave de fenda largada? Ficaram imaginando se o assassino era alguém que Manuela conhecia. O marido estava passando a noite no hospital. Ela convida um homem conhecido. Ele fica violento e tira a fita cassete da secretária eletrônica, sabendo que sua voz está lá gravada; depois força a porta corrediça e então, num toque final da farsa, deixa a chave de fenda largada.

Mas outros duvidavam que Manuela conhecesse o assassino. A polícia interrogou David no Departamento de Polícia de Irvine, um dia depois de terem achado o corpo. Perguntaram se os dois haviam tido algum problema com ladrões no passado. Depois de pensar um pouco, ele mencionou que três ou quatro meses antes, em outubro ou novembro de 1980, tinha visto pegadas que ele não soube explicar. Para David, elas pareciam ser de um tênis, e atravessavam toda a casa e iam até o quintal. Os investigadores estenderam um pedaço de papel na mesa e pediram que David desenhasse as pegadas do melhor jeito que conseguisse lembrar. Ele fez um esboço rápido, preocupado e exausto. Ele não sabia que a polícia tinha um molde em gesso da pegada que o assassino de Manuela deixara ao espreitar a casa na noite do assassinato. Ele devolveu o papel. Havia desenhado uma pegada do pé direito de um tênis com solado de pequenos círculos.

Agradeceram a David e o liberaram para voltar para casa. A polícia colocou seu esboço ao lado do molde em gesso. Coincidiam.

Em geral, criminosos violentos são impulsivos, desorganizados, e facilmente pegos. A grande maioria dos homicídios é cometida por pessoas conhecidas pela vítima e, apesar das manobras para tentar despistar a polícia, esses agressores costumam ser identificados e presos. É uma pequena minoria de criminosos, talvez cinco por cento, que representa o maior desafio – aqueles cujos crimes revelam um planejamento prévio e uma fúria sem remorsos. O assassino de Manuela tinha todas as marcas desse último tipo. Havia as amarras, depois removidas. A ferocidade dos ferimentos na sua cabeça. O intervalo de vários meses entre uma aparição e outra das solas com pequenos círculos sugeria o movimento insidioso de alguém rigorosamente observador, cuja brutalidade e cujos planos só ele conhecia.

Ao meio-dia de sábado, 7 de fevereiro, depois de peneirar pistas por 24 horas, a polícia fez mais um exame e depois autorizou a liberação da casa de volta para David. Isso foi antes da existência de companhias profissionais especializadas em limpar cenas de crimes. A fuligem do pó para captação de impressões digitais manchava as maçanetas das portas. O colchão *queen size* de David e Manuela estava retalhado nos lugares em que os criminalistas haviam cortado pedaços para juntar como evidências. A cama e a parede acima dela ainda tinham respingos de sangue. Drew viu que ele, como policial em treinamento, era a escolha natural para a tarefa de limpeza e se dispôs voluntariamente a fazê-la. Sentiu também que era algo que devia ao irmão.

Dez anos antes, o pai deles, Max Witthuhn, trancara-se num quarto na casa da família, depois de uma briga com a mulher. Drew estava na oitava série e frequentava uma escola de dança na época. David tinha 18, era o filho mais velho da família, e foi quem arrombou a porta depois que o barulho de um tiro fez a casa tremer. Ele poupou a família daquela visão e absorveu sozinho a imagem do cérebro estraçalhado do pai. Havia se suicidado duas semanas antes do Natal. A experiência pareceu roubar de David qualquer certeza. Depois disso, viveu suspenso numa hesitação. Sua boca sorria ocasionalmente, mas seus olhos nunca.

Então conheceu Manuela. Estava em terreno firme de novo.

O véu de noiva dela pendia atrás da porta do quarto. A polícia, achando que fosse uma pista, inquiriu David sobre isso. Ele explicou que ela sempre o mantinha ali, uma rara expressão sentimental. O véu oferecia um vislumbre de um lado mais terno de Manuela, um lado que poucos haviam conhecido – e que agora nunca iriam conhecer.

A noiva de Drew era estudante de enfermagem. Ofereceu-se para ajudá-lo a limpar a cena do crime. Eles levariam a vida adiante, teriam dois filhos e um casamento de 28 anos que terminou em divórcio. Mesmo nos momentos mais difíceis de seu relacionamento, Drew acabava relevando muita coisa ao lembrar que ela o ajudara naquele dia; foi, sem dúvida, um ato de bondade, que ele nunca esqueceu.

Trouxeram vidros de água sanitária e baldes. Vestiram luvas de borracha amarelas. A tarefa era sórdida, mas Drew fez tudo sem chorar, impassível. Tentou ver a experiência como uma oportunidade de aprendizado. O trabalho policial exigia frieza, diagnóstico. Era preciso ser duro, mesmo que estivesse limpando o sangue da sua cunhada na armação de metal da cama. Em pouco menos de três horas, livraram a casa das marcas da violência e arrumaram tudo para que David pudesse voltar.

Ao terminarem, Drew colocou o resto dos produtos de limpeza no porta-malas do carro e sentou ao volante. Enfiou a chave no contato, mas então parou, como tomado por alguma coisa, como alguém antes de espirrar. Uma sensação estranha, irreprimível, circulava pelo corpo dele. Talvez fosse a exaustão.

Ele não ia chorar. Não era isso. Nem lembrava da última vez que havia chorado. Não era de chorar.

Virou-se, então, e olhou para a casa número 35 da rua Columbus. Rememorou a primeira vez que havia ido de carro até lá. Lembrou dos pensamentos que tivera ainda sentado no carro, preparando-se para entrar.

Meu irmão realmente chegou lá.

O soluço sufocado escapou, ele lutou para contê-lo. Drew encostou a testa na direção e chorou. Não um choro de angústia sufocada, mas uma convulsão brutal de dor. Sem controle. Uma catarse. Seu carro tinha cheiro de amônia. O sangue debaixo de suas unhas ainda demoraria alguns dias para sair.

Por fim, disse a si mesmo que precisava se recompor. Tinha com ele um pequeno objeto que precisava entregar aos peritos do CSI. Algo que encontrara debaixo da cama. Algo que não haviam detectado.

Um pedaço do crânio de Manuela.

No sábado à noite, dois investigadores do DP de Irvine, Ron Veach e Paul Jessup, procurando mais informações junto ao círculo íntimo de Manuela, bateram à porta da casa dos pais dela na rua Loma, no bairro de Greentree. Horst Rohrbeck, seu pai, recebeu-os na porta. No dia anterior, logo após a casa ser isolada com uma fita e declarada cena do crime, Horst e sua esposa Ruth foram levados ao posto policial e prestaram depoimentos separados a oficiais subalternos. Foi a primeira vez que Jessup e Veach, que era o detetive principal do caso, encontraram os Rohrbeck. Vinte anos nos Estados Unidos não haviam suavizado o comportamento alemão de Horst. Ele era sócio de uma oficina de automóveis local, e diziam que era capaz de desmontar um Mercedes-Benz inteiro com uma única chave-inglesa.

Manuela era a única filha dos Rohrbeck. Ela jantava com eles toda noite. O calendário pessoal dela tinha apenas duas anotações para o mês de janeiro, lembretes dos aniversários dos pais. *Mama. Papa.*

– Alguém matou minha filha – dissera Horst no seu primeiro depoimento à polícia. – Vou matar esse cara.

Horst parou na porta de entrada segurando um copo de conhaque. Veach e Jessup entraram na casa. Meia dúzia de amigos e familiares pesarosos estavam reunidos na sala. Depois que os investigadores se identificaram, a expressão dura de Horst se desfez e ele explodiu. Não era um homem grande, mas a fúria o fez dobrar de tamanho. Aos gritos, num inglês com sotaque, disse o quanto estava indignado com o departamento de polícia, o quanto eles precisariam se mexer mais. Depois de uns quatro minutos de discurso, Veach e Jessup viram que sua presença ali não era necessária. Horst estava desolado e querendo confronto. Sua raiva era um projétil explodindo em tempo real. Não havia o que fazer, a não ser deixar um cartão de visita na mesa do saguão de entrada e sair da frente dele.

A aflição de Horst estava também tingida por um remorso específico. Os Rohrbeck tinham um enorme cão pastor alemão, com treinamento militar, chamado Possum. Horst sugerira que Manuela levasse Possum para a casa dela como proteção enquanto David estivesse internado no hospital, mas ela não aceitou. Era impossível não fazer a fita voltar e imaginar Possum com a boca escancarada e sua mordedura em tesoura, com saliva pingando de seus incisivos, avançando contra o intruso que forçava a fechadura e fazendo-o fugir assustado.

O funeral de Manuela foi na quarta-feira, 11 de fevereiro, na Capela Saddleback, em Tustin. Drew notou policiais ao longo da rua tirando fotos. Depois voltou para o número 35 da rua Columbus, com David. Os irmãos sentaram na sala e conversaram até tarde da noite. David bebeu muito.

– Acham que fui eu que a matei – David disse de repente, referindo-se à polícia. Sua expressão era enigmática. Drew preparou-se para ouvir uma confissão. Não acreditava que David fosse capaz de matar Manuela ele mesmo; a questão era se poderia ter contratado alguém para isso. Drew sentiu que seu treinamento policial estava entrando em cena. A imagem do irmão sentado à frente dele se reduziu a um furo de alfinete. Ele imaginou que havia uma chance.

– Foi você? – Drew perguntou.

A personalidade de David, sempre um pouco insegura, adquirira um tremor compreensível. A culpa do sobrevivente pesava nele. Havia nascido com um buraco no coração; se alguém tivesse que morrer, deveria ter sido ele. O pesar dos pais de Manuela vagava à procura de alguém para culpar. O olhar deles tinha o efeito crescente de um golpe de raspão. Mas agora, ao responder à pergunta de Drew, David reagiu indignado, e foi assertivo.

– Não – disse ele. – Não matei minha mulher, Drew.

Drew respirou aliviado, e teve a impressão de que era a primeira vez que o fazia desde a notícia do assassinato de Manuela. Precisava ouvir David dizer isso. Olhando nos olhos do irmão, feridos mas brilhando de certeza, Drew soube que ele dizia a verdade.

Ele não era o único a achar que David era inocente. O criminalista Jim White do Departamento do Xerife do Condado de Orange ajudou a processar a cena do crime. Bons criminalistas são scanners humanos; eles entram em quartos revirados, que nunca viram antes, isolam vestígios importantes de provas, e bloqueiam todo o resto. Trabalham sob pressão. A cena de um crime é sensível ao tempo e está sempre à beira do colapso.

Cada pessoa que entra representa um risco de contaminação. Criminalistas vêm carregados de ferramentas para coleta e preservação – sacos de papel para evidências, lacres, fitas métricas, cotonetes, envelopes, moldes de gesso. Na cena de Witthuhn, White trabalhou em colaboração com o investigador Veach, que o instruiu sobre o que coletar. Ele coletou pequenos pedaços de barro perto da cama. Esfregou com um cotonete uma mancha de sangue diluída no banheiro para coletar material. Ficou com Veach enquanto o corpo de Manuela era enrolado. Observaram o grande ferimento na cabeça, as marcas de amarras e algumas contusões na mão direita dela. Havia uma marca na nádega esquerda dela que o legista mais tarde concluiria ser provavelmente de um soco.

A segunda parte do trabalho do criminalista se dá no laboratório, analisando as evidências coletadas. White testou a tinta marrom encontrada na chave de fenda do assassino comparando-a com algumas marcas populares, e concluiu que a melhor aposta era um Marrom Oxford misturado na loja, fabricado pela Behr. O laboratório costuma ser o lugar onde sua tarefa termina. Criminalistas não são investigadores. Não conduzem entrevistas nem seguem pistas. Mas White estava numa posição única. Os departamentos de polícia individuais do Condado de Orange investigavam crimes em suas próprias jurisdições, mas a maioria deles usava o laboratório de criminalística do Departamento do Xerife. Assim, os investigadores do caso Witthuhn só sabiam de casos de Irvine, mas White trabalhara com cenas de crime no condado todo, de Santa Ana a San Clemente.

Para a polícia de Irvine, o assassinato de Manuela Witthuhn era raro. Para Jim White, era familiar.

DANA POINT, 1980

ROGER HARRINGTON LEU O BILHETE manuscrito grudado sob a campainha. Tinha a data de 20/9/80, o dia anterior.

> *Patty e Keith,*
> *Chegamos às 7 horas e não havia ninguém em casa.*
> *Liguem pra gente se os planos tiverem mudado.*

Estava assinado "Merideth e Jay", nomes que Roger reconheceu como os de amigos de sua nora. Tentou abrir a porta da entrada e ficou surpreso ao ver que estava trancada. Keith e Patty raramente trancavam a porta quando estavam em casa, especialmente quando o aguardavam para jantar. Roger foi pela entrada de carro, acionou o interruptor que abria a porta da garagem e lá estavam os carros de Keith e Patty, o MG dele e o VW dela. Como estavam na casa, talvez eles tivessem ido correr, imaginou Roger. Pegou uma chave que ficava escondida no alto da grade do quintal e entrou na casa, levando com ele para dentro a correspondência, uns 12 envelopes, um volume bem maior que o habitual.

A casa no número 33.381 da Cockleshell Drive é uma das cerca de 950 de Niguel Shores, um núcleo fechado em Dana Point, uma cidade de praia no sul do Condado de Orange. Roger era proprietário da casa, mas sua principal residência ficava num condomínio na vizinha Lakewood, mais perto de seu escritório em Long Beach. Seu filho de 24 anos, Keith, estudante do terceiro ano de medicina na Universidade da Califórnia-Irvine, e a nova esposa de Keith, Patty, uma enfermeira formada, moravam há um tempo na casa, fato que deixava Roger feliz. Gostava de ter a família por perto.

A casa era decorada no estilo do final dos anos 1970. Um peixe-espada na parede. Lustre Tiffany. Ganchos de plantas feitos de corda. Roger preparou um drinque para ele na cozinha. Ainda não anoitecia, mas a casa estava escura e quieta. A única coisa em movimento era o cintilante azul do oceano, visto pelas janelas e portas de vidro corrediças da face sul. Uma sacola do supermercado Alpha Beta com duas latas de comida descansava na pia da cozinha. Um filão de pão preto estava fora, com três fatias de aspecto bolorento empilhadas ao lado. Roger sentiu, pouco a pouco, um medo sinistro.

Seguiu pelo corredor carpetado na cor ocre em direção aos quartos. A porta do quarto de hóspedes, onde Keith e Patty dormiam, estava aberta. As persianas fechadas dificultavam a visão. A cama estava arrumada, o edredom puxado até a cabeceira de madeira escura. Um volume incomum sob a coberta chamou a atenção de Roger quando ele estava a ponto de fechar a porta. Foi até lá e pressionou, sentindo algo duro embaixo. Puxou o edredom.

O contraste entre a parte de cima arrumada da coberta e o que estava embaixo foi difícil de assimilar. Keith e Patty estavam deitados de barriga para baixo. Seus braços dobrados em ângulos estranhos, as palmas para cima. Pareciam, no estrito sentido da palavra, quebrados. Se não fosse pelo teto logo acima, você poderia achar que tinham caído de grande altura, tal era a extensão da mancha de sangue debaixo deles.

Keith era o mais novo dos quatro filhos de Roger. Excelente aluno. Jogador de beisebol de destaque no colegial. Antes de conhecer Patty, namorou um bom tempo com uma colega de colegial que pretendia também fazer medicina, com quem todos achavam que iria se casar, até que inexplicavelmente para Roger, ela decidiu se matricular em outra escola de medicina e o casal se separou. Keith conheceu Patty logo depois, na escola de medicina da Universidade da Califórnia-Irvine. Um ano mais tarde, estavam casados. No fundo, Roger preocupava-se com Keith, achando que ele estava trocando rápido demais de parceira, mas Patty era simpática e direita, como Keith – ela havia rompido com um namorado anterior, com o qual morava, porque ele fumava maconha – e os dois pareciam muito dedicados um ao outro. Roger nas últimas semanas passara bastante tempo com "as crianças", como se referia aos dois. Ajudara a instalar um novo sistema de irrigação no jardim. Os três tinham passado o sábado anterior limpando mato. Mais tarde naquela noite fizeram um churrasco na casa, para celebrar o aniversário do pai de Patty.

Nos filmes, as pessoas que descobrem um corpo morto chacoalham o cadáver para ter certeza. Roger não fez isso. Não precisou. Mesmo na quase escuridão, pôde ver que a pele clara do filho estava roxa.

Não havia sinais de luta, nenhuma evidência de entrada forçada, se bem que uma das portas corrediças talvez tivesse ficado destrancada. Patty comprara comida às 9h48 na noite de terça, segundo o comprovante do Alpha Beta. A irmã dela, Sue, ligara depois disso, às 11 horas da noite. Keith atendera meio sonolento e passara o telefone a Patty. Ela disse a Sue que os dois já haviam deitado; ela aguardava uma chamada logo cedo da agência de enfermagem. Um fragmento de metal compatível com latão foi encontrado no ferimento da cabeça de Patty. Isso sugeria que em alguma hora, depois que Patty terminou de falar com a irmã ao telefone, e antes que ela faltasse ao trabalho na quarta-feira, alguém pegara um dos recém-instalados irrigadores de metal e se enfiara dentro da casa. Isso num condomínio com guardas na portaria. E ninguém ouviu nada.

Revendo as evidências do Caso Witthuhn, ocorrido seis meses mais tarde, o criminalista Jim White, do Departamento do Xerife do Condado de Orange, sentiu em suas entranhas que o caso estava ligado ao assassinato dos Harrington. Os dois casos compartilhavam similaridades grandes e pequenas. Envolviam vítimas de classe média golpeadas até a morte na cama com objetos que o assassino pegava na própria casa. Em ambos os casos, o assassino levou a arma do crime ao ir embora. Nos dois, as vítimas femininas haviam sido estupradas. Os corpos de Keith e Patty Harrington mostravam evidências de terem sido amarrados; pedaços de fios de macramê foram encontrados na cama e em volta dela. No caso Witthuhn, seis meses mais tarde, marcas de amarras estavam também presentes no corpo, mas o material usado para amarrar havia sido removido da cena. Uma diferença que dava a impressão de que o assassino aprendera algo.

Os casos também compartilhavam um intrigante vínculo médico. Keith Harrington era estudante de medicina da UC-Irvine, e Patty, uma enfermeira que às vezes cumpria turnos no Hospital Mercy em Santa Ana. David Witthuhn, marido de Manuela, estava internado no Hospital Comunitário de Santa Ana-Tustin quando sua mulher foi assassinada.

Um palito de fósforo parcialmente queimado foi achado no chão da cozinha dos Harrington. Nenhum dos Harrington era fumante; investigadores acreditaram que pertencia ao assassino.

Quatro fósforos de madeira foram recolhidos do canteiro de flores junto à casa dos Witthuhn.

Witthuhn era um caso do DP de Irvine; o caso Harrington era do Xerife do Condado de Orange. Investigadores das duas equipes debatiam a possível ligação. Enfrentar duas pessoas, como o assassino dos Harrington fizera, era considerado incomum. Um alto risco. Sugeria que o prazer do matador derivava em parte de aumentar suas apostas. Será que o matador, seis meses mais tarde, teria como alvo uma única vítima, como no caso Witthuhn? O contra-argumento era que a estada de David no hospital fora algo fortuito. Teria o matador ficado surpreso ao encontrar Manuela sozinha aquela noite?

Roubo (as joias de Manuela) versus não roubo. Arrombamento da entrada versus não arrombamento. Não havia digitais para comparar; o DNA ainda estava num futuro distante. O assassino não deixara um ás de espadas em ambas as cenas para se identificar. Mas restavam pequenos detalhes. Quando Keith Harrington foi atingido fatalmente, a cabeceira de madeira da cama acima dele foi amassada. Investigadores concluíram a partir da localização de uma lasca de madeira entre as pernas de Patty que Keith havia sido morto primeiro e que depois Patty sofreu a agressão sexual. A cronologia fora planejada para que ela sofresse o máximo possível. O assassino de Manuela passou tempo suficiente com ela estressando-a a ponto de dar-lhe náuseas: encontraram vômito dela na cama.

"Violência exacerbada" é um termo popular mas às vezes mal-empregado nas investigações criminais e nas histórias sobre crimes. Mesmo investigadores criminais experientes às vezes interpretam mal o comportamento de um agressor quando ele usa de violência além da suficiente. É comum supor que um assassinato envolvendo esse tipo de violência indique um relacionamento entre o agressor e a vítima, uma liberação de raiva reprimida, originada da familiaridade. "Isso foi pessoal", diz o clichê.[*]

---

[*] O entendimento de Michelle sobre ter havido violência exacerbada nesses casos mudou um pouco depois que ela já havia escrito a respeito. Desde então, ela chegou à conclusão de que nos homicídios do AGS foi empregada apenas a força necessária para matar. Essa informação foi obtida de discussões com investigadores da ativa, entre eles Paul Holes (que disse não ter ficado "impressionado" com a ferocidade dos golpes em comparação com outras cenas de crime que analisou). A aparência conturbada/dramática de uma morte por golpes às vezes é registrada de início como uso de violência exacerbada, que é provavelmente o que aconteceu em alguns casos do AGS.

Mas essa suposição deixa de considerar as causas externas do comportamento. O nível de força pode depender de quanta resistência a vítima oferece. Ferimentos tremendos, que às vezes dão a impressão de uma relação pessoal que tenha descambado horrivelmente, podem resultar de uma luta prolongada entre estranhos.

A maioria dos criminosos violentos vive a vida como um rolo compressor humano. Tem punhos no lugar de mãos e não consegue planejar um palmo adiante do nariz. São pegos facilmente. Falam demais. Voltam à cena do crime, tão visíveis quanto latinhas amarradas num para-choque. Mas uma hora ou outra uma lua azul aparece. Um leopardo das neves escapa.

De tempos em tempos investigadores deparam com um homicídio mais estranho envolvendo o assassinato bárbaro de vítimas que não resistiram.

Considerando que Manuela e Patty foram amarradas e, portanto, por definição, estavam subjugadas, a quantidade de força usada para golpeá-las revelou uma exorbitância de raiva dirigida à mulher. Era incomum ver uma raiva tão frenética combinada com um planejamento calculado. Não houve uma comparação forense entre os casos, mas havia, sim, um sentimento de que uma única mente estava em ação, alguém que não deixava muitas pistas, nem falava ou mostrava o rosto, alguém que circulava desapercebido na multidão da classe média, um homem comum com um distúrbio mental bem disfarçado.

A possível conexão entre Harrington e Witthuhn nunca foi descartada de vez, só deixada de lado à medida que os casos esfriavam. Em agosto de 1981, vários artigos de jornal questionaram se o caso Harrington estava ou não relacionado a outros casos recentes de duplo homicídio no Sul da Califórnia. "Há um 'Night Stalker' assassinando casais do sul da Califórnia em suas camas?" era o título de um artigo do *Los Angeles Times*.

O Departamento do Xerife de Santa Barbara havia sido o primeiro a levantar a ideia de uma conexão. Eles haviam registrado dois duplos homicídios e um ataque a faca do qual o casal escapara. Mas os outros condados com casos talvez relacionados, Ventura e Orange, subestimaram a ideia. As autoridades de Ventura, ainda ressentidas com uma audiência preliminar amplamente divulgada, na qual a acusação contra um suspeito de duplo homicídio não prosperou, teriam afirmado que no seu entender Santa Barbara havia queimado a largada. O Condado de Orange também se mostrou cético. "Não achamos que seja isso", declarou o investigador Darryl Coder.

E assim foi. Cinco anos se passaram. Dez anos. O telefone nunca tocou com a pista certa. Os arquivos, revistos periodicamente, nunca revelaram a informação necessária. Roger Harrington ficou obcecado com os detalhes, tentando decifrar os assassinatos de Keith e Patty. Contratou um investigador particular. Ofereceu uma vultosa recompensa. Amigos e colegas de trabalho foram de novo entrevistados. Nenhum vislumbre. Em desespero, Roger, um homem de negócios durão, que vencera por esforço próprio, sucumbiu e consultou uma vidente. A médium não conseguiu desfazer a névoa. Roger reexaminou cada momento que ele passou com Keith e Patty antes da morte dos dois. Seus assassinatos eram um desfile de detalhes fragmentários que nunca mostravam coerência e nunca paravam de rodar na sua cabeça.

HOLLYWOOD, 2009

QUATRO FILEIRAS DE PAPARAZZI acotovelavam-se ao longo do tapete vermelho. Meu marido, Patton, fazendo caretas para as câmeras em seu elegante terno azul listrado. Dilúvio de flashes. Uma dúzia de mãos estendendo microfones de trás das barricadas de metal. Adam Sandler apareceu. As atenções passam a outro foco. Aumentam os gritos. Agora é Judd Apatow. Jonah Hill. Chris Rock. Era uma segunda-feira, 20 de julho de 2009, um pouco depois das 6 da tarde. Estávamos nos ArcLight Cinemas de Hollywood para a *premiere* do filme *Funny People* [no Brasil, *Tá Rindo do Quê?*]. Em algum lugar provavelmente deve haver uma foto não utilizada de alguma celebridade, e no fundo uma mulher de vestido preto básico e sapatos confortáveis. Eu pareço confusa e animada e estou olhando para o meu iPhone, porque nessa hora, enquanto alguns dos maiores astros do cinema mundial passavam por mim, eu acabava de saber que um fugitivo, que eu perseguia e que me deixara obcecada, um duplo homicida em fuga no Oeste e Noroeste durante os últimos 37 anos, fora encontrado.

Fiquei entrincheirada atrás de uma coluna de concreto e liguei para a única pessoa que eu sabia que iria se importar tanto quanto eu com a notícia – Pete King, um velho repórter do *Los Angeles Times* que agora trabalhava na assessoria de imprensa da Universidade da Califórnia. Ele atendeu na hora.

– Pete, você ficou sabendo? – eu disse. As palavras atropelavam-se na minha boca.

– Sabendo de quê?

– Acabei de receber um e-mail com o link de uma notícia. Houve um tiroteio numas montanhas remotas do Novo México. Duas pessoas morreram. Um subxerife, e o cara que estavam perseguindo. Uma espécie de misterioso homem das montanhas que roubava chalés.

– Não – disse Pete.

– Pois é – eu disse. – Pegaram as digitais do homem da montanha.

Admito que aqui fiz uma pausa para aumentar a dramaticidade.

– Joseph Henry Burgess – eu disse. – Pete, nós dois estávamos certos. Ele rondava por aí o tempo todo.

Nosso silêncio de perplexidade durou só um instante. Eu sabia que Pete queria entrar no computador. Os organizadores do evento já estavam colocando as pessoas para dentro. Podia ver Patton procurando por mim.

– Descubra mais – eu disse a Pete. – Agora eu não posso, estou no meio de um negócio.

O tal negócio não era minha praia. Entendo que reclamar de ter que ir a *premieres* não gere muita empatia, e talvez se encaixe na exasperante categoria "problemas de primeiro mundo". Eu entendo. Mas seja um pouco paciente. Não estou sendo falsamente humilde quando digo que nunca fui a um evento de Hollywood em que alguém não tenha colocado uma etiqueta da minha roupa para dentro, ajustado um botão, ou avisado que eu tinha uma marca de batom nos meus dentes. Uma vez, uma promotora de eventos tirou minha mão da boca com um tapa quando eu estava roendo as unhas. Minha pose no tapete vermelho pode ser mais bem descrita como "cabeça baixa, meio curvada". Mas meu marido é ator. Eu o amo e admiro o trabalho dele, e o dos nossos amigos, e comparecer a esses eventos faz parte. Então você tem que se vestir elegantemente e às vezes recorre a profissionais para ficar bem arrumada. Um motorista numa limusine vai buscá-la, e então você se sente esquisita e intimidada. Uma pessoa de relações públicas toda animada, que você nunca viu na vida, conduz você até um tapete vermelho onde você ouve gritos de "olhe pra cá!" e "aqui, aqui" de uma centena de estranhos que têm lâmpadas de flash no lugar de rostos. E então, após esses breves momentos de glamour fabricado, você se vê num assento comum de um velho e decrépito cinema, dando goles de Diet Coke num copo de plástico molhado, e salgando os dedos numa pipoca quente. As luzes se apagam. Um entusiasmo compulsório tem início.

Circulando no evento social após a cerimônia, Patton foi apresentado aos diretores de *Crank* [no Brasil, *Adrenalina*], um filme de ação que ele adora, estrelando Jason Statham. Ele começou a diverti-los com suas tiradas favoritas sobre o filme. "Tenho uma adoração gay pelo Statham", ele confessou. Depois que nos separamos dos diretores, paramos e demos uma olhada na multidão que se apertava no salão de baile do Hollywood & Highland Center. Bebidas, *minicheeseburgers* gourmet, e talvez até Garry Shandling, um ídolo de Patton, nos aguardavam. Patton leu meus pensamentos.

– Tudo bem – ele disse.

Uma amiga parou a gente quando saíamos.

– Voltando para o bebê? – disse ela com um sorriso carinhoso. Nossa filha, Alice, tinha três meses de idade. – Você sabe bem como é isso, não? – eu disse.

A verdade, é claro, era mais bizarra: eu estava abrindo mão de uma badalada festa de Hollywood para voltar não à minha criança que dormia, mas ao meu laptop, para ficar cavoucando a noite inteira, procurando informações sobre um homem que eu nunca havia visto na vida, que matara gente que eu não conhecia.

Homens violentos, desconhecidos para mim, têm ocupado minha mente a minha vida adulta inteira – desde 2007, quando soube do agressor que eu iria apelidar de Assassino do Golden State. A parte do cérebro que fica reservada a estatísticas sobre esporte ou receitas de sobremesa ou citações de Shakespeare, no meu caso é uma galeria de cenas aflitivas: a bicicleta BMX de um menino, com suas rodas ainda girando, abandonada numa vala de estrada do interior; um tufo de fibras verdes microscópicas coletadas da parte de baixo das costas de uma menina morta.

Poderia dizer que eu gostaria de parar, mas esse não é o ponto. Claro, adoraria limpar a sujeira. Tenho inveja, por exemplo, de pessoas que são obcecadas pela Guerra Civil, que transborda de detalhes, mas é circunscrita. No meu caso, os monstros recuam, mas nunca desaparecem. Estão mortos há muito tempo e nascem enquanto escrevo. O primeiro, sem rosto e que nunca foi pego, marcou-me aos 14 anos de idade, e desde então já abri mão de bons momentos da vida para buscar respostas.

OAK PARK

OUVI TERRY KEATING ANTES DE VÊ-LO. Ele é baterista e professor de bateria, e sua voz estrondosa provavelmente é fruto tanto de perda auditiva quanto do hábito de berrar com seus alunos para poder ser ouvido. – Ei, é o Terry! – ele grita. Tiro os olhos do celular, fico em pé, esperando que venha até onde estou e vejo um cara branco, estatura mediana, com uma mecha de cabelo castanho caída e um copo *Venti* da Starbucks na mão. Estava de calça jeans Levi's e camiseta verde, escrito "SHAMROCK FOOTBALL". Mas não é comigo que fala. Está atravessando a rua e indo até número 143 da South Wesley Avenue, a casa de tijolos na esquina, em Oak Park, Illinois, onde combinamos de nos encontrar. Ele grita para um homem de uns 50 anos que está mexendo num automóvel estacionado numa entrada de garagem. O homem é alto, magricela, meio encurvado, seu cabelo que já foi escuro agora está grisalho. Tem aquilo que às vezes chamamos de cara de poucos amigos. Não transmite nada de afetuoso.

Mas há algo familiar. Ele tem forte semelhança com os membros da família que morava na casa quando eu era adolescente; algumas das crianças tinham mais ou menos a minha idade, eu as conhecia de vê-las pela cidade. Talvez seja um irmão mais velho delas, imagino, e deve ter comprado ou herdado a casa dos pais.

O homem olha para Terry sem reconhecê-lo. Vejo que Terry vai em frente, decidido, e um desconforto me percorre. Tenho um instinto maternal de intervir, corrigir e acalmar. Mas estou vendo que Terry quer se identificar, reavivar a memória do homem. Afinal são velhos vizinhos.

– Eu fui um dos garotos que acharam o corpo! – Terry grita.

O homem fica encarando Terry, parado ao lado do carro. Não diz nada. O silêncio é francamente hostil. Eu desvio o olhar, fico olhando uma pequena estátua da Virgem Maria plantada no canto nordeste do gramado da frente.

É um sábado à tarde, 29 de junho de 2013 – um dia excepcionalmente frio e com muito vento para o meio do verão de Chicago. Olho para o céu e vejo, um quarteirão a oeste, o pináculo da Igreja Católica de Santo Edmundo, a velha igreja da minha família, onde eu frequentei escola da primeira à terceira série.

O homem volta a mexer no carro. Terry dá uma guinada para a direita. Ele me vê trinta metros adiante na calçada. Eu me animo com o contato visual e aceno entusiasmada para ele, uma compensação pelo que acabou de ocorrer. Terry estava um ano à minha frente na Santo Edmundo. A última vez que lembro de tê-lo visto foi há 35 anos. Sei pouco dele, além da descoberta recente de que aquela mesma noite de agosto de 1984 mudou também a sua vida.

– Michelle! – ele grita, andando na minha direção. – Como vai Hollywood?

A gente se abraça estabanadamente. O jeito dele me traz de volta na mesma hora à Oak Park da minha infância. As vogais longas do seu forte sotaque de Chicago. A expressão que usou mais tarde dizendo que tinha que "picar a mula". Ele tem o cabelo meio bagunçado, as bochechas coradas, rosadas, e uma total ausência de afetação. Não tem qualquer filtro entre o que pensa e o que fala.

– Pois é, o que aconteceu foi que… – diz ele, me trazendo de volta em direção à casa. Eu hesito. Talvez seja medo da reação do dono da casa, já irritado. Talvez seja a minha sensação de que essa caminhada pode ajudar a nos transportar para aquela noite úmida e quente de verão quando ainda andávamos de bike mas já tínhamos experimentado o primeiro gole de cerveja. Olho para o sul pela viela.

– E se a gente refizer o caminho que vocês percorreram aquela noite?

Oak Park fica na divisa do West Side de Chicago. Ernest Hemingway, que crescera ali, fez aquele famoso comentário dizendo que era uma cidade de "amplos gramados e mentes estreitas", mas eu não sentia a cidade assim. Vivíamos numa casa vitoriana muito fria, de três andares, na quadra 300 de South Scoville, uma rua sem saída no centro da cidade. Ao norte de casa ficava a Casa e Estúdio de Frank Lloyd Wright, e uma vizinhança rica de *prairie homes* e profissionais liberais decididos a manter seu status de gente "antenada". Minha amiga Cameron morava numa das casas projetadas por

Wright. Seu padrasto era um advogado de direitos civis, e a mãe ceramista, acho. Foi por meio deles que conheci o sal vegetariano e a palavra "kabuki". Lembro do padrasto recomendando a Cameron e a mim – as duas tínhamos preferência por agasalhos pretos e poesia confessional – que levantássemos o astral e fôssemos assistir ao filme da banda Talking Heads, *Stop Making Sense*.

Ao sul de onde morávamos, a maioria era de famílias de trabalhadores irlandeses católicos. As casas eram sempre alguns graus mais geladas, e as camas não tinham cabeceira. Às vezes, algum pai sumia com uma garota de vinte anos e nunca mais voltava, mas não havia divórcio. Uma amiga do segundo ano da faculdade, que passou as férias de primavera com a minha família, teve certeza de que meu pai estava contando uma piada uma vez quando ele me pôs a par das fofocas locais. Os sobrenomes, segundo ela, eram todos irlandeses, de uma maneira exagerada, provocadora. Os Connelly. Os Flannery. Os O'Leary. E assim por diante. Uma vez entreouvi uma fatigada mãe católica irlandesa de Oak Park responder uma pergunta a respeito da minha família. – Quantas crianças os McNamara têm? – perguntaram a ela.

– Só seis – disse. Ela tinha onze.

Minha família vivia com um pé em cada lado de Oak Park. Meus pais eram nativos, membros da tribo que costumavam chamar de irlandeses do West Side. Eles se conheceram no colegial. Meu pai era um cara alegre, com os dentes da frente espaçados. Gostava de rir. Minha mãe era a filha mais velha abstêmia de dois grandes festeiros. Adorava Judy Garland e sempre foi fascinada por Hollywood. "As pessoas costumavam dizer que eu era parecida com a Gene Tierney", ela me confessou uma vez, toda tímida. Não sabia quem era. Quando assisti a *Laura* anos mais tarde, fiquei encantada com a protagonista que compartilhava com a minha mãe aqueles cachos de cabelo castanho-dourado e as feições delicadas.

A história é que meus pais ficaram juntos quando meu pai bateu à porta da minha mãe supostamente procurando por um amigo dele. Eu acredito que foi assim. A abordagem indireta a questões emocionais combina com eles. Os dois têm olhos enormes – meu pai azuis, minha mãe verdes –, que expressam com muita emoção o que eles muitas vezes não conseguem dizer.

Meu pai pensou por um breve tempo em entrar no seminário, quando estava longe, na Notre Dame. Eles o chamavam de Irmão Leo. Minha mãe considerou outros pretendentes e ensaiou possibilidades alternativas para seu último sobrenome. Mas o Irmão Leo concluiu que os seminaristas não bebiam o suficiente. Um amigo em comum, o reverendo Malachy Dooley, celebrou o casamento deles um dia depois do Natal, em 1955. Minha irmã mais velha, Margo, nasceu no mês de setembro seguinte. Provoque minha mãe erguendo uma sobrancelha diante dessa matemática e as bochechas dela vão arder. O apelido dela no colegial era "Senhorita Certinha".

Depois de se formar em Direito na Northwestern, meu pai foi trabalhar na firma Jenner and Block, no centro. Ficou lá 38 anos. A maior parte dos seus dias começava numa cadeira no pórtico da frente de casa, com persianas abaixadas, uma mão segurando o *Chicago Tribune*, na outra uma caneca de chá, e terminavam com um martini Beefeater bem seco *on the rocks*, com algum acréscimo especial. Quando ele decidiu ficar sóbrio, em 1990, anunciou isso do seu costumeiro jeito peculiar. Cada filho recebeu uma carta datilografada. "Ao meu filho favorito", começava, "Decidi aderir à Geração Pepsi." Ele mais tarde comentou que apenas dois dos seus filhos haviam acreditado no cumprimento da promessa. Eu era um deles.

Meus irmãos vieram em rápida sucessão, quatro meninas e um menino; eu era a caçula, nascida após um intervalo de seis anos. A irmã com idade mais próxima da minha, Mary Rita, era bem mais velha que eu para poder brincar comigo de verdade. Olhando agora em retrospecto, a impressão é que eu nasci numa festa que estava começando a terminar. Na época em que cheguei, meus pais já tinham cada um sua poltrona La-Z-Boy. A nossa porta da frente era envidraçada em parte, e se você ficasse ali em pé poderia ver as costas da poltrona bege da minha mãe na sala. Quando algum dos amiguinhos das crianças tocava a campainha, ela levantava a mão e fazia um movimento circular. "Dê a volta", gritava, mandando entrar pela porta dos fundos, destrancada.

As famílias do nosso quarteirão tinham idades próximas, mas os filhos eram todos da mesma idade dos meus irmãos mais velhos. Eles andavam em bandos e voltavam para casa no final da tarde. Eu tenho uma boa memória do que era ser adolescente nos anos 1970 porque passei muito tempo com eles. Minha irmã Kathleen, dez anos mais velha, era e ainda é a mais extrovertida da família, e me levava para todos os cantos como se eu fosse o brinquedinho querido dela. Lembro de ir me equilibrando precariamente na garupa da sua bicicleta quando ela pedalava até o mercadinho Jewel, na Madison Street. Quase todo mundo a conhecia. "Ei, Beanie!" eles gritavam, chamando-a pelo apelido.

No primeiro ano do colegial, Beanie teve uma paixão louca por Anton, um menino loirinho e quieto que praticava corrida. Ela me levou junto a um dos eventos dele. Ficamos escondidas bem no alto da arquibancada para poder olhá-lo bem. Lembro da expressão de apaixonada no rosto dela quando ele explodia na largada. Não compreendi isso então, mas estava perdendo-a para as complexidades da vida de colegial. Logo me vi sentada sozinha no alto da escada dos fundos, que ligava nossa cozinha ao andar de cima, observando meninos adolescentes de costeletas mandando ver na cerveja no nosso refúgio de café da manhã, enquanto "The Joker" da Steve Miller Band tocava no maior volume.

Todos na minha família falam com uma reverência irônica daquele dia de 1974 em que as irmãs Van – Lisa, da minha idade; Kris, um ano mais velha – se mudaram para o outro lado da rua.

– Graças a Deus – eles brincam. – O que teríamos feito com você?

Muitos dos amigos mais íntimos dos meus pais eram da escola primária e secundária. O fato de manterem esses vínculos num mundo cada vez mais instável e transitório era motivo de orgulho para eles, como deveria ser, mas tinha também o efeito, penso eu, de isolá-los. Quando eram tirados dessa sua zona de conforto, ficavam bem pouco à vontade. Acho que havia uma corrente subterrânea de timidez passando por eles. Eles gravitavam em torno de personalidades mais fortes. Usavam o humor, às vezes de modo contundente, para aliviar a tensão. Minha mãe, especialmente, parecia sempre disposta a reprimir – emoções, expectativas. Tinha mãos pequenas, sardentas, e o hábito de ficar apertando os dedos quando as coisas ficavam desagradáveis.

Não quero passar uma impressão equivocada. Eles eram pessoas brilhantes, curiosas, que se moviam pelo mundo desde que tivessem como. Meu pai defendeu, e perdeu, um caso na Suprema Corte em 1971, que ainda é estudado em aulas de direito constitucional. Eram assinantes da *New Yorker*. Sempre tiveram interesse pela cultura popular e pelo que fosse considerado bom, ou mais atual, avançado. Minha mãe permitiu-se ser levada para assistir *Boogie Nights* [no Brasil, *Prazer sem Limites*] ("Vou assistir *A Noviça Rebelde* vinte vezes seguidas para esquecer isso", disse ela.) Eram democratas, fiéis aos Kennedy. "Progressistas politicamente", minha mãe gostava de dizer, "mas socialmente conservadores." Meu pai levou minhas irmãs mais velhas quando tinham 10 e 8 anos até o centro para ver Martin Luther King falar. Votaram em Mondale em 1984. Mas quando eu tinha 19 anos, minha mãe uma vez me acordou bem cedo em pânico, sacudindo na mão um punhado de comprimidos estranhos (para ela). Não conseguia ser capaz de dizer a palavra "pílula".

— Você está tomando... – disse ela.

— Fibras – eu disse, e voltei a dormir.

Mas nossa relação sempre foi tempestuosa. Minha irmã Maureen lembra de chegar um dia em casa quando eu tinha uns 2 anos de idade e encontrar minha mãe andando pela varanda da frente. "Não sei se sou eu a louca", ela disse, controlando as lágrimas, "ou a Michelle." Minha mãe tinha 40 anos então. Ela aguentara pais alcoólatras e a morte de um filho ainda bebê. Estava criando seis filhos sem ajuda. Tenho certeza de que a louca era eu. O apelido que ela me deu a vida toda, meio de brincadeira, meio a sério, era Bruxinha.

Passamos a vida implicando uma com a outra. Ela ficava na defensiva. Eu a olhava com raiva. Ela rabiscava bilhetes, colocava num envelope, e enfiava debaixo da porta do meu quarto. "Você é fútil, cabeça oca e grossa", dizia um dos mais memoráveis, concluindo, "mas é minha filha e é claro que eu amo muito você." Tínhamos uma casinha de verão no Lago Michigan, e lembro de uma tarde, eu criança, brincando nas ondas enquanto ela lia um livro numa cadeira de praia. Eu vi que as ondas eram altas o suficiente para eu poder ficar debaixo d'água e subir apenas para dar uma respirada rápida quando a onda atingia a altura máxima, o que impedia que me vissem. Deixei minha mãe se aprumar e ficar vasculhando a praia, procurando por mim. Deixei que pusesse o livro dela de lado. Deixei que ficasse em pé. Deixei que viesse correndo até a beira d'água pronta para gritar. Só então eu emergi de repente, como se nada estivesse acontecendo.

Penso agora que eu poderia ter sido mais bondosa com ela. Eu costumava provocá-la por ela não suportar assistir a certas cenas no cinema ou na tevê. Ela não aguentava cenas em que alguém dá uma festa e ninguém comparece. Evitava filmes sobre comerciantes que atravessam uma maré de azar. O que eu achava peculiar e divertido era a especificidade; eu agora interpreto isso como a marca de uma pessoa profundamente sensível. O pai dela havia sido vendedor, bem-sucedido, mas no final sua carreira fracassara. Ela testemunhou os problemas dos pais com bebida e a persistente simulação de felicidade que se estendeu por tempo demais. Eu percebo agora suas vulnerabilidades. Seus pais valorizavam o sucesso social e desconsideravam a mente ágil e ávida da minha mãe. Ela se sentia frustrada. Podia ser sabotadora e castradora em seus comentários a meu respeito, mas eu agora, mais velha, vejo isso como reflexo da própria erosão de sua autoimagem.

Todos nadamos ou nos afogamos ao enfrentar nossas deficiências na vida, e minha mãe fazia questão de me incentivar de maneiras em que ela mesma não havia sido. Lembro que me dissuadiu de tentar ser *cheerleader* no colegial. "Você não prefere que animem você em vez de ficar animando os outros?" disse. Ela vibrava com qualquer sucesso que eu tivesse nos estudos ou na literatura. Quando eu estava no colegial, encontrei uma carta que ela começara a escrever anos antes para minha tia Marilyn, irmã de meu pai, que era professora de teologia e uma arqueóloga competente. Minha mãe pedia conselhos sobre a melhor maneira de me estimular como jovem escritora. "Como eu posso garantir que ela não vai acabar redigindo textinhos de cartões de felicitação?" escreveu ela. Pensei nessa questão algumas vezes, anos mais tarde, naqueles vários períodos em que eu teria ficado em êxtase se me pagassem para escrever saudações nos cartões da Hallmark.

Mas eu sentia as expectativas dela, a transferência de esperança, e me irritava. Eu ansiava pela sua aprovação e ao mesmo tempo achava o investimento dela em mim sufocante. Ela sentia orgulho por ter criado uma filha de mente vigorosa e ao mesmo tempo se ressentia das minhas opiniões firmes. O fato de a minha geração estar mergulhada em análise e desconstrução, e a dela não, não ajudava muito as coisas. Minha mãe não era dada a esse tipo de introspecção. Lembro de comentar uma vez com a minha irmã Maureen sobre os cortes de cabelo sóbrios, bem curtos, que todos nós tínhamos quando crianças.

"Não dá a impressão de que a mãe estivesse tentando dessexualizar a todas nós?" questionei. Maureen, mãe de três filhos, controlou uma risada misturada com irritação. "Espere até você ter filhos, Michelle", disse ela. "Cabelo curto não é dessexualizado. É só mais prático."

No jantar formal da noite anterior ao meu casamento, minha mãe e eu tivemos nossa maior briga. Eu estava desempregada e meio sem rumo, sem escrever nem fazer lá muita coisa, e havia dedicado muito tempo – provavelmente tempo demais – ao casamento. Nesse jantar da véspera do casamento, formei pequenos grupos de pessoas que não se conheciam, para que sentassem juntas; a única coisa que disse a elas é que tinham algo em comum e precisavam descobrir o que era. Numa das mesas, todos tinham morado em algum momento em Minnesota. Numa outra mesa estavam pessoas que curtiam muito cozinhar.

No meio do jantar, minha mãe veio até mim enquanto eu ia para o banheiro. Eu vinha evitando-a porque uma amiga cometera o erro de me contar que mais cedo naquela noite ela comentara com a minha mãe que me achava a melhor escritora que ela conhecia. "Ah, eu sei. Também acho", disse minha mãe. "Mas você não acha que já ficou um pouco tarde pra ela?" Essas palavras da minha mãe me magoaram e ficaram rodando na minha cabeça a noite toda.

Vi pelo canto do olho que ela vinha na minha direção. Olhando agora retrospectivamente, ela estava sorrindo. Notei que estava gostando de tudo; ela nunca fora boa em elogiar diretamente. Tenho certeza de que ela imaginou que estivesse sendo engraçada. Ela fez um gesto apontando para as mesas.

– Você está com tempo sobrando para fazer as coisas – ela disse. Eu me virei e encarei-a com o que estou certa de que era uma máscara de puro ódio.

– Saia de perto de mim – eu disparei. Ela ficou chocada e tentou se explicar, mas eu cortei.

– Afaste-se de mim. Agora.

Fui até a toalete das mulheres, me tranquei num dos banheiros e me permiti chorar por uns cinco minutos. Depois, voltei e fingi que estava tudo bem.

Minha mãe, é claro, ficou arrasada com a minha reação. Nunca mais tocamos no assunto, mas logo depois do casamento ela me escreveu uma longa carta detalhando todas as coisas a meu respeito das quais ela sentia orgulho. Fomos pouco a pouco reconstruindo nossa relação depois disso. No final de janeiro de 2007, meus pais decidiram fazer um cruzeiro até a Costa Rica. O navio iria partir de um porto ao sul de Los Angeles. Nós quatro – meu marido, Patton, e eu e meus pais – jantamos juntos na noite anterior à viagem deles. Rimos muito, e na manhã seguinte levei-os de carro até o cais. Eu e minha mãe despedimo-nos com um abraço apertado.

Alguns dias depois, o telefone da cozinha tocou às 4 da manhã. Não levantei. Então tocou de novo, mas parou antes que eu pudesse atender. Ouvi o recado gravado. Era meu pai. Sua voz soava sufocada e quase ininteligível.

– Michelle – disse ele. – Chame seus irmãos. *Clique.*

Liguei para a minha irmã Maureen.

– Você não soube? – ela perguntou.

– O quê?

– Ah, Michelle – ela disse. – Mamãe morreu.

Minha mãe, diabética, passou mal no navio devido a complicações de sua doença. Levaram-na de helicóptero até San José, mas já era tarde. Tinha 74 anos.

Dois anos mais tarde, minha filha, Alice, nasceu. Fiquei inconsolável nas duas primeiras semanas. "Depressão pós-parto", meu marido explicou aos amigos. Mas não era melancolia de mãe nova. Era melancolia de mãe velha. Ao segurar minha filha recém-nascida, entendi. Eu sentia aquele amor que estraçalha você, a sensação de responsabilidade que reduz o mundo a um par de olhinhos ansiosos. Aos 39 anos, compreendi o amor de minha mãe por mim pela primeira vez. Chorando histericamente, quase sem conseguir falar, mandei meu marido descer ao nosso úmido porão e encontrar a carta que minha mãe escrevera para mim depois do casamento. Ele ficou horas lá embaixo. Revirou todas as caixas. O chão ficou cheio de papéis espalhados. Não conseguiu encontrá-la.

––––––––––

Logo após a morte da minha mãe, meu pai, minhas irmãs, meu irmão e eu fomos ao apartamento dos meus pais em Deerfield Beach, Flórida, para dar um encaminhamento às coisas deles. Sentimos o cheiro das roupas de minha mãe, ainda recendendo o perfume Happy, da Clinique. Ficamos maravilhados com a infindável coleção de bolsas dela, uma obsessão da vida inteira. Cada um de nós ficou com alguma coisa. Eu fiquei com um par de sandálias cor de rosa e branco. Ainda estão no meu closet.

Em seguida, nós sete fomos jantar mais cedo no Sea Watch, um restaurante perto dali, com vista para o mar. Nós somos de rir muito, minha família, e ficamos contando histórias sobre a minha mãe que nos fizeram rir bastante. Sete pessoas rindo compunham uma bela cena.

Uma senhora mais velha, com um sorriso divertido, passou pela nossa mesa quando estava saindo. – Qual é o segredo? – ela perguntou.

– Como assim? – meu irmão Bob perguntou.

– De uma família tão feliz?

Ficamos meio boquiabertos por uns instantes. Ninguém teve coragem de dizer o que todos estávamos pensando: *acabamos de separar os pertences de nossa mãe que acabou de falecer*. E nos desmanchamos então em mais risadas escandalosas.

Minha mãe foi, e será para sempre, o relacionamento mais complicado da minha vida.

Agora que escrevo isso, sou tomada pela dor de duas verdades incompatíveis. Ninguém teria sentido maior alegria com este livro do que minha mãe. E provavelmente eu não teria tido coragem de escrevê-lo antes que ela fosse embora.

———

Eu andava os mesmos oitocentos metros até a Santo Edmundo todo dia, virava à esquerda na Randolph, à direita na Euclid, à esquerda na Pleasant. As meninas usavam jardineira cinza e camisa branca; os meninos, uma camisa cor mostarda, com colarinho, e calça. A senhora Ray, minha professora do primeiro ano, tinha uma silhueta de ampulheta e uma cabeleira farta de cor caramelo, e estava sempre animada. Era uma Suzanne Somers° pastoreando uma turminha com 6 anos de idade. Mesmo assim, ela não é a memória mais vívida que eu tenho da Santo Edmundo. Nem, curiosamente, nenhum dos ensinamentos católicos ou do tempo que passei na igreja, apesar de saber que houve um monte dessas duas coisas. Não, Santo Edmundo vai ficar para sempre gravada na minha mente por uma imagem, a de um menino quieto, bem-comportado de cabelo castanho-ruivo e orelhas um pouco saltadas: Danny Olis.

Minhas paixões dos tempos da escola variavam muito, tanto no tipo físico quanto na personalidade, mas posso dizer com convicção que todas elas compartilhavam uma coisa – eles sentavam na minha frente na classe. Outras pessoas são capazes de nutrir sentimentos por quem senta ao lado ou atrás delas, mas não é o meu caso. Isso exige conectar-se com a pessoa de um modo direto demais, às vezes até exigindo esticar o pescoço para ter contato visual completo. Real demais. Eu amava simplesmente a parte de trás da cabeça de um garoto. Podia projetar o que eu quisesse na laje lisa das costas curvadas de um menino. Não importava se

———

° Suzanne Somers (nascida em 1946) é uma famosa atriz norte-americana de séries de televisão de sucesso especialmente na década de 1990. [N.T.]

estivesse sentado ali com a boca meio aberta ou cutucando o nariz, eu jamais ficava sabendo.

Para uma sonhadora como eu, que gostava de devaneios, Danny Olis era perfeito. Não lembro se eu achava que o garoto era infeliz, mas também não consigo descrever seu sorriso. Era controlado, pela pouca idade, e um pouco solene, como se soubesse de algo que o resto de nós, crianças com dentes faltando que ainda acreditavam em contos de fadas, ainda tivéssemos que descobrir. Era o Sam Shepard da nossa classe de primeiro ano. Quando nasci, ganhei de presente um boneco empalhado do George, o Curioso, e alguma coisa no rosto redondo de duende do Danny e em suas orelhas grandes me fazia lembrar do meu boneco do George. Eu caía no sono apertando-o com força no meu rosto, toda noite.

Meu amor por Danny foi uma grande notícia em casa. Remexendo nas minhas coisas velhas durante uma mudança, dei com um cartão que Beanie me escrevera durante o primeiro ano dela na Universidade de Iowa. "Querida Mish, saudades de você. Como vai o Danny Olis?"

Eu me transferi para a escola pública local, a William Beye Elementary, na quarta série. Minhas melhores amigas, as irmãs Van, que me salvaram da solidão ao se mudarem para a casa do outro lado da rua, foram para lá. Eu queria ficar com elas. Queria poder usar a roupa que gostasse. Depois de um tempo, praticamente esqueci o Danny Olis. Meu George, o Curioso desapareceu, junto com minhas outras coisas da infância.

Uma noite, no meu primeiro ano de colegial, uma amiga estava me ajudando a fazer os preparativos para uma grande festa que eu ia dar enquanto meus pais estavam fora da cidade. Ela andava nos últimos meses com alguns garotos da Fenwick, a escola católica colegial local, só de meninos, e perguntei se alguns deles poderiam vir à festa. Claro, ela disse. Na realidade, ela me contou, meio hesitante, que estava meio que namorando um deles.

– Quer dizer, mais ou menos – ela disse.

– Que legal – eu falei. – Como ele se chama?

– Danny Olis.

Arregalei os olhos e soltei meio uma gargalhada, meio um grito agudo. Consegui me recompor e respirei fundo, do jeito que você faz quando está prestes a compartilhar um grande segredo.

– Você não vai acreditar – eu disse, mas eu tinha a maior paixão pelo Danny Olis no primário.

Minha amiga assentiu.

– Começou na aula de música porque a professora fez vocês dois ficarem de mãos dadas – ela disse.

Minha expressão confusa estimulou-a a prosseguir.

– Ele me contou – disse ela.

Eu não lembrava de ter ficado de mãos dadas com ele na aula de música. E ele *sabia*? Na minha memória, eu era a menina quietinha que sentava no fundo, que de maneira fiel e discreta observava cada giro e inclinação da cabeça dele. Mas agora a impressão era que minha fixação havia sido tão sutil quanto uma novela mexicana. Fiquei envergonhada.

– Bem, ele é muito misterioso – eu disse a ela, um pouco irritada.

Ela deu de ombros. – Não comigo – disse.

Naquela noite, adolescentes com copinho descartável na mão transbordavam pelo meu gramado, até a rua. Tomei gim demais e fiquei me enfiando e zanzando pelo meio daquela multidão de gente que eu não conhecia e que lotava a minha casa. Meninos que eu tinha namorado estavam lá, e também meninos que eu iria namorar. Alguém tinha colocado "Suspicious Minds", do Fine Young Cannibals, para tocar uma vez atrás da outra.

A noite inteira eu fiquei particularmente atenta a um garoto quieto, cabelo loiro, meio ruivo, em pé no canto da cozinha, perto da geladeira. O cabelo dele agora cobria as orelhas. O rosto perdera aquela coisa redonda e era mais definido, mas dei algumas olhadas rápidas e pude ver que aquela expressão firme, enigmática, permanecera. A noite inteira evitei-o. Não olhei uma vez em seus olhos. Apesar do gim, eu ainda era a garota do fundo da classe, que prestava atenção em tudo, sem que nunca ninguém prestasse atenção nela.

———————

Vinte e seis anos mais tarde, numa tarde de maio, eu me preparava para fechar meu laptop quando ouvi o bip familiar que anunciava um novo e-mail. Espiei minha caixa de entrada. Não sou boa de responder e-mails, e às vezes, tenho até um pouco de vergonha de confessar, levo vários dias ou mais tempo ainda para responder. Demorei uns instantes para registrar o nome na caixa de entrada: Dan Olis. Cliquei na mensagem com alguma hesitação.

Dan, que era agora engenheiro e morava em Denver, explicou que haviam encaminhado a ele um perfil meu, que saíra publicado na revista dos alunos da Notre Dame. O artigo, "Detetive", dizia que eu havia criado um site, *True Crime Diary*, que tentava resolver casos de homicídio arquivados. O autor do artigo questionava a origem da minha obsessão por assassinatos não esclarecidos e citou minha resposta: "Isso tudo começou quando eu tinha 14 anos. Uma vizinha minha foi brutalmente assassinada. Um caso muito estranho. Ela tinha ido correr, perto da casa dela. [A polícia] nunca resolveu o caso. Todo mundo no bairro ficou atemorizado, mas seguiu adiante. Eu não consegui. Precisava descobrir como tinha acontecido".

Esta era a versão resumida. Outra versão é a que segue. Num começo de noite do dia 1º de agosto de 1984, estou desfrutando da liberdade hermeticamente vedada do dormitório reformado no sótão do terceiro andar da nossa casa. Todas as crianças da nossa casa passaram parte de seus anos de adolescência aqui em cima. É a minha vez. Meu pai odiava o sótão porque era uma armadilha em caso de incêndio, mas para mim, um tsunami de emoções de 14 anos de idade que assinava suas entradas no diário como "Michelle, a Escritora", é um refúgio glorioso. O tapete é felpudo e laranja, e o teto é inclinado. Tem uma estante de livros embutida na parede que gira e dá acesso a um esconderijo secreto para guardar coisas. O melhor de tudo é a enorme escrivaninha de madeira que ocupa metade do quarto. Tenho uma plataforma giratória, uma máquina de escrever e uma pequena janela que dá para o telhado do vizinho. Tenho um lugar para sonhar. Em algumas semanas, começo o colegial.

Ao mesmo tempo, a quinhentos metros de distância, Kathleen Lombardo, 24 anos, está correndo com seu Walkman pela Pleasant Street. É uma noite quente. Os vizinhos que saíram para suas varandas veem Kathleen passar mais ou menos às 9h45 da noite. Ela vai viver apenas mais alguns minutos.

Lembro de ter ouvido alguém subindo a escada até o segundo andar – minha irmã Maureen, acho – e uma conversa em tom baixo, alguém arfar de susto, e em seguida os passos da minha mãe indo depressa até a janela. Conhecíamos a família Lombardo, da Santo Edmundo. A notícia logo se espalhou. O assassino a arrastara até a entrada do beco entre a Euclid e a Wesley. Cortou-lhe a garganta.

Eu não tinha nenhum interesse particular por crimes, exceto ter lido algum livro de Nancy Drew na adolescência. Mesmo assim, dois dias após o assassinato, sem contar a ninguém, andei até o lugar perto de nossa casa onde Kathleen havia sido atacada. No chão, vi estilhaços do Walkman dela. Peguei-os. Não senti medo, apenas uma curiosidade elétrica, a corrente de um impulso perscrutador tão inesperado que me fez lembrar depois de cada detalhe daquele momento – o cheiro da grama recém-cortada, a pintura marrom descascada da porta da garagem. O que me pegou foi o espectro desse ponto de interrogação onde deveria estar o rosto do assassino. A lacuna da sua identidade me pareceu violentamente poderosa.

Assassinatos não resolvidos tornaram-se uma obsessão. Passei a colecionar detalhes sinistros e enigmáticos. Desenvolvi uma reação pavloviana à palavra "mistério". O meu histórico da biblioteca era uma bibliografia do macabro e do verdadeiro. Quando conheço pessoas e fico sabendo de onde são, eu as separo na minha mente pelo crime não resolvido mais próximo. Se você me disser que frequentou a Miami University de Ohio, toda vez que o encontrar vou lembrar de Ron Tammen, o pugilista e baixista da banda de jazz da escola que saiu do seu quarto no alojamento em 19 de abril de 1953 – com o rádio ligado, a luz acesa, seu livro de psicologia aberto – e desapareceu, e nunca mais foi visto. Se você disser que é de Yorktown, Virginia, vou fazer sempre a conexão entre você e o Colonial Parkway, o trecho de estrada que serpenteia junto ao Rio York e onde quatro casais ou desapareceram ou foram assassinados entre 1986 e 1989.

Quando tinha trinta e tantos anos, finalmente abracei meu fascínio e, graças ao advento da tecnologia da internet, nascia o *True Crime Diary*, meu site para detetives autodidatas.

– Por que você se interessa tanto por crimes? – as pessoas me perguntam, e eu sempre volto àquele momento no beco, com os fragmentos do Walkman da moça morta na minha mão.

Eu preciso ver o rosto dele.

Ele perde seu poder quando conhecemos seu rosto.

O assassinato de Kathleen Lombardo nunca foi solucionado.

Eu iria escrever a respeito do caso dela várias vezes, e mencioná-lo em entrevistas. Até liguei para a Polícia de Oak Park para checar alguns fatos. A única pista real foi que algumas testemunhas relataram ter visto um afro-americano de regata amarela e tiara olhando fixo para Kathleen enquanto ela corria. Lembro que a polícia descartou o boato de que testemunhas haviam visto o assassino sair do metrô elevado e começado a seguir Kathleen. A intenção do boato era óbvia: o assassino havia se infiltrado entre nós vindo de outro lugar.

Os policiais de Oak Park deram-me a nítida impressão de que o caso era insolúvel. E era também o que eu achava, até o dia em que o nome de Dan Olis apareceu na minha caixa de entrada. Dan copiara outra pessoa no e-mail que me mandou: Terry Keating. Eu reconheci vagamente o nome como o de um rapaz um ano à minha frente na Santo Edmundo. Dan e Terry, fiquei sabendo, são primos em primeiro grau. Estavam entrando em contato comigo porque eles, também, haviam ficado assombrados com o assassinato de Kathleen Lombardo, mas por razões diferentes, e muito mais pessoais. No seu e-mail, Dan disse olá, como vai, e então foi direto ao ponto.

– Você sabia que uns meninos muito legais da Santo Edmundo foram os que descobriram o corpo de Kathleen? – escreveu ele.

A experiência havia sido horripilante e extraordinária para os garotos. Eles falavam disso com frequência, escreveu Dan, principalmente porque estavam revoltados – a teoria bem conhecida, aceita, do que havia acontecido com Kathleen naquela noite era equivocada, na opinião deles. Achavam que sabiam da identidade do assassino.

Na verdade, eles o haviam encontrado naquela noite.

———

Terry e Dan não são apenas primos, moraram na mesma casa na adolescência. A família de Dan ocupava o térreo; a de Terry, o segundo andar, e a avó deles, o terceiro. Terry e eu inspecionamos os fundos da velha casa, os dois instalados no beco.

– Quantas pessoas eram? – perguntei a Terry. A casa tem no máximo trezentos metros quadrados.

– Onze crianças, cinco adultos – diz ele.

Com apenas um ano de diferença, Dan e Terry eram, e continuam sendo, muito próximos.

– Aquele verão foi de fato um período de transição para nós – diz Terry. – Às vezes roubávamos cervejas e ficávamos bêbados. Outras vezes fazíamos zoando, como quando éramos crianças.

Ele aponta para a laje de concreto ao lado da garagem no quintal dos fundos.

– Lembro que naquela noite estávamos jogando hóquei, ou talvez basquete. – O grupo era formado por Terry, Danny, o irmão mais novo de Danny, Tom, e dois amigos deles do fundamental, Mike e Darren. Faltava pouco para as 10 da noite. Alguém sugeriu descer o beco até a White Hen, uma lojinha de conveniência na Euclid, a uma quadra e meia de distância. Eles iam sempre até a White Hen, às vezes três ou quatro vezes por dia, comprar um Kit Kat ou uma Coca.

Terry e eu seguimos da casa dele no sentido norte. Ele de garoto passou tanto tempo nesse beco que é capaz de apontar todas as pequenas mudanças que aconteceram.

– Naquele tempo era mais escuro à noite – diz ele. – Quase como uma caverna. Os galhos projetavam-se mais e pendiam mais para baixo.

Uma árvore não familiar no quintal de um vizinho chama a atenção dele. – Bambu – ele diz. – Acredita nisso?

A uns cinco metros de onde o beco se junta à Pleasant Street, Terry para. Uma algazarra de meninos pré-adolescentes e adolescentes falando merda, como Terry se refere ao que fazem, pode ser bem barulhenta. Eles se divertem zoando com bobagens. Esse lugar o inquieta um pouco. Olhando direto em frente dá para ver a entrada do beco, logo atravessando a rua.

– Se a gente naquela hora estivesse prestando atenção, talvez tivesse visto a mulher passar correndo – diz ele. – Teria dado para ver quando o cara a agarrou.

Atravessamos a rua até um vão atrás do número 143 da South Wesley Avenue. Os cinco garotos andavam juntos, numa mesma fileira. Danny estava à sua direita, Terry lembra. Ele põe a mão na cerca perto da garagem e bate nela.

– Acho que é a mesma cerca, mas era pintada de vermelho antes – diz Terry.

Ele diz que achou ter visto um tapete enrolado perto das latas de lixo. As pernas de Kathleen eram muito brancas, e no escuro Terry achou que fossem um tapete de cor clara. Então Danny, que estava mais perto dela, gritou.

– É um corpo!

Terry e eu olhamos para o lugar junto à garagem onde Kathleen ficara deitada de costas. Era evidente naquela hora que a garganta dela havia sido cortada. O sangue formou uma poça perto dos pés dela. Havia um cheiro terrível. Provavelmente de gases de seu estômago, Terry supõe agora. Darren, um "menino sensível", segundo Terry o descreve, foi se afastando devagar até a garagem em frente, as mãos na cabeça, saindo fora. Tom correu até o portão dos fundos mais próximo, gritando por ajuda.

O momento seguinte é onde a narrativa mais aceita do assassinato de Kathleen Lombardo diverge do que consta na memória de Terry e Dan. Eles lembram que Kathleen ainda tinha sinais vitais, mas morreu nos minutos entre a descoberta dela e a chegada de um enxame de policiais.

Eles lembram que os detetives disseram que eles deviam ter passado pelo cara. Lembram que um homem saiu do beco quase na mesma hora em que eles descobriam o corpo de Kathleen. Era um cara alto e parecia descendente de indianos. Usava uma camisa de algodão aberta até o umbigo, shorts e sandálias.

– O que está acontecendo aqui? – ele perguntou. Terry diz que o homem não olhou nenhuma vez na direção do corpo.

– Alguém foi ferido. Vamos chamar a polícia – Mike gritou para o homem. Ele sacudiu a cabeça.

– Não tenho telefone – disse.

O caos da cena obscurece a sequência de eventos seguinte. Terry lembra da viatura de polícia chegando, guiada por um policial bigodudo, de uniforme, que meio sem acreditar perguntou com sarcasmo onde estava o corpo. Ele lembra que o policial mudou o tom de voz depois de ver Kathleen, e passou um rádio urgente pedindo ajuda. Ele lembra que o parceiro do policial, um rapaz mais jovem, talvez estagiário, inclinou-se junto à lateral do carro, com ânsia de vômito.

Ele lembra de Darren encostado à garagem, ainda com as mãos na cabeça, balançando para a frente e para trás. E depois que havia um cerco de luzes e sirenes, como Terry nunca vira antes nem iria ver depois.

Sete anos mais tarde, Terry estava indo de carona a um show com um cara chamado Tom McBride, que morava a poucas casas da cena do assassinato. Terry e Tom haviam sido inimigos quando crianças, do jeito que os meninos são inimigos quando não se conhecem e frequentam escolas diferentes. Tom, segundo diz Terry, era um garoto "de escola pública", como os meninos das escolas católicas se referiam a eles. Mas Terry descobriu que Tom era um cara realmente muito legal. Eles ficavam papeando a noite toda.

– Você não era um dos moleques que descobriu o corpo? – Tom perguntou.

Terry confirmou. Tom semicerrou os olhos.

– Sempre achei que foi um vizinho meu que fez isso.

Uma imagem voltou à mente de Terry, a do homem de camisa de algodão aberta, o jeito estranho com que ele evitara olhar para o corpo de Kathleen. O jeito com que perguntou o que estava acontecendo ali, quando era evidente que se tratava de algo terrível.

Terry ficou com um aperto no estômago.

– Como era esse seu vizinho? – Terry perguntou.

Tom descreveu-o. Alto. Descendente de indianos. Um cara realmente mal-encarado.

– Ele estava bem ali quando nós a encontramos! – disse Terry.

Tom ficou branco. Não conseguia acreditar. Ele lembrava nitidamente que, na confusão depois que o corpo foi descoberto, o tal vizinho, que parecia ter acabado de tomar uma ducha e estava vestindo um robe, saiu pela porta dos fundos da casa dele para olhar os carros da polícia. Ele se dirigiu a Tom e à família dele, que estavam na varanda atrás da casa deles.

– Ele disse alguma coisa? – Terry perguntou.

Tom assentiu. – O que está acontecendo aqui? – foi o que disse o vizinho.

———

Nunca descobriram o assassino dela, e aqueles pedaços do seu Walkman destroçado que peguei da cena do crime estão agora martelando na minha cabeça trinta anos depois, enquanto eu sigo no meu carro alugado pela Capitol Avenue em Sacramento. Pego essa avenida sentido leste, saindo da cidade, até virar na Folsom Boulevard. Continuo na Folsom, passo pelo campus da Sac State e pelo Centro Sutter de Psiquiatria, pelos lotes vazios com arbustos e carvalhos esparsos. Correndo paralela à minha direita vejo a Gold Line, um sistema de metrô de superfície que vai do centro até Folsom, quarenta quilômetros a leste. É uma linha histórica. Os trilhos já foram usados pela Sacramento Valley Railroad, construída em 1856, a primeira ferrovia a vapor que ligava a cidade aos campos de mineração das Sierras. Ao cruzar a Bradshaw Road, vejo placas anunciando PENHOR e BAR DE BILHAR. Do outro lado da estrada há tanques de armazenamento de petróleo, atrás de uma cerca de alambrado enferrujada. Cheguei ao meu destino. Onde tudo começou: a cidade de Rancho Cordova.

SACRAMENTO, 1976-1977

NOS ANOS 1970, os garotos que não moravam aqui chamavam o lugar de Rancho Cambodia. O Rio American é a divisa do lado leste do Condado de Sacramento, e Rancho Cordova, na margem sul, fica isolado dos subúrbios mais arborizados e refinados, do outro lado do rio. A zona começou como uma concessão de terra mexicana de dois mil hectares para agricultura. Em 1848, depois que James W. Marshall, 55 quilômetros rio acima, vislumbrou cintilantes flocos de metal num escoadouro de roda d'água e declarou "Encontrei", as escavações de ouro desceram até Rancho Cordova, deixando para trás imensos montes de pedras do rio. Por um tempo, foi um vinhedo. Em 1918 foi inaugurada a base de Mather, da força aérea. Mas foi a Guerra Fria que realmente mudou Rancho Cordova. Em 1953, a Aerojet, fabricante de foguetes e propulsores de mísseis, abriu sua sede aqui, e com ela veio um surto de núcleos residenciais para os seus funcionários, com as sinuosas ruas da cidade (Zinfandel Drive, Riesling Way) de repente pavimentadas e nitidamente divididas em loteamentos de casas modestas. Todas as famílias pareciam de algum modo associadas às forças armadas ou à Aerojet.

Um elemento mais ríspido estava à espreita. Um homem criado na La Gloria Way em meados dos anos 1970 lembra o dia em que o sorveteiro que trabalhava perto da Escola Primária de Cordova Meadows desapareceu. O que aconteceu foi que o rapaz de cabelo comprido, barba bem crescida e óculos espelhados de aviador, que vinha vendendo picolés às crianças, agora vendia LSD e cocaína a uma clientela diferente, e foi levado pela polícia. As histórias de crescer em Sacramento nos anos 1970 muitas vezes são como essa, de gato por lebre, uma mistura de ameno e assustador, cartões postais de cidade pequena com maus presságios no verso.

Nos dias quentes do verão, a gente ia se refrescar no Rio American, uma mulher relembra; depois relata outra memória, de correr pelas trilhas junto ao rio e deparar com um acampamento de sem-teto no meio do mato. Diziam que trechos do rio eram mal-assombrados. Meninas adolescentes vinham em grupo passeando pelo Land Park e ficavam vendo garotos sem camisa encerar seus carros; eles iam para o *Days on the Green*, em Oakland, o festival Lollapalooza daquele tempo, para ver os Eagles ou Peter Frampton ou o Jethro Tull. Eles dirigiam pela barragem de Sutterville Road e tomavam cerveja. Estavam na barragem bebendo na noite de 14 de abril de 1978, quando um comboio de carros da polícia, sirenes ligadas, passou a toda velocidade por eles na estrada abaixo. O comboio não terminava mais. "Nunca tinha visto nada igual antes, nem vi depois", disse uma das adolescentes, hoje uma mulher de 52 anos de idade. O Estuprador da Área Leste, ou EAL – o homem que eu viria a chamar de Assassino do Golden State – havia atacado de novo.

Da Folsom entrei à esquerda na Paseo Drive, no coração da zona residencial de Rancho Cordova. Este lugar significava algo para ele. Foi aqui que atacou primeiro e continuou voltando. Em novembro de 1976, tinha havido nove ataques em seis meses no Condado de Sacramento atribuídos ao EAL; quatro desses ataques foram em Rancho Cordova. Em março de 1979, quando fazia um ano que não atacava e parecia ter sumido em definitivo, voltou a Rancho Cordova uma última vez. Seria originário daqui? Alguns investigadores, especialmente os que trabalharam no caso no início, achavam que sim.

Fui até o local do seu primeiro ataque, uma casa térrea simples em L, com mais ou menos noventa metros quadrados, e com um pedaço de tronco de árvore bem podado no centro do quintal. Foi daqui que veio a primeira ligação, às 5 horas da manhã do dia 18 de junho de 1976, de uma mulher de 23 anos que falava ao telefone do jeito que era possível, deitada no chão, com as mãos amarradas às costas, tão apertado que ela perdera a circulação. Sheila* foi até o telefone do criado mudo do pai, derrubou-o no chão e tateando conseguiu discar 0. Estava ligando para reportar um estupro com invasão de domicílio.

Ela queria que eles entendessem que a máscara era estranha. Era branca, feita de um material grosseiro, parecendo tricotado, com aberturas

---

* Pseudônimo.

para os olhos e uma costura descendo pelo meio, mas ficava bem justa no rosto dele. Quando Sheila abriu os olhos e o viu na porta do quarto dela, achou que estava sonhando. Quem é que usaria máscara de esqui em Sacramento em junho? Ela piscou os olhos e absorveu melhor a imagem. Ele tinha cerca de um metro e oitenta, moderadamente musculoso, vestindo uma camiseta azul-marinho de manga curta e luvas cinza de tecido grosso. Outro detalhe, tão pouco natural que deve ter parecido surgir do subconsciente dela – um par de pernas brancas com pelos escuros. As partes também estavam ali e formavam um todo. O homem estava sem calças. O pênis ereto. Seu peito subia e descia, exalações do real.

Ele pulou na cama de Sheila e encostou a lâmina de uma faca de dez centímetros contra a têmpora direita dela. Ela puxou as cobertas por cima da cabeça para afastá-lo. Ele as arrancou.

– Se você fizer um movimento ou um som, vou enfiar essa faca em você – sussurrou.

Ele amarrou-a pelos pulsos, as mãos às costas, com um cordão que trouxe com ele, e depois amarrou-a de novo com um cinto de pano vermelho e branco que encontrou no armário dela. Amordaçou-a enfiando-lhe na boca uma camisola de náilon branca. Já havia indícios do comportamento que iria se tornar tão reconhecível. Passou óleo de bebê no pênis antes de estuprá-la. Ficou vasculhando e saqueando a casa; ela podia ouvir os puxadores tipo aldrava do aparador da sala batendo, conforme ele abria as gavetas. Ele falava num sussurro gutural grave, entredentes. Um corte de uns dois centímetros perto da sobrancelha direita dela sangrou; era onde ele apertara a faca, mandando que não fizesse nenhum barulho.

O senso comum, e qualquer policial também, dirão que o estuprador nudista é um adolescente voyeurista sem sofisticação, que acabou de subir de nível, passando de mau comportamento para um crime doloso cruelmente concebido. O delinquente da dança nudista sofre de falta de controle dos impulsos e logo irá preso. O seu jeito de encarar as pessoas sem dúvida já lhe terá conferido um status sinistro na vizinhança. Os policiais não vão demorar a ir até a casa da sua mãe aflita, para acordá-lo a pontapés. Mas esse delinquente nudista não foi pego.

Há uma coisa que eu considero um paradoxo do estuprador inteligente. Roy Hazelwood, um ex-psicólogo criminal do FBI que se especializou em predadores sexuais, fala disso no seu livro *The Evil That Men Do* ["O mal que os homens fazem"], escrito em parceria com Stephen G. Michaud:

"A maioria das pessoas não tem dificuldade em associar a inteligência a um roubo complexo. Mas estuprar/torturar é um ato depravado, com o qual elas não conseguem nem remotamente se identificar. Portanto, resistem a creditar alguma inteligência a esses agressores. Isso vale também para policiais".

Uma olhada mais detida nos métodos do estuprador de Sheila revela uma mente calculista em ação. Ele tinha o cuidado de nunca tirar as luvas. Nas semanas que antecederam o ataque, Sheila havia recebido chamadas telefônicas, mas a pessoa do outro lado da linha desligava logo que ela atendia, como se estivesse monitorando seus horários. Em abril, ela teve a impressão de estar sendo seguida. Viu várias vezes um carro de fabricação nacional escuro, de porte médio. Mas era curioso – embora ela tivesse certeza de que era o mesmo carro, nunca conseguiu distinguir bem seu motorista.

Na noite do ataque, uma fonte de água para pássaros que ficava no jardim havia sido movida para um lugar perto do fio de telefone no quintal dos fundos, evidentemente para alguém subir e alcançá-lo. Mas o fio estava só parcialmente cortado, e a hesitação inábil era indício de alguém inexperiente, como um aprendiz de carpinteiro pregando um prego torto.

Quatro meses mais tarde, Richard Shelby estava em pé numa calçada da Shadowbrook Way, em Citrus Heights.

Com base nas regras do Departamento do Xerife de Sacramento, Shelby não deveria estar neste caso ou em qualquer outro. Ele não deveria nem estar de uniforme. Shelby conhecia as regras – para trabalhar no Departamento do Xerife de Sacramento em 1966 você precisava ter os dez dedos das mãos íntegros –, mas ele passara no exame escrito e no físico, e imaginou que poderia tentar a sorte. A sorte fora boa com ele; mesmo o fato de ter perdido uma boa parte do dedo anular esquerdo foi uma sorte. Shelby poderia ter sido partido no meio pela rajada imprevista da escopeta do caçador. Os médicos disseram que ele por pouco não perdeu a mão inteira.

Quando o selecionador viu o dedo de Shelby, parou a entrevista. Shelby foi sumariamente dispensado. Depois de tudo, não seria aceito no Departamento do Xerife de Sacramento. A rejeição doeu. A vida toda Shelby ouvira a família dele falar com o maior respeito de um tio que era xerife em Oklahoma. Talvez isso fosse um sinal. Ele pensou em trabalhar num condado menos populoso. Yolo, ou Placer. Os espaços abertos do Central Valley eram a paisagem de sua juventude. Passava os verões indo trabalhar nos ranchos e nas fazendas do leste, no Condado de Merced. Nadava nus nos canais. Caçava coelhos e codornas nas elevações baixas ao pé de Sierra Nevada. A carta do DXS sobre a "reprovação" chegou uma semana mais tarde. Então, no dia seguinte, outra carta. Esta dizia onde e quando poderia se apresentar para solicitar emprego.

Shelby pediu uma explicação. O Vietnã estava virando notícia. Em fevereiro de 1965, o alistamento mensal foi de três mil; a cifra aumentou para 33 mil por volta de outubro. Por todo o país começaram a ocorrer protestos, que foram ficando cada vez mais turbulentos. Começou a haver escassez de jovens disponíveis. O DXS viu Shelby como um fenômeno novo e relativamente raro. Ele entrara na força aérea havia mais de uma década, 13 dias depois de completar 17 anos, e cumprira o serviço militar todo. Tinha diploma universitário em justiça criminal. Era casado. E embora lhe faltasse parte de um dedo, podia datilografar melhor que a secretária do xerife. Então mudaram as regras sobre o comprimento dos dedos. Shelby apresentou-se para trabalhar em 1º de agosto de 1966. Ficou 27 anos no emprego.

O DXS não era, na época, um local de trabalho exemplar. Todos disputavam a única viatura que tinha afixadas no painel uma luminária de haste flexível e uma prancheta. Submetralhadoras de cano curto da década de 1920 ainda faziam parte do armamento. As sirenes ficavam bem acima do motorista no teto do carro; os policiais que os dirigiam naquela época hoje usam aparelho de surdez. Divisões especializadas como a de crimes sexuais não existiam. Você virava o especialista com a experiência prática de ter uma vez atendido o telefone e ser chamado para uma cena de crime de estupro. Era por isso que Shelby viu-se na manhã de 5 de outubro de 1976 na calçada da Shadowbrook Way.

Um cão de caça, farejando uma pista, levara-o até aquele ponto. A pista começava na janela do quarto de uma criança, continuava por cima de uma cerca e seguia por um campo cheio de mato, parando naquela calçada. Shelby bateu à porta mais próxima e voltou a olhar para a casa da vítima, que ficava no final daquele campo, a uma distância de cerca de sessenta metros. Procurou não ligar para o seu desconforto.

Uma hora e meia antes, pouco depois das 6h30 da manhã, Jane Carson estava aconchegada na cama com seu filho de três anos de idade, quando ouviu um interruptor de luz acender e apagar, e depois alguém andando pelo corredor. O marido saíra para o trabalho havia pouco. – Jack, é você? Esqueceu alguma coisa?

Um homem com uma máscara de esqui marrom-esverdeada entrou pela porta.

– Cale a boca, quero seu dinheiro, não vou machucá-la – ele disse.

Shelby achou interessante como ele agiu no tempo certo, com precisão. O homem entrou na casa pela janela do quarto do filho momentos depois que o marido de Jane saiu. Duas semanas antes, eles haviam sido vítimas de um furto incomum, quando o ladrão levou dez ou doze de seus anéis e largou algumas joias roubadas de um vizinho. O ladrão havia também entrado e saído pela janela do filho. O mesmo cara, Shelby concluiu. Alguém metódico e paciente.

O estupro de Jane seria o quinto ataque atribuído ao Estuprador da Área Leste, mas foi o primeiro colocado aos cuidados de Shelby e Carol Daly, dois detetives que ficariam indissoluvelmente ligados à série. Carol, uma detetive com experiência em crimes sexuais, era a escolha natural para conduzir as entrevistas com a vítima. Sua habilidade em lidar com pessoas iria fazê-la ascender rapidamente até o cargo de subxerife.

Shelby, porém, tinha o dom de irritar as pessoas. Ele pedia que seus colegas lidassem com o interrogatório de suspeitos, pois os que ele fazia tendiam a degenerar em caos. Tinha sempre atritos com "o quarto andar"– as altas patentes. Seus problemas decorriam menos de sua arrogância do que da sua excessiva franqueza. Faltava-lhe sutileza. Uma infância vagando por uma paisagem monótona desprovida de gente podia impedir que a pessoa desenvolvesse certas habilidades de comunicação. – Sempre me faltou a capacidade de ser diplomático – diz ele.

Houve mais três ataques em rápida sucessão naquele mês de outubro. No início, muitos de seus colegas achavam que o responsável era um agressor em série não identificado, conhecido como Estuprador Madrugador, mas Shelby sabia que estavam diante de um homem mais inteligente e estranho que o Madrugador. Eram tempos anteriores ao perfil criminal, antes que termos como "assinatura" ou "comportamento ritual" se tornassem corriqueiros. Na época, investigadores falavam em "presença", "personalidade" ou "tem cheiro disso ou daquilo". O que pretendiam indicar era o arranjo peculiar de detalhes, tão característico quanto um cheiro – a experiência de um *déjà vu* em relação à cena do crime. Havia a descrição física consistente, é claro. Ele era branco, perto dos vinte ou vinte e poucos anos, com cerca de um metro e oitenta, constituição mais ou menos atlética. Sempre com algum tipo de máscara. Um sussurro forçado, raivoso. Falando entredentes. Quando ficava alterado, sua voz subia para um tom agudo. Pênis pequeno. Tinha um comportamento estranho – sua voz com frequência era apressada, mas seus modos não. Ele abria uma gaveta e ficava em pé olhando para ela vários minutos, em silêncio. Os relatos de quem havia visto algum ladrão nas redondezas por volta da hora de um ataque com frequência incluíam o detalhe de que o criminoso, depois que percebia estar sendo visto, deixava a área calmamente. "Sem a menor pressa", uma testemunha disse.

Suas necessidades psicossexuais eram específicas. Ele amarrava as mãos de suas vítimas atrás das costas, com frequência voltando a amarrar várias vezes, usando em certas ocasiões materiais diferentes. Ordenava que o masturbassem com as mãos delas amarradas. Nunca acariciava as vítimas. Quando começou a atacar casais, levava a mulher para a sala e cobria a tevê ligada com uma toalha; a iluminação parecia importante. Começava a fazer perguntas de cunho sexual. – O que é que estou fazendo? – ele perguntou a uma vítima vendada enquanto se masturbava com loção para as mãos, que encontrara na casa. – É assim que o capitão faz? – perguntou a Jane; o marido dela era capitão da força aérea. Ordenou "cale a boca" pelo menos cinquenta vezes, disse Jane, mas enquanto a estuprava, tinha outras exigências, dando-lhe instruções como um diretor a uma atriz. – Coloque um pouco de emoção nisso – ordenava, – se não, vou usar minha faca.

Era atrevido. Duas vezes ele entrou em casas, e continuou impassível mesmo sabendo que as vítimas o haviam localizado e estavam freneticamente tentando ligar para a polícia. Não se incomodava com crianças. Nunca causou dano a nenhuma delas fisicamente, mas amarrava as crianças maiores e as colocava em outro quarto. Colocou o filhinho de Jane no chão do quarto durante seu ataque. O menino adormeceu. Quando acordou, olhou em cima da cama. O EAL tinha ido embora. A mãe estava ali deitada e amarrada com tiras de toalhas rasgadas e amordaçada com um pano de limpeza. Ele achou que as amarras eram bandagens.

– O médico já foi embora? – sussurrou o menino.

———

Shelby já conhecia os modos brutais de pervertidos com máscara de esqui, mas ficou intrigado com os cuidados especiais deste em não ser reconhecido. Isso era incomum. As chamadas telefônicas prévias. Rondar a casa antes. Furtos. O EAL sabia como desligar lâmpadas externas mesmo quando estavam num temporizador. Sabia onde localizar o dispositivo de abrir e fechar a porta da garagem. As entrevistas que Shelby realizou sugeriam que o suspeito espreitara não só a casa de Jane mas as dos vizinhos também, para ver onde poderia estacionar seu carro, a que horas os vizinhos punham o lixo para fora e saíam para trabalhar.

Carol Daly, colega de Shelby naquele dia, seria citada um ano mais tarde no *Sacramento Bee* dizendo a respeito do caso: "O estuprador típico não tem esquemas tão elaborados". Era esse o pensamento que passava pela mente de Shelby quando estava em pé na calçada com o cachorro, olhando através do campo para a casa de Jane. Havia outro detalhe que o incomodava. O agressor havia espetado o ombro esquerdo de Jane com sua faca. Jane achou que ele não tivera intenção de feri-la, que o machucado fora acidental. Shelby não tinha tanta certeza. O palpite dele era que o cara estava reprimindo um impulso de infligir mais dor; se não fosse pego, essa compulsão aumentaria.

E aumentou. O suspeito começou a abrir e fechar tesouras perto do ouvido das vítimas vendadas, ameaçando cortar-lhes os dedos dos pés, um a cada vez que se mexessem. Ele enterrava a faca na cama perto de onde estava com a vítima. Era movido por um tormento psicológico. – Você não me conhece, não é? – ele sussurrou a uma das vítimas, mencionando o nome dela. – Faz tempo demais pra você, não é? Faz muito tempo mesmo. Mas eu conheço você. – Sempre deixava que acreditassem que já havia saído da casa e, aí, assim que as amarras dos corpos das vítimas afrouxavam um pouco, seus dedos dormentes tentando alcançar as amarras, ele as assustava com um barulho ou movimento repentino.

Depois do ataque a Jane Carson em outubro, correram boatos pela comunidade de que havia um estuprador em série à solta, mas o Departamento do Xerife pediu à imprensa local que não dessem publicidade aos crimes, temendo que os holofotes afastassem o suspeito daquela área leste, onde esperavam contê-lo e pegá-lo. Shelby, Daly e os colegas deles na unidade de detetives procuravam pistas em silêncio. Checaram com oficiais que cuidavam de liberdade condicional e penas alternativas. Averiguaram funcionários de entrega, leiteiros, zeladores, e instaladores de carpetes. Deixaram seus cartões de visita nas portas da vizinhança e seguiam dicas que eram dadas, geralmente sobre homens jovens que encaravam demais as mulheres ou ficavam até tarde na rua ou eram, como um informante disse a respeito de seu irmão mais novo, "desmiolados". Vendaram Jane e puseram gravações em fita das vozes de dois suspeitos para ela ouvir. Ela deitou na sua cama; seus braços tremiam. – Não é ele – disse Jane. Visitaram lojas de penhor atrás de itens roubados, e também a House of Eight, uma sex shop no Del Paso Boulevard, perguntando sobre clientes interessados em sadomasoquismo. Seguiram uma dica a respeito de um homem que estava comprando do Departamento de Trânsito informações de arquivo, e depois seguia as mulheres em seu carro. Interrogaram-no do lado de fora da casa dele, onde notaram que ele ficou em pé na sarjeta, distraído demais para notar a corrente de água que passava em volta de seu sapato social de couro fino. Não era o EAL, mas eles mandaram o Departamento de Trânsito interromper a prática de vender informações privadas. Notaram que havia gente que enrubescia, piscava os olhos, cruzava os braços e repetia as perguntas que eram feitas, numa clara manobra para ganhar tempo. Mas nada levou até o EAL.

Enquanto isso, o falatório na comunidade ia mudando, diante da ausência de informações oficiais. Havia vários boatos, de que a polícia não informava o público sobre os estupros porque os detalhes eram horrorosos demais. De que ele mutilava os seios das mulheres. Os rumores não eram verdadeiros, mas com o silêncio da imprensa era como se ninguém os desmentisse publicamente. A tensão chegou ao auge em 18 de outubro, quando o EAL atacou duas vezes em vinte e quatro horas. Uma das vítimas, uma dona de casa de 32 anos de idade, mãe de dois filhos, morava na Kipling Drive em Carmichael, um dos bairros mais ricos da área leste. Alguns especularam que o EAL, farto da falta de cobertura da imprensa a seu respeito, estava adentrando os bairros mais finos a fim de garantir publicidade. Funcionou. Quinhentas pessoas compareceram a uma reunião da prefeitura sobre prevenção ao crime, na Escola Primária Del Dayo, em 3 de novembro. Shelby e Daly revezaram-se ao microfone, tentando sem muita habilidade responder perguntas iradas ou apavoradas a respeito do EAL.

Na manhã seguinte, o *Sacramento Bee* publicou matéria do repórter policial Warren Holloway: "HOMEM CAÇADO COMO SUSPEITO DE 8 ESTUPROS". O silêncio da imprensa terminara.

Talvez fosse coincidência, mas na noite de 10 de novembro, mesmo dia em que o *Bee* publicou uma continuação da matéria ("ESTUPRADOR DA ÁREA LESTE ... O MEDO TOMA OS BAIRROS TRANQUILOS"), um homem com uma máscara de couro entrou pela janela de uma casa em Citrus Heights e aproximou-se furtivamente de uma garota de 16 anos que assistia televisão sozinha na sala de estar. Apontou uma faca para ela e lançou uma advertência assustadora: "Faça um movimento e você ficará em silêncio para sempre, e eu terei sumido na escuridão".

Dessa vez o EAL levou sua vítima para fora da casa, por um aterro, até uma vala de drenagem feita de cimento, com seis metros de largura e três de profundidade, por onde os dois andaram uns oitocentos metros até um velho salgueiro. A garota mais tarde refez o caminho com Shelby e alguns outros detetives; cadarços cortados, uma calça Levi's rasgada e uma calcinha verde jaziam amontoados em arbustos perto da árvore. A garota disse que não havia sido estuprada. Colher informação de pessoas após um ataque violento é algo delicado, especialmente quando, como no caso de Shelby, você é um homem de meia-idade sem sofisticação, com quase um metro e noventa de altura, e a vítima é uma adolescente que está emocionalmente abalada. Você olha a pessoa nos olhos e faz a difícil pergunta. Você pode ou não acreditar na resposta. Você pergunta de novo mais tarde, de uma maneira não tão direta, talvez no meio de uma conversa sobre outra coisa. E ela confirma sua primeira resposta. Isso é tudo o que você pode fazer.

O EAL talvez tivesse pensado que a garota fosse outra. – Você não estuda no American River College? – ele perguntou a ela. Quando ela disse que não, pressionou a faca na garganta dela e perguntou de novo. Ela negou outra vez. A garota disse aos detetives que ela era parecida com uma vizinha que estudava no American River College, uma escola da comunidade local. Mas havia de novo aquele estranho cuidado com a precisão dos tempos. Ela iria ficar sozinha na casa apenas por um curto intervalo de tempo. Os pais tinham ido ao hospital visitar o irmão dela, e ela combinara de se encontrar com o namorado mais à noite. Antes de levá-la para a vala de drenagem, o EAL tomara o cuidado de recolocar a tela na janela por onde havia entrado e de desligar a televisão e as luzes da casa, como se soubesse que as pessoas iriam voltar logo e não quisesse criar alarme.

A garota acrescentou mais coisas ao catálogo sempre crescente de detalhes efêmeros vislumbrados no escuro pela venda afrouxada. Sapatos pretos, de bico quadrado. Uma lanterna pequena, o suficiente para sumir na mão esquerda dele. Calças de uniforme de serviço do exército. Enquanto ela estava amarrada, ele ficara escalando o lado oeste do aterro e procurando alguma coisa, disse a garota. Ia e voltava. Agitado. Shelby escalou o aterro. Estavam, como sempre, com minutos ou horas de atraso em relação a ele. Você podia plantar seus pés nas pegadas do homem, mas sem saber o que o teria levado até aquele ponto, a sua visão era inútil, vasculhando tolamente o horizonte atrás de alguma pista. Arbustos emaranhados, há tempos sem cortar. Cercas. Quintais dos fundos. Coisa demais. Insuficientes. Estaca zero.

A máscara de couro que a garota descrevera estendia-se por baixo da camisa do EAL e tinha aberturas para os olhos e a boca; isso soou a Shelby aquele tipo de máscara que os soldadores elétricos usam por baixo do capacete. Procurou empresas de equipamento de solda atrás de nomes de clientes. A peneira não deu em nada. Enquanto isso, os telefones tocavam no Departamento do Xerife com gente fornecendo enxurradas de nomes. Os detetives tentaram examinar todo mundo. Rapazes foram eliminados quando tinham pés grandes, o peito afundado, uma barriga saliente, barba, um olho esquerdo estrábico, mancavam, usavam palmilha ortopédica, ou tinham uma cunhada que confidenciara ter nadado pelada uma vez com o irmão mais novo do marido e que ele tinha um pênis grande.

O EAL atacou outra adolescente, esta em Fair Oaks, em 18 de dezembro. Houve outras duas vítimas em janeiro. "O ESTUPRADOR ATACA DE NOVO, 14ª VEZ EM 15 MESES", dizia a manchete da edição de 24 de janeiro do *Sacramento Bee*. Um comentário de um detetive anônimo do xerife transmitia bem a preocupação que se instalava: "Foi exatamente igual a todas as outras vezes".

———

Na manhã de 2 de fevereiro de 1977, uma mulher de 30 anos, de Carmichael, estava amarrada, vendada e amordaçada sobre sua cama. Depois de ficar prestando atenção um longo tempo e não ouvir nada, puxou a mordaça da boca e chamou a filha de 7 anos de idade, que ela teve a sensação de que estava no quarto. – Você está bem? – ela perguntou. A filha mandou-a ficar quieta. – Mãe, fique quieta. – Alguém fez uma pressão no colchão da mulher para baixo com força e soltou, como para dizer a ela que ainda estava lá. Por vários minutos ela ficou lá deitada com os olhos abertos detrás de sua venda de pano de toalha laranja e branco, ouvindo-o respirar em algum lugar perto dela.

Hipnotizadores extraíam detalhes de observações de suspeitos. Detetives procuravam uma moto preta e branca com bagageiros de fibra de vidro. Um carro preto, que talvez tivesse sido da Polícia Rodoviária da Califórnia com um escapamento barulhento. Uma van branca sem janelas laterais. Um ciclista chamado Don com costeletas e um bigode grande. Uma mulher ligou para falar de um empregado de um supermercado local.

O pênis do homem, disse ela com ar de quem conhece, "é muito áspero, como se tivesse sido usado em excesso".

Desesperados para encontrar evidências de digitais, os detetives tentaram um método chamado transferência de iodo-prata para captar impressões latentes da pele humana; Carol Daly foi incumbida da tarefa de soprar um fino pó por um tubo sobre os corpos nus das vítimas. Nada. Havia pequenas vitórias. Em fevereiro, uma mulher em Carmichael entrou em luta com o EAL tentando tirar sua arma. Ele golpeou a mulher na cabeça. Quando Shelby e Daly examinaram a ferida na cabeça da mulher, notaram um ponto de sangue no cabelo dela, a uns cinco centímetros do ferimento. Daly cortou o cabelo com sangue e mandou-o ao laboratório de criminalística para tipificá-lo. O sangue da vítima era do tipo B. Aquele ponto, que se determinou que era do EAL, era A positivo.

———————

[NOTA DO EDITOR: A seção a seguir foi montada a partir de anotações de Michelle.]

Era por volta de 10h30 da noite de 16 de fevereiro de 1977. A família Moore[*] estava em sua casa em Ripon Court, no bairro College-Glen, em Sacramento. Douglas, de 18 anos, cortava um pedaço de bolo na cozinha enquanto sua irmã de 15 anos, Priscilla, assistia TV na sala de estar. De repente, um barulho inesperado revirou a normalidade daquela noite, num dia de semana – um estrondo, vindo do quintal dos fundos. Era o defumador elétrico da família. Alguém acabara de pular a cerca e bater nele.

Mavis Moore acendeu a luz do pátio e espiou pela cortina, a tempo de ver uma figura correndo pelo quintal dos fundos. Douglas impulsivamente começou a perseguição, e seu pai, Dale, pegou uma lanterna e foi atrás, pela porta lateral.

Dale foi ficando para trás, enquanto via o filho perseguir o homem loiro que rondara seu quintal dos fundos – e que cruzou Ripon Court e se enfiou no espaço entre duas residências vizinhas, onde desapareceu por cima da cerca. Douglas foi atrás, e quando alcançou o alto da cerca, ouviu-se um estrondo. Dale viu seu filho cair para trás na grama.

———————

[*] Todos os nomes da família Moore são pseudônimos.

– Levei um tiro – Douglas gritou, enquanto o pai o socorria. Outro tiro se seguiu, sem consequências. Dale puxou Douglas para fora da linha de fogo.

Uma ambulância chegou e correu com Douglas para o hospital. A bala entrara em seu estômago e fizera múltiplas perfurações nos intestinos, bexiga e reto.

Enquanto a polícia ia de porta em porta fazendo uma investigação pela vizinhança, seus blocos de notas começaram a ficar cheios de detalhes sinistramente similares às descrições que os detetives iriam registrar em suas investigações após um ataque do EAL: os vizinhos ouviam sons em seus quintais, como se suas cercas acabassem de ser saltadas; uma vizinha ouviu alguém andando no telhado dela; descobriram-se ripas de cercas chutadas, e portões laterais foram encontrados abertos. Uma onda de latidos de cães parecia indicar a direção em que um gatuno fantasma teria ido. Moradores da área relataram incidentes com gatunos e ladrões nas semanas anteriores aos disparos em Moore.

E todos os relatos de testemunhas, incluindo o de Doug Moore, produziram um conjunto familiar de descrições: um homem branco entre 25 e 30 anos de idade, mais ou menos um metro e oitenta, pernas robustas e cabelo loiro comprido até a altura do pescoço, usando um gorro de lã, agasalho impermeável, calça Levi's de veludo, e tênis.

Entre as pistas coletadas estava a usual anomalia, uma intrigante pista potencial que talvez não tivesse nenhuma relação com o incidente que culminou no tiro em Doug Moore – e mesmo que tivesse, parecia oferecer pouca coisa em termos de uma informação concreta: Um vigia que saía do seu turno na vizinha Thomas Jefferson School cruzara com um par de desocupados diante de um edifício do campus. Um deles perguntou-lhe as horas quando ele passou, enquanto o outro parecia estar escondendo algo – talvez um rádio transístor – debaixo do casaco.

Ambos os sujeitos pareciam ter 18 ou 19 anos e um metro e oitenta. Um deles parecia mexicano, com cabelo escuro comprido até o ombro, vestindo agasalho impermeável e calça Levi's, enquanto o outro era um branco com uma roupa mais ou menos igual.

O vigia trabalhava havia sete anos na escola e estava bem familiarizado com aqueles que costumavam andar pelo campus a altas horas. Nunca vira nenhum dos dois antes.

O EAL atacou de novo bem cedo na manhã de 8 de março, em Arden-Arcade. O *Sacramento Bee* publicou um artigo ("ESTUPRO PODE ESTAR LIGADO À SÉRIE") sobre o ataque. O repórter notou que "a vítima era separada do marido e tinha um filho pequeno, que estava fora na noite de segunda-feira. O estuprador da área leste nunca ataca com um homem na casa, embora ocasionalmente tenha atacado com crianças presentes". Se é que houve alguma vez dúvidas se o EAL lia notícias a seu respeito, elas caíram por terra depois que o artigo foi publicado. Sua próxima vítima foi uma adolescente, mas depois disso ele visou casais heterossexuais, 11 em seguida, e os casais continuaram sendo o foco principal de seus ataques.

Em 18 de março, o Departamento do Xerife recebeu três ligações telefônicas entre 4h15 e 5 da tarde. – Eu sou o EAL – uma voz de homem disse, rindo, e depois desligou. A segunda chamada foi uma repetição da primeira. Então, a terceira: – Sou o Estuprador da Área Leste. Estou espreitando minha próxima vítima e vocês não vão me pegar.

Naquela noite, em Rancho Cordova, uma garota de 16 anos voltou para casa de seu emprego de meio período numa lanchonete do Kentucky Fried Chicken, largou sua sacola de comida para viagem no balcão da cozinha e pegou o telefone a fim de ligar para uma amiga. Seus pais estavam fora da cidade e ela tinha intenção de ficar na casa da amiga. O telefone tinha chamado uma vez e meia quando um homem de máscara de esqui verde saiu do quarto dos pais dela, segurando uma machadinha acima da cabeça.

Desta vez a vítima conseguiu olhar melhor a cara do EAL, pois ele usava uma máscara de esqui com a parte do centro cortada fora. Partindo do palpite de que o EAL era um jovem local de Rancho Cordova, Shelby e Daly trouxeram uma pilha de anuários de formatura de escolas do bairro e ficaram assistindo a vítima folheá-los. Ela parou numa página do anuário de 1974 da Folsom High School. Passou o livro a Shelby, apontando a foto de um garoto. – Esse parece muito com ele. – Eles levantaram o histórico do garoto. Instabilidade, sim. Esquisitice, sim. Estava trabalhando de frentista num posto da Auburn Boulevard. Esconderam a vítima na parte de trás de um carro da polícia à paisana para que ela pudesse vê-lo a um metro de distância, enquanto ele abastecia. Ela não conseguiu fazer uma identificação conclusiva.

As casas tinham arranjos diferentes. Algumas das vítimas eram adolescentes novinhas que apertavam almofadas de sofá contra a barriga e, com expressão de dor no rosto e confusas, sacudiam a cabeça negativamente quando lhes perguntavam se sabiam o que era um "clímax". Outras tinham trinta e tantos anos, haviam se divorciado há pouco tempo de seus segundos maridos e estavam matriculadas em aulas de escolas de estética e frequentavam bares para solteiros. Mas para os detetives que eram tirados da cama de manhã bem cedo, as cenas se repetiam com similaridade estonteante. Cadarços cortados num tapete felpudo. Marcas vermelhas fundas nos pulsos. Marcas de espreita nas esquadrias das janelas. Armários de cozinha largados abertos. Latinhas de cerveja e caixas de biscoitos espalhadas nos quintais dos fundos. Havia o ruído de algum tipo de sacola, o farfalhar de papel ou o som de um zíper se abrindo, enquanto ele roubava joias gravadas, carteiras de motorista, fotos, moedas, às vezes dinheiro, embora o roubo claramente não fosse sua motivação, já que deixava de lado outros valores, e com frequência o que ele roubava, como uma estimada aliança de casamento arrancada com violência de um dedo inchado, era encontrada jogada fora em algum lugar por perto.

No dia 2 de abril, ele acrescentou uma variação ao seu método, uma que ele continuaria a usar. O primeiro casal que visou foi acordado com o clarão de uma lanterna de lente quadrada ofuscando seus olhos. Ele sussurrou de maneira rude que tinha uma arma ("uma .45 com 14 tiros") e atirou um pedaço de corda trançada para a mulher, mandando-a amarrar o namorado. Quando o rapaz foi amarrado, o EAL colocou uma xícara com pires nas costas dele. – Se eu ouvir a xícara chacoalhar ou a roupa de cama fazer qualquer barulho, eu mato todo mundo na casa – ele sussurrou. Com a mulher, comentou a certa altura: – Estive no exército, e trepei muito lá.

Que o EAL pudesse ter uma ligação militar era algo frequentemente levantado. Havia cinco instalações militares a uma hora de carro de Sacramento; só a Base Mather da Força Aérea, junto a Rancho Cordova, tinha por cima oito mil pessoas. Havia a preferência dele pelo verde do exército, e o relato ocasional de botas estilo militar de cano alto, amarradas até em cima. Várias pessoas que entraram em contato com ele, incluindo quem tinha um histórico militar, sentiram que sua postura autoritária e atitude inflexível lembravam alguém com passagem pelas forças armadas. "O truque do pires", como seu incomum sistema de alarme ficou conhecido, foi interpretado por alguns como uma técnica diretamente associada à guerra na selva.

Havia também o irritante fato de que ele conduzia as coisas melhor do que eles. Continuava livre. O Departamento do Xerife pegou emprestadas câmeras de copa de árvores do Departamento Estadual de Florestas, usadas normalmente para flagrar autores de incêndios criminosos. Gastaram seu orçamento de horas extras mandando patrulhas camufladas rondar os bairros que o EAL frequentava. Emprestaram binóculos de visão noturna e detectores de movimento, como os usados no Vietnã. Mesmo assim, ele ainda estava ali misturado ao resto, um homem cuja normalidade era sua máscara.

O Departamento do Xerife trouxe um coronel do exército treinado em técnicas das Forças Especiais para ajudá-los a entender as táticas do EAL. – O ponto principal do treinamento é a paciência – o coronel explicou. – A pessoa especialmente treinada é capaz de ficar sentada horas numa posição se necessário e não irá se mover. – A sensibilidade do EAL ao ruído – ele com frequência desligava os aparelhos de ar condicionado e aquecimento para ouvir melhor – era uma habilidade treinada no pessoal das Forças Especiais. O mesmo valia para facas, nós e planejamento de múltiplas rotas de fuga. – Ele pode e irá fazer uso de qualquer ponto de ocultamento – disse o coronel. Procurem por ele "no lugar mais improvável para um ser humano ficar, como dentro de uma fossa, no meio de arbustos de amoras silvestres". O coronel reiterava: lembrem-se de ter paciência. Ele acredita que tem mais energia do que qualquer um, e que os perseguidores irão desistir uma hora, mas ele não.

Shelby pensou se não haveria outra razão para o fato de não o terem pego. Notou que eles estacionavam patrulhas camufladas em algum bairro que ele sabidamente frequentava, mas naquela mesma noite o EAL atacava em outro lugar. Ele parecia ter maior conhecimento do procedimento policial do que o cidadão médio. Sempre usava luvas e estacionava fora do perímetro padrão da polícia. "Alto lá!" ele gritara uma vez para uma mulher que tentou fugir dele. Shelby não foi o único a levantar esse ponto. O pensamento passou também por outras mentes do Departamento do Xerife. Seria um deles?

Uma noite, Shelby foi checar a pista de um roubo. A mulher que ligou levantando a suspeita pareceu surpresa quando Shelby bateu na porta da frente e se anunciou. Nos últimos minutos, ela imaginara que já houvesse um policial ali, contou ela; podia jurar que ouvira o som de um rádio da polícia do lado de fora da casa.

– Ele vai deixar que os perseguidores cheguem a um centímetro dele e não irá se mexer – o coronel advertira.

No final de abril, as vítimas já eram dezessete. O EAL fazia em média duas vítimas por mês. Se você viesse prestando atenção, e a maioria das pessoas prestava, a situação era muito ruim.

Então chegou maio.

———

O departamento do xerife aceitou uma oferta de uma sensitiva que disse que poderia identificar o EAL. Ela cantou e comeu carne crua. Eles queriam ver se conseguiam o "mapa do biorritmo" do EAL, mas foi-lhes dito que não iria funcionar sem a data de nascimento dele. Por volta da meia-noite de 2 de maio, pouco mais de duas semanas após o último ataque, uma mulher de 30 anos na La Riviera Drive ouviu uma pancada fora da casa, o mesmo som que seus filhos jovens faziam quando pulavam a cerca do aterro para o quintal. Foi até a janela, mas não viu nada. O repentino clarão de uma lanterna, primeiro indício de perigo, causou um susto nela e no marido, um major da força aérea, isso por volta das 3 horas da manhã.

Dois dias depois, um homem com máscara bege de esqui e jaqueta azul-escuro, parecida com a jaqueta da Marinha Americana, surgiu de repente da escuridão e atacou uma jovem mulher e seu colega de trabalho quando iam até o carro dela, estacionado na garagem, em Orangevale. Os dois casos tinham o cheiro familiar. As chamadas telefônicas prévias, desligadas sem identificação. O truque do pires. A perturbadora combinação, num dos casos, de estupro brutal seguido por um intervalo para comer biscoitos Ritz na cozinha. Ambos os casais contaram aos detetives que o EAL parecia alguém fazendo força para parecer durão, um mau ator, que forçava respirações intensas na tentativa de parecer furioso e demente. A mulher em Orangevale disse que ele entrara no banheiro e ficara lá vários minutos; soava como se estivesse tendo uma hiperventilação de ansiedade ali.

"O ESTUPRADOR DA ÁREA LESTE ATACA SUA 20ᴬ VÍTIMA EM ORANGEVALE", era a manchete do *Bee* no dia seguinte.

A pressão aumentava no Departamento do Xerife. Chefes normalmente indiferentes ficaram agitados, mais envolvidos. Era maio ainda, e o orçamento de horas-extras estava quase no fim para aquele ano. Passavam horas examinando pistas que não davam em nada, sobre ex-namorados e funcionários das Obras Públicas que vinham checar luminárias de rua. Atitudes como matar o tempo e ficar longos minutos tomando café em copinho de isopor foram sumindo do dia a dia, substituídas por um corre-corre. Detetives examinavam mapas e tentavam prever onde seria o próximo ataque. Tinham a impressão de que ele atacaria agora na área em volta de Sunrise Mall, em Citrus Heights; era de lá que vinham relatos de gente espreitando e invadindo casas.

Por volta de 0h45, em 13 de maio, uma família na Merlindale Drive, não muito longe do Sunrise Mall, ouviu alguém no telhado. Os cachorros dos quintais vizinhos começaram a latir. Um vizinho ligou para a família à 1 hora da manhã para dizer que eles tinham também ouvido alguém rastejar pelo seu telhado. Viaturas chegaram em questão de minutos; o cara do telhado já tinha ido embora.

Na noite seguinte, uma quadra adiante, uma jovem garçonete e o marido dela, um gerente de restaurante, foram as próximas vítimas.

A descrença era geral. Um corredor de mais ou menos 15 quilômetros na margem leste do Rio American, entrando por uma parte não incorporada do Condado de Sacramento, estava sitiado. O contexto mudara. A pergunta não era mais "Você ouviu falar?" Todos já sabiam. "É um cara que" foi substituído por "Ele". Professores da rede pública de Sacramento paravam de ensinar e passavam a aula inteira discutindo a respeito do EAL, qualquer aluno que tivesse informações novas estendia-se nos detalhes.

A relação das pessoas com a natureza mudou. O chuvisco e a neblina densa de inverno, o tipo de clima marcado por apreensões, dera agora lugar a um calor maravilhoso, a um cenário de verde novo cravejado de pétalas de camélias vermelhas e cor de rosa. Mas a tão apreciada abundância de árvores de Sacramento, todos aqueles freixos e carvalhos azulados do Oregon nas margens do rio, havia sido reformulada aos olhos das pessoas: o que era uma proteção verdejante transformara-se num esconderijo. Instalou-se um surto de poda. Os moradores do lado leste podavam galhos de árvores, arrancavam os arbustos em volta da casa. Reforçar as portas corrediças de vidro com travas de segurança não era suficiente. Isso poderia afastá-lo, mas eles queriam mais; queriam despojá-lo completamente da capacidade de se esconder.

Por volta de 16 de maio, um surto de holofotes recém-instalados deixou o lado leste iluminado como se fosse uma árvore de Natal. Numa das casas, dependuraram pandeiros em todas as portas e janelas. Martelos foram parar debaixo de travesseiros. Cerca de 3 mil armas de fogo foram vendidas no Condado de Sacramento entre janeiro e maio. Muitas pessoas se recusavam a dormir entre 1 e 4 da manhã. Alguns casais dormiam por turnos, um dos dois sempre sentado no sofá da sala, com um rifle apontado para a janela.

Só um louco atacaria de novo.

No dia 17 de maio, todos prenderam a respiração e aguardaram para ver quem iria morrer. Acordaram naquela manhã com a notícia de que o EAL havia atacado pela quarta vez naquele mês, o vigésimo primeiro ataque atribuído a ele em menos de um ano; as últimas vítimas, um casal do bairro de Del Dayo, disseram à polícia que ele ameaçara matar duas pessoas naquela noite. Num período de apenas 24 horas, entre 17 e 18 de maio, o Departamento do Xerife de Sacramento recebeu 6.169 chamadas, quase todas referentes ao Estuprador da Área Leste.

Os oficiais atenderam à ligação às 3h55 da madrugada de 17 de maio. A vítima, um homem de 31 anos de idade, estava fora de sua casa de pijama azul-claro, um pedaço de cadarço de sapato balançando de seu pulso esquerdo. Ele falava furioso, numa mistura de inglês e italiano. – Pra quê pressa – ele disse aos oficiais. – Ele já foi embora. Entrem aqui! – Quando Shelby foi até a cena, reconheceu o homem na hora. No mês de novembro anterior, quando ele e Daly haviam conduzido aquela discussão sobre o EAL na prefeitura, no auditório lotado, o homem se levantara e criticara a investigação. Ele e Shelby haviam tido uma discussão acalorada. O incidente ocorrera seis meses antes, e talvez fosse coincidência, mas a conexão contribuiu para dar a impressão de que o EAL era insolente a ponto de comparecer a eventos dedicados à sua própria captura, e que se misturava ao resto, observava, relembrava e se mostrava exímio num certo tipo de paciência perversa.

O ataque, junto à American River Drive em Del Dayo, perto de uma estação de tratamento de água, teve ecos de ataques anteriores, embora dessa vez o humor do EAL, como o da comunidade, estivesse bem mais tenso.

Ele gaguejava; não parecia ser algo fingido. E tinha uma mensagem a transmitir, uma que ele praticamente despejou em cima de sua vítima feminina com uma raiva excitada. – Aqueles filhos de puta, aqueles porcos – você está me ouvindo? Nunca matei antes, mas agora vou matar. Eu quero dizer àqueles filhos da puta, àqueles porcos, que estou indo pra casa, pro meu apartamento. Tenho montes de tevês. Eu vou ouvir o rádio e ligar a televisão e se ouvir a respeito disso, vou sair amanhã à noite e matar duas pessoas. Vai morrer gente.

Mas para o marido, que estava amarrado em outro quarto, ele passou uma mensagem um pouco diferente. – Você diga àqueles filhos da puta daqueles porcos que eu poderia ter matado duas pessoas esta noite. Se eu não vir isso em todos os jornais e na televisão, eu vou matar duas pessoas amanhã à noite.

Antes de ir embora, ele devorou bolachas Cheez-It e meio melão.

A cidade acordou com uma manchete chocante no *Sacramento Bee*: "ESTUPRADOR DA ÁREA LESTE ATACA A Nº 23. AS PRÓXIMAS VÍTIMAS VÃO MORRER HOJE À NOITE?" O artigo dizia que o Departamento do Xerife havia feito uma consulta com um grupo de psiquiatras locais e concluíra que o EAL era "provavelmente um esquizofrênico paranoico" e que talvez tivesse um "pânico homossexual devido a um dote (físico) inadequado". O detalhe do dote físico inadequado era repetido várias vezes no artigo. Seria esse ou não o tipo de divulgação pela imprensa que o EAL procurava, se é que procurava mesmo algum tipo de publicidade? Era a pergunta que todos se faziam, além de se perguntarem se iria ou não cumprir sua ameaça de matar.

Maio de 1977 foi o mês de gente com barras de ferro na mão, e foi também quando começaram as vigílias noturnas, quando um grupo de trezentos homens do bairro patrulharam a área leste do Condado de Sacramento em picapes equipadas com rádios CB da faixa do cidadão. Painéis de acrílico resistente foram aparafusados por trás de janelas e portas. As travas de segurança se esgotaram nas lojas. O pessoal que fazia a leitura dos relógios de luz chegava mostrando seu cartão de identificação e se anunciava várias vezes, em voz alta, ao entrar nos quintais das casas. Os pedidos de holofotes para os quintais dos fundos subiram de dez por mês para seiscentos. Uma carta enviada ao *Sacramento Union* é típica dessa época: "Costumávamos abrir nossas janelas à noite para entrar ar fresco. Agora, não mais. Levávamos o cachorro para dar uma volta à noitinha. Agora, não mais. Meus filhos se sentiam seguros em casa. Agora, não mais. Costumávamos todos dormir, sem acordar a cada barulho normal da noite. Agora, não mais".

Por volta dessa época, Shelby viu-se um dia no sul de Sacramento num carro de chapa fria, junto com outro detetive, num destacamento de supervisão diurna. Estavam voltados para o leste, e à esquerda deles havia uma rua curta, onde, na metade da quadra, um pessoal jogava futebol. Um carro passou, no sentido leste, bem devagar. A baixa velocidade do carro era incomum, mas o que de fato chamou a atenção de Shelby foi a concentração com que o motorista olhava para o jogo. Shelby observou melhor os jogadores; eram todos rapazes, exceto uma zagueira, uma jovem de cabelo comprido, de uns 20 anos. Alguns minutos depois, o mesmo carro voltou a passar, devagar, o motorista de novo olhando com muita atenção para os jogadores. Shelby registrou a marca e o modelo do carro. Quando o carro passou pela terceira vez, ele anotou a placa e passou mensagem de rádio. – Se vier de novo, vamos pegá-lo – disse Shelby ao seu parceiro. Mas foi a última vez que o motorista, um rapaz loiro, de pescoço fino, 20 anos de idade, passou por ali. Sua concentração intensa foi o que perdurou na memória de Shelby. Isso e o fato de que alguns dias depois o EAL atacaria no sul de Sacramento pela primeira vez, a cerca de um quilômetro e meio daquele local; essa cena de crime seria a última em que Shelby trabalharia, antes de ser tirado do caso e colocado em outra função.

Chegou, então, a informação sobre a placa do carro. Era uma "chapa fria".

———

Há uma espécie de qualidade orgulhosa, autoconfiante, despreocupada que acabei identificando nos moradores antigos de Sacramento. Uma vez marquei uma entrevista no café da manhã, num boutique-hotel onde eu me hospedara no centro. O marido da entrevistada, um marceneiro, acompanhou-a no encontro. Eu já havia pedido meu café da manhã, um iogurte batido com frutas e sorvete que veio num jarrinho com alça, tampa e canudinho, junto com uma colher de prata estilo antigo. Incentivei meus convidados a pedirem alguma coisa, mas quando a garçonete virou para o marido ele negou com a cabeça educadamente e sorriu. – Eu mesmo preparei meu café da manhã hoje cedo. – Quando ele disse isso, fiquei literalmente de boca aberta, a colherinha de prata enfiada nela.

Menciono isso só para ajudar a esclarecer o sentido de algumas coisas. Por exemplo, dois dias após o ataque de 17 de maio, um dentista local anunciou publicamente que estava contribuindo com $10 mil dólares para a recompensa (o que a elevou a $25 mil) e que, junto com outro empresário, estava formando a base da patrulha EARS (East Area Rapist Surveillance) ["Vigilância ao Estuprador da Área Leste"]. Centenas de moradores da área fizeram uma reunião e, com rádios CB, começaram a patrulhar a área leste a noite inteira com seus carros. O subxerife comunicou seu desalento com a iniciativa num artigo no *Bee* em 20 de maio; sua mensagem essencialmente era: por favor, não façam isso. Essa caçada humana dos cidadãos foi em frente assim mesmo, acompanhada pelo barulho e pelas luzes de um helicóptero de vigilância emprestado da Polícia Rodoviária da Califórnia, que circulava lá em cima o tempo todo.

Outro exemplo: um artigo no *Sacramento Union*, em 22 de maio, "Duas Vítimas Relembram o Estuprador da Área Leste", citava Jane usando um pseudônimo; mesmo assim, havia detalhes de identificação suficientes para que o EAL, lendo aquilo, soubesse de quem se tratava, o que torna o que ela disse mais notável ainda.

– Em me sentiria traída se alguém estourasse os miolos dele. Eu pediria a eles que mirassem mais embaixo – disse ela.

Naquela sexta-feira de manhã, 27 de maio, o início do fim de semana do Memorial Day, Fiona Williams* fez algumas tarefas de casa, e então levou o filho de 3 anos de idade, Justin, com ela até o Jumbo Market, na Florin Road, para comprar comida. Deixou-o com a babysitter e foi até uma consulta no optometrista. Pegou seu cheque na biblioteca, onde trabalhava meio período, depositou-o no banco e fez mais umas compras na Penney's. Depois, pegou Justin na babá e foram até a lanchonete Mel's Coffee Shop, jantar. Ao chegarem em casa, nadaram um pouco na piscina. Ao anoitecer, ela jogou uma água no gramado da frente, ainda de maiô, enquanto Justin brincava por ali.

Fiona sabia o que vinha acontecendo, é claro; a TV local fazia o maior alarde histérico toda noite. Mas ela não estava necessariamente com o alerta máximo ligado. Afinal, tratava-se do Estuprador da Área Leste. Ele nunca iria atacar lá no sul de Sacramento, o bairro em que Fiona vivia

___

* Todos os nomes da família Williams são pseudônimos.

numa casa nova, com o marido, Phillip, e Justin. Mas o EAL rondava pela mente deles. Phillip trabalhava como supervisor numa estação de tratamento de águas, em Del Dayo. As vítimas mais recentes, o casal atacado em 17 de maio, moravam a metros da estação. Phillip foi cumprir o turno de plantão, por isso, quando chegou, seus colegas o informaram da forte presença da polícia o dia todo. Contaram que o EAL havia colocado uma arma na cabeça do marido. – Cala a boca, se disser mais alguma coisa eu te mato, entendeu?

Phillip não conhecia o casal; eram estranhos, enclausurados atrás de carros da polícia, e eram o tema das fofocas murmuradas no seu local de trabalho. Mas iria conhecê-los logo.

Quando Phillip voltou do trabalho para casa, era por volta de 0h30. Fiona e Justin estavam dormindo. Ele tomou uma cerveja e viu um pouco de televisão, depois foi para a cama e adormeceu. Uns vinte minutos mais tarde, ele e Fiona acordaram ao mesmo tempo, e ficaram um procurando o outro. Começaram a namorar. Vários minutos depois, um som arranhado assustou-os. A porta de vidro corrediça do pátio se abriu e um homem com uma máscara de esqui vermelha entrou. O fato de eles saberem instantaneamente quem era não diminuiu o choque. O sentimento era surreal, como se um personagem fantástico de cinema, alguém que você conhece só de ver pela tevê, saísse dos bastidores e começasse a falar com você. Ele trazia uma lanterna de duas pilhas na mão esquerda. Segurava o que parecia ser uma pistola .45 na mão direita, colocando-a no foco da lanterna para que a vissem.

– Fiquem absolutamente quietos, senão mato os dois – disse ele. – Vou matar você, vou matá-la. Vou matar o garotinho.

Atirou um pedaço de corda para Fiona e mandou ela amarrar Phillip. Em seguida, o EAL amarrou-a. Ficou vasculhando o lugar e fazendo ameaças, movendo a lanterna pelo quarto com gestos bruscos. Empilhou pratos nas costas de Phillip, e então levou Fiona até a sala.

– Por que você está fazendo isso? – ela perguntou.

– Cala a boca! – ele gritou.

– Desculpe – disse ela, no impulso, reagindo ao grito dele.

– Cala a boca!

Ele empurrou-a até o chão da sala, onde já havia estendido toalhas. Depois de estuprá-la várias vezes, disse: "Tem uma coisa que eu quero que você diga àqueles filhos da puta. Eles entenderam tudo errado da última vez.

Eu disse que iria matar duas pessoas. Não vou matar vocês. Se isso sair na tevê ou nos jornais amanhã, vou matar duas pessoas. Você está ouvindo? Está me ouvindo? Eu tenho tevês no meu apartamento e vou ficar assistindo. Se isso sair no noticiário, vou matar duas pessoas.

Quando ele mencionou as tevês no seu apartamento, uma imagem surgiu na mente de Fiona, um trecho de uma filmagem de Lyndon Johnson no Escritório Oval, assistindo três televisores que ele tinha perto da sua mesa, e que passava com frequência no noticiário nos anos 1960. O EAL gaguejava perceptivelmente ao pronunciar palavras começando com "L". Sua respiração era acelerada – forte, com inalações forçadas. Ela quase esperava que ele estivesse fingindo aquilo, porque se não estivesse, soava seriamente desequilibrado.

– Minha mãe fica assustada quando vê esse tipo de notícia – ele disse, com respirações entrecortadas.

Passava um pouco de 4 horas da manhã quando o primeiro policial entrou pela porta aberta do pátio de trás, tentando encontrar o caminho até onde estava a mulher que gritava por ele. Ela estava deitada de bruços no piso da sala dela, nua, os tornozelos e os pulsos amarrados atrás dela com cadarços de sapato. Um estranho com máscara de esqui acabara de passar uma hora e meia aterrorizando Fiona e o marido dela. Estuprou-a com brutalidade. Fiona tinha 1,58 m, 50 quilos – uma mulher magrinha. Era também uma nativa de Sacramento, com modos secos, diretos, uma sólida objetividade que seu tamanho pequeno talvez não fizesse supor.

– Bem, acho que agora o Estuprador da Área Leste virou o Estuprador da Área Sul – disse ela.[*]

Shelby chegou à casa amarela vestido todo de marrom, às 5 da manhã. Um técnico de cenas de crime havia colocado sacos plásticos espalhados pelo piso onde o estupro ocorrera para preservar evidências. Uma garrafa verde de vinho e dois pacotes de salsichas estavam jogados no pátio de trás, a uns cinco metros da porta. Shelby acompanhou o cão e seu guia enquanto o animal farejava todo o quintal, até chegar a um canteiro de flores no canto nordeste, onde encontraram pegadas de sapato.

---

[*] Este foi o único ataque do EAL na área sul de que se tem notícia. O dentista, cofundador da Patrulha EARS e que contribuiu com $10 mil para a recompensa – e que recebera bastante publicidade na semana anterior ao ataque – tinha um consultório a uns setecentos metros dali, o que pode ter sido pura coincidência, ou não.

A Rodovia 99 passa junto à casa, e ali onde o cachorro perdeu a pista do cheiro, num ponto do acostamento das pistas que seguem para o norte, havia marcas de pneu do que parecia ser um carro pequeno estrangeiro, talvez um Fusca. Um técnico estendeu uma fita métrica. As marcas de pneu mediam 1,31 metro de um centro ao outro.

Logo depois do ataque, quando os investigadores com seus blocos de notas pediram que Fiona procurasse na mente dela, a única coisa que ela disse ter achado um pouco estranha naquela noite foi a porta da garagem. Ela tinha ido e voltado várias vezes da casa até a garagem para lavar a roupa, e tinha certeza de que a porta lateral que levava até a coberta do carro havia sido fechada. Numa das vezes em que voltou, viu a porta aberta. O vento, ela pensou. Fechou e trancou a porta. Fazia apenas três semanas que moravam na casa e ainda estavam se acostumando aos seus caminhos e peculiaridades. Era uma casa de esquina, com quatro dormitórios e uma piscina enterrada no quintal de trás. Uma imagem que continuaria a incomodar Fiona era a de um homem, no dia da pequena festa da imobiliária para entrega da casa, que ficou em pé junto dela, numa hora em que ela ficou olhando para a piscina. Ela não sabia por que aquela impressão a marcara. Teria ele chegado perto demais? Ou ficara lá com ela tempo demais? Tentou em vão relembrar a cara dele, mas havia um branco. Era um homem, apenas isso.

Uma fileira de grandes coníferas e cem metros de terra separavam a Rodovia 99 da casa; logo atrás dela, do outro lado de uma cerquinha de arame, havia um terreno baldio. Fiona passaria a ver esse espaço aberto em volta deles de modo bem diferente do que da primeira vez; o que antes parecia uma agradável extensão de terreno tornou-se um vulnerável ponto de entrada. Não fazia parte do seu plano original, mas depois do que aconteceu com eles naquele fim de semana do Memorial Day, ela e Phillip gastaram $3 mil dólares, que não podiam gastar, para bancar a construção de um muro de tijolos em volta da sua nova casa.

Shelby notou na varanda da frente a placa da imobiliária, de "Vendida". Uma das linhas de investigação importantes era tentar achar um fio comum entre as vítimas. Os detetives forneciam às vítimas questionários detalhados e examinavam meticulosamente seus registros. Áreas de interesse, ou históricos que pareciam estar representados com maior frequência, incluíam estudantes e locais de estudo, trabalhadores na área médica e nas forças armadas. Notou-se que algumas das vítimas haviam frequentado a mesma pizzaria. Mas de longe o padrão mais recorrente era o imobiliário. No caso Jane, o primeiro ataque que Shelby investigara, ainda em outubro de 1976, ele observou uma placa da Century 21 num gramado bem em frente, do outro lado da rua. Várias das vítimas haviam acabado de se mudar, estavam se mudando, ou eram vizinhas de uma unidade que estava sendo vendida. Conforme uma década desembocou na seguinte e o caso ficou mais complexo, o fator imobiliário iria aos poucos emergir, com sua importância – se é que de fato tem alguma – permanecendo obscura, até a hora em que um corretor de imóveis despreocupadamente girou a chave de uma fechadura e deu de cara com a última vítima conhecida do EAL, uma bela garota, irreconhecível na morte.

Após o ataque a Fiona e Phillip no fim de semana do Memorial Day, o EAL desapareceu de Sacramento o verão inteiro. Só voltaria em outubro. A essa altura, Shelby já estava fora do caso, transferido de volta ao patrulhamento. Suas diferenças com o pessoal mais alto na hierarquia começaram a gerar faíscas mais abertamente. Casos muito notórios atiçam as políticas hierárquicas, e Shelby nunca soube jogar bem esse jogo. Quando se tornou detetive, em 1972, seu chefe, o tenente Ray Root, tinha uma filosofia relaxada e proativa. Vá a campo e arrume informantes, Root instruía, e descubra crimes que podem nunca ter sido denunciados; crie seus próprios casos, em vez de esperar ser destinado a algum. Essa filosofia combinava com o temperamento de Shelby. Mas demonstrar um interesse cortês pelas ideias de seus chefes, não. A transferência não o perturbou, ele insiste em dizer. O estresse dele vinha da caçada humana. Ficou cansado da luta interna. Trabalhar num caso notório como o do EAL significa ficar constantemente sendo avaliado, e Shelby detestava ser supervisionado; dentro dele ainda estava viva a memória daquele jovem orgulhoso, em pé, na expectativa, diante da comissão julgadora do Departamento do Xerife, dispensado porque haviam decidido que lhe faltava uma parte importante.

Nos dias após sofrer o ataque, Fiona viu-se gaguejando como o EAL fazia. Carol Daly organizara um encontro entre as mulheres vítimas, na casa de uma delas. Fiona lembra que trocaram muitas frases murmuradas – "Você está indo muito bem" e "Eu não saí de casa durante cinco dias". Daly fez com que escutassem algumas gravações de vozes masculinas, mas Fiona não se lembra de nenhuma das vítimas ter reconhecido alguma dessas vozes. Por algum tempo depois do ataque, ela teve atitudes irracionais em relação à sua segurança pessoal. À noite, recusava-se a ir até a parte do fundo da casa, onde ficava o dormitório, antes que Phillip voltasse para casa. Às vezes, mantinha uma arma carregada no carro dela, debaixo do banco do motorista. Descobriu que tinha uma imensa energia nervosa, e uma noite em que estava usando-a para passar o aspirador de pó de uma maneira furiosa, queimou um fusível, e a casa toda e o quintal dos fundos ficaram no escuro. Ela entrou em histeria. Seus vizinhos, um casal já idoso, que sabia o que havia acontecido, correram até lá e trocaram o fusível.

Num dos intervalos do trabalho, não muito depois do ataque, Phillip foi a pé até a casa das outras vítimas e se apresentou. Ele só contou isso a Fiona anos mais tarde, mas ele e o outro marido encontravam-se às vezes nas primeiras horas da manhã para dar umas voltas de carro juntos, vasculhando quintais dos fundos e terrenos baldios. Acelerando. Desacelerando. Procurando a silhueta de uma figura andando furtivamente pelas cercas-vivas. O vínculo entre os dois homens era tácito, não verbal. Poucos homens iriam experimentar o que eles haviam vivido, poucos poderiam entender a esmagadora raiva de ficar deitado de bruços em cima de uma cama, amarrado e amordaçado, enquanto sua mulher choraminga no aposento ao lado. Caçavam um homem cujo rosto não conheciam. Isso não fazia diferença. A ação de seguir adiante, em vez de ficar de mãos atadas, de estarem fisicamente fazendo algo, era tudo o que importava.

———————

Um trecho de um artigo publicado em 28 de fevereiro de 1979, na agora extinta rede suburbana de jornais semanais chamada localmente de Green Sheet, pode ajudar a transmitir o que era Sacramento na década de 1970. "TRÊS JULGAMENTOS POR ESTUPRO APROXIMAM-SE" é a manchete, com o subtítulo, "Questões de Publicidade". O primeiro parágrafo: "A defensoria pública tentará provar que a publicidade em torno do Estuprador da Área Leste torna impossível que três homens acusados de múltiplos estupros tenham um julgamento justo no condado de Sacramento".

Em fevereiro de 1979, fazia dez meses que o Estuprador da Área Leste não atacava o Condado de Sacramento. Alguns sinais indicavam que havia ido embora e agora rondava East Bay. Mas o artigo dizia que a Defensoria Pública estava realizando entrevistas por telefone com residentes de Sacramento, tentando avaliar "em que medida paira uma aura de medo nessa comunidade em relação ao Estuprador da Área Leste". A Defensoria Pública tinha receio de que a covarde infâmia do Estuprador da Área Leste pudesse envenenar o corpo de jurados, e que os jurados condenassem seus clientes – três estupradores, Woolly, Midday e City College –, numa tentativa equivocada de punir o agressor não identificado, cuja alcunha causava ainda tamanho terror que muitos dos potenciais entrevistados, quando ouviam a pergunta do entrevistador, desligavam o telefone assim que eram pronunciadas as quatro palavras "o Estuprador da Área Leste".

Talvez ajude a dar uma ideia do que era Sacramento nos anos 1970 levar em conta o fato de que, num artigo a respeito de três estupradores em série ofuscados por um quarto, havia ainda um quinto estuprador em série à solta, que sequer era mencionado. O Early Bird Rapist ["Estuprador Madrugador"] foi ativo em Sacramento de 1972 até o início de 1976, quando pareceu sumir de vez. Quatro anos de invasões e agressões sexuais, por volta de quarenta vítimas, e, no entanto, a busca do Google mostra referências a ele apenas em relação com o EAL ["East Area Rapist", EAR].

Uma mulher mandou-me um e-mail sobre um encontro que acredita ter tido com o Estuprador da Área Leste quando era adolescente. Ela e uma amiga haviam tomado um atalho para a escola secundária delas em Arden-Arcade, um bairro na área leste do condado de Sacramento. Ela lembra que era uma manhã fria, talvez outono ou inverno de 1976 ou 1977. Elas decidiram andar por um caminho de cimento que corria junto a um riacho e terminava num beco sem saída, um quintal dos fundos cercado. Quando olharam para trás, um homem estava a sete metros delas. Usava uma máscara de esqui preta cobrindo o rosto todo, menos os olhos. Ele avançou na direção delas, com uma mão no bolso da jaqueta. A mulher, pensando rápido, ergueu o braço e ficou tateando à procura de alguma trava da cerca. O portão abriu com um empurrão, e as duas correram gritando por aquele quintal dos fundos. Os donos da casa, alertados pelo barulho, apareceram e puseram as duas para dentro. Ela lembra que na época foi interrogada por investigadores. Ela me escrevia para contar que o homem mascarado tinha constituição diferente da que eu descrevera no meu artigo na revista sobre o EAL. O homem que ela encontrara era muito musculoso, escreveu a mulher. "Exageradamente musculoso."

Encaminhei o e-mail para Shelby, hoje aposentado do Departamento do Xerife de Sacramento. "Provavelmente ela viu de fato o EAL", respondeu ele. "Embora a descrição de músculos caiba também perfeitamente em Richard Kisling."

Richard Kisling? Procurei Kisling – mais um estuprador em série que havia sido ativo na área de Sacramento e que, como o EAL, usava uma máscara de esqui e amarrava os maridos enquanto estuprava suas esposas.

Sacramento não era um caso isolado. Os índices de criminalidade nos EUA mostram um crescimento constante dos crimes violentos nos anos 1960 e 1970, com um pico na década de 1980. *Taxi Driver* foi lançado em fevereiro de 1976; um filme sombrio e violento, saudado como uma síntese daquela época, o que não surpreendeu ninguém. Muitos policiais aposentados com quem converso, de Sacramento mas de outros lugares também, são unânimes em lembrar do período de 1968 a 1980 como particularmente sinistro. E ao contrário de alguns outros lugares, Sacramento, uma cidade construída por pioneiros que cruzaram rios e serras de picos nevados para chegar ali, é conhecida por seu inabalável instinto de sobrevivência.

Minha ideia não é anunciar uma praga, mas sublinhar uma proeminência: numa cidade habitada por gente durona e infestada por agressores violentos, um predador se destacava.

Talvez ajude a entender como era Sacramento na década de 1970, e a entender também um pouco melhor o EAL, mencionar que toda vez que eu dizia a algum nativo de lá que estava escrevendo sobre um estuprador em série de Sacramento, nunca ninguém perguntou qual deles.

VISALIA

[NOTA DO EDITOR: *O capítulo a seguir foi montado a partir de anotações de Michelle e de antigos rascunhos de "In the Footsteps of a Killer"* ["Nas Pegadas de um Assassino"], *um artigo que Michelle escreveu para a revista* Los Angeles, *originalmente publicado em fevereiro de 2013 e mais tarde disponibilizado na internet.*]

NUMA MANHÃ DE SEXTA-FEIRA NO FINAL DE FEVEREIRO DE 1977, Richard Shelby estava em sua mesa no Departamento do Xerife do Condado de Sacramento quando seu telefone tocou. Do outro lado da linha estava o sargento Vaughan, do DP de Visalia. Vaughan imaginou que ele talvez tivesse informações potencialmente úteis para a investigação que eles estavam conduzindo a respeito do EAL.

De abril de 1974 até dezembro do ano seguinte, Visalia fora atormentada por um surto de furtos bizarros, cometidos por um jovem infrator apelidado de Saqueador. O Saqueador atacara nada menos que 130 vezes num período de quase dois anos, mas a atividade cessou a partir de dezembro de 1975, e a série do EAL começou em Sacramento apenas seis meses mais tarde. Além disso, parecia haver muitas similaridades entre os dois infratores. Talvez fosse um ângulo que valesse a pena explorar.

O saqueador era tão prolífico quanto estranho. Muitas vezes atacava várias casas numa mesma noite – quatro, outras vezes cinco, e uma vez chegou a atacar doze casas. O Saqueador visava os mesmos quatro bairros repetidamente. Preferia itens pessoais, como fotos e alianças de casamento, deixando de lado coisas de maior valor. Os investigadores notaram que ele parecia ter uma queda por cremes para as mãos.

Mas era um pervertido com um traço cruel, e com uma visível implicância em relação à unidade doméstica. Se houvesse fotos de família à vista, ele as rasgava ou escondia, às vezes arrebentando a moldura da foto, às vezes roubando as fotos. Derramava suco de laranja que achava na geladeira sobre as roupas nos armários, como uma criança travessa fazendo pirraça. Ele deixava o lugar absolutamente bagunçado. Esse parecia ser seu principal objetivo, mais que o roubo, daí o apelido. Prova disso é que tirava dinheiro que achava escondido e deixava em cima da cama. Limitava-se a roubar quinquilharias e joias personalizadas, cofrinhos infantis em forma de porquinho e selos Blue Chip resgatáveis.* Ele tirava utensílios domésticos e rádios-relógios da tomada. Gostava de roubar apenas um dos brincos de cada par. O Saqueador era bom nesse tipo de pequenas maldades.

O elemento sexual nos furtos do Saqueador era evidente na sua inclinação de vasculhar e roubar roupa íntima feminina, com frequência deixando-a espalhada pelo quarto ou arrumada de algum jeito. Numa das vezes, empilhou-a em cima de um berço de bebê. Em outra ocasião, enfileirou meticulosamente roupa íntima masculina pelo corredor, do dormitório até o banheiro. Tinha o dom de saber onde encontrar qualquer coisa na casa que pudesse ser usada como lubrificante – com afinidade especial por uma loção para as mãos chamada Vaseline Intensive Care. Tinha astúcia também; quase sempre deixava mais de um ponto de fuga preparado, assim, se os donos da casa voltassem antes que tivesse terminado, teria mais opções para sair de lá. Implementou um sistema próprio de alarme provisório, colocando itens como frascos de perfume ou latas de spray nas maçanetas das portas.

Nas primeiras horas de 11 de setembro de 1975, a trilha criminosa do Saqueador deu uma guinada assustadora.

Era por volta de 2 horas da manhã. A filha de 16 anos de Claude Snelling, um professor de jornalismo do College of the Sequoias, acordou e viu um homem tentando abrir as pernas dela, com a mão enluvada cobrindo-lhe com força a boca. Ele pressionava uma faca contra a garganta dela. – Você vai vir comigo, não grite se não enfio a faca em você – o intruso

---

* Os Blues Chips eram selos de um programa de fidelidade de clientes, oferecidos em farmácias, supermercados e postos de gasolina dos Estados Unidos naquela época, segundo o valor da compra realizada. Os selos depois eram trocados por mercadorias. [N.T.]

de máscara de esqui cochichou com voz áspera. Quando ela começou a resistir, ele mostrou um revólver: – Não grite, senão atiro em você. – Ele a levou para fora pela porta dos fundos.

Snelling, alertado pelo barulho, correu para o pátio.

– Ei, o que você está fazendo, para onde está levando minha filha? – gritou.

O invasor mirou e disparou. O tiro atingiu Snelling no lado direito do peito e o fez girar. Outro tiro foi disparado, e a bala atingiu Snelling em seu lado esquerdo, perfurando o braço e depois o coração e os dois pulmões. Ele cambaleou para dentro da casa e em poucos minutos estava morto. O assaltante ainda deu três chutes no rosto da vítima antes de fugir. Era um homem branco, 1,75 m de altura, com "olhar furioso", relatou a quase vítima de estupro à polícia.

Os testes de balística revelaram que a arma usada no crime era uma Miroku .38, que fora furtada pelo Saqueador dez dias antes. Os investigadores também descobriram que em fevereiro daquele mesmo ano, Claude Snelling voltara para casa e vira alguém agachado debaixo da janela da filha dele, espiando. Ele perseguiu o homem, mas perdeu-o de vista na escuridão.

———

As evidências apontavam fortemente para o saqueador. A presença noturna da polícia foi intensificada, com unidades destacadas para vigilância durante a noite toda. Um local de interesse particular era uma casa que já havia sido visada três vezes, na West Kaweah Avenue, numa área de atividade intensa do Saqueador. Em 10 de dezembro, o detetive Bill McGowen flagrou o Saqueador do lado de fora da casa; o suspeito pulou uma cerca e seguiu-se então a perseguição. Quando McGowen disparou um tiro de advertência o suspeito fez o gesto de rendição.

– Ah, meu Deus, não me machuque – ele gritou de um jeito estranho, com uma voz muito aguda. – Está vendo? Estou com as mãos para cima!

O homem com cara de bebê virou-se discretamente de lado, puxou uma arma do bolso do casaco e disparou em McGowen. Este caiu para trás e de repente ficou tudo escuro. A bala atingira a lanterna do policial.

Em 9 de janeiro de 1976, os detetives da polícia de Visalia, Bill McGowen e John Vaughan, acordaram cedo e dirigiram três horas para o sul até o Parker Center, a sede do Departamento de Polícia de Los Angeles, no centro da cidade. McGowen estivera recentemente cara a cara com um criminoso cuja capacidade de eludir as autoridades desafiava as leis da lógica, e cuja captura, é justo dizer, consumia o Departamento de Polícia de Visalia inteiro. Seu encontro com o Saqueador foi considerado uma ruptura importante no caso, e foram então feitos arranjos com uma unidade especial de investigações do DP de Los Angeles para que McGowen fosse submetido a hipnose, na esperança de que isso permitisse esclarecer novos detalhes.

No Parker Center, os dois detetives de Visalia encontraram-se com o capitão Richard Sandstrom, diretor da unidade de hipnose do DP de LA. Eles passaram os detalhes a Sandstrom. McGowen desenhou um diagrama do bairro residencial onde ocorrera seu confronto com o Saqueador. Um desenhista da polícia criou um retrato falado com base nas informações de McGowen. O grupo foi então para a sala 309. O desenho e o retrato falado foram colocados em cima da mesa, diante de McGowen. Às 11 horas da manhã a sessão de hipnose começou.

Sandstrom, calmamente, orientou McGowen a relaxar. Pernas descruzadas, punhos relaxados, respiração profunda. Ele dirigiu a memória do detetive para um mês antes, para a noite de 10 de dezembro de 1975. Naquela noite, meia dúzia de policiais havia sido deslocada para a área em volta da Escola Secundária Mt. Whitney, alguns escondidos em posições fixas, outros a pé, e um policial num carro de chapa fria. O objetivo daquela vigilância coordenada era "detectar e prender" seu maior adversário, o Saqueador de Visalia.

Na noite anterior, McGowen recebera uma ligação particularmente interessante. A mulher que ligou identificou-se como Senhora Hanley*, da West Kaweah Avenue. Ela estava ligando a propósito de pegadas de sapato. Perguntou se ele lembrava de ter pedido a ela que procurasse pegadas de sapato. Sim, ele lembrava.

Em julho, a filha dos Hanley, de 19 anos de idade, Donna*, encontrara um invasor com máscara de esqui no quintal dos fundos da casa deles.

---

* Pseudônimo.

Depois de comunicarem o incidente, ela foi aconselhada por McGowen a checar periodicamente o quintal dos fundos à procura de marcas de sapato e alertá-lo caso aparecesse alguma. Bem, aparecera.

Com base nessa informação, McGowen foi designado para vigiar a residência na noite seguinte.

Na sua cadeira no Parker Center, sob orientação do hipnoterapeuta, a mente de McGowen voltou calmamente àquela noite.

Ele escolhera ficar postado numa garagem diante da casa, no número 1505 da West Kaweah Avenue. Tinha a intuição de que o Saqueador poderia voltar à casa dos Hanley, onde as marcas de seu tênis haviam sido vistas debaixo da janela do dormitório de Donna.

Às 7 da noite, McGowen montou sua operação simples de vigilância. Manteve a porta da garagem aberta. Todas as luzes foram apagadas. Ele ficou sentado no escuro, olhando a casa do vizinho por uma janela lateral, mas também atento para ver se alguém passava pela garagem. Uma hora de tocaia. Nada se moveu. Mais meia hora, e nada.

Então, por volta de 8h30, uma figura passou meio agachada pela janela. McGowen esperou. A figura apareceu na entrada da garagem e olhou em volta. Várias possibilidades giraram na cabeça de McGowen. O dono da casa? Um colega policial? Mas seus olhos já haviam se habituado à escuridão e ele pôde ver que a figura estava vestida de preto e usando gorro.

McGowen observou como a figura entrou pelo lado da garagem, em direção à parte de trás da casa. O sujeito tinha uma constituição ampla, desajeitada, mal proporcionada. McGowen foi até o lado de fora e seguiu-o, focando a lanterna na figura, que se enfiou num portão lateral.

No DP de LA, Vaughan, colega dele, fazia anotações, enquanto McGowen, sob hipnose, contava o que havia acontecido em seguida. A confrontação, de surpresa. A perseguição no quintal dos fundos. O grito, como o grito de uma mulher.

"Ah, meu Deus! Não me machuque!"

– Era uma mulher? – Sandstrom, o hipnotizador, perguntou a McGowen.

– Não – disse ele.

McGowen manteve sua lanterna Kel-Lite fixa na figura que corria dele e gritava seguidas vezes para que parasse. O Saqueador parecia histérico, gritava "Ah, meu Deus, não me machuque, não me machuque!"

sem parar, desviando para cá e para lá, até que finalmente mergulhou por cima de uma mureta baixa num quintal adjacente. McGowen tirou do coldre seu revólver de serviço e disparou um tiro de advertência, no chão. O Saqueador parou e rolou na grama. Levantou a mão direita, rendendo-se.

– Eu desisto – disse com voz trêmula. – Está vendo? Estou com as mãos para cima.

Lembrar desse momento durante a hipnose colocou McGowen num transe ainda mais profundo. Ele se fixou no rosto iluminado pelo facho da lanterna.

– Bebê. Redondo. Bebê de pele macia.

– Nem faz a barba.

– Pele bem clara. Cara de bebê. Lisa. Redonda.

– Bebê.

Em pé, junto à mureta, McGowen deve ter ficado eufórico. A cansativa caçada humana de 18 meses estava terminada. Faltavam só alguns segundos para pegar pelos colarinhos um criminoso que se mantivera invisível com tamanha esperteza que mais de um policial ficou imaginando se não estariam perseguindo um fantasma. Mas o Saqueador de Visalia era real. E um cara mau. No entanto, aquele seu malvado adversário não era nada intimidante em carne e osso. Um pé de chinelo, McGowen pensou, um infeliz perambulando por ali, implorando com uma voz aguda que McGowen não o machucasse. McGowen não tinha intenção de machucá-lo. Era um homem religioso, um cara da antiga, um policial cumpridor do regulamento. A excitação estava em saber que o pesadelo terminara. O vagabundo tinha se ferrado. McGowen saltou a mureta para pegá-lo.

Mas o Saqueador erguera apenas a mão direita para se render. Com a esquerda, puxou um revólver de aço preto-azulado do bolso do casaco e disparou mirando inequivocamente no peito de McGowen. Por sorte, McGowen estava com o braço estendido, segurando a lanterna na frente dele – memória muscular do treinamento policial, mais do que qualquer outra coisa. A bala acertou na lente. A força do disparo fez McGowen cair para trás. Seu parceiro, alertado pelos tiros, correu até o quintal e viu McGowen imóvel no chão. Achando que tivesse sido atingido, correu para onde imaginou que o Saqueador havia fugido, ao mesmo tempo em que passava um rádio pedindo ajuda. De repente, ouviu movimento atrás dele. Virou-se rápido. Era McGowen. Queimaduras de pólvora riscavam seu rosto. O olho direito estava vermelho. Afora isso, estava ótimo.

– Lá se foi ele – disse McGowen.

Setenta policiais de três diferentes órgãos isolaram uma área de seis quarteirões. Mas, nada. O homem-menino de constituição desajeitada fugiu e desapareceu na noite – uma mariposa engolida pela escuridão –, deixando para trás uma meia cheia de moedas de coleção e de joias, e duas cartelas de selos Blue Chip.

O relato de McGowen sobre os traços peculiares do saqueador e suas maneiras bizarras foi consistente com relatos de outros contatos próximos que habitantes de Visalia haviam tido com o quase onipresente voyeurzinho.

Concluíram que ele nunca saía de dia. Sua palidez assim indicava. As poucas pessoas que tiveram um vislumbre dele ressaltaram a sua cor de pele. Em Visalia, nem a barriga dos peixes fica com um tom de pele claro, pois é uma cidade de zona rural no centro da Califórnia, onde as temperaturas batem os 38 graus no verão. Para entender por que sua palidez o marcava como alguém incomum, vale lembrar que Visalia tem uma grande população de descendentes dos refugiados da Dust Bowl (literalmente, "Tigela de Poeira"), um fenômeno climático da década de 1930 nos Estados Unidos com tempestades de areia que duraram quase a década inteira, gerando seca, prejuízos econômicos e ambientais. Os nativos de Visalia têm um relógio interno sintonizado com a natureza. Lembram-se das inundações épicas. Preveem as secas. Ficam encostados às suas picapes, observando como caem as cinzas de incêndios florestais que consomem matagais e árvores a sessenta quilômetros de distância. A vida ao ar livre não é um conceito, mas um fato concreto. Queimaduras de sol na pele são como uma marca de sabedoria e confiabilidade. É como se dissessem, eu sou uma pessoa que sabe o que significa montar uma cerca para proteger uma árvore de frutas cítricas; eu sei que "cortar algodão" significa arrancar ervas daninhas das plantas de algodão com uma enxada; eu desci o Rio St. John's boiando numa câmara de ar, com a poeira alcalina dos meus pés se dissolvendo na água cor de café fraco.

A palidez dele, portanto, não transmitia esse sentimento local de familiaridade. Era incomum e, portanto, suspeita. Sugeria alguém que vivia enclausurado, arquitetando alguma coisa. Seus perseguidores no Departamento de Polícia de Visalia não sabiam quem ele era ou onde se trancava. Sabiam que saía à noite. Tinham uma boa ideia daquilo que o fazia sair.

Para garotas adolescentes que fechavam as cortinas de seu quarto, ele era registrado como um brilho nas sombras. Uma centelha de luz extraviada que fazia com que parassem o que estivessem fazendo. Mas era difícil enxergar direito à noite. Foi em algum momento do inverno de 1974 que Glenda*, uma garota de 16 anos que vivia em West Feemster, fechou as cortinas da sua janela e resolveu dar uma olhada embaixo, notando nos arbustos um objeto em forma de lua, como de mármore. Curiosa, levantou a janela do quarto para ver mais de perto. O objeto, com rosto em forma de lua, também olhou fixo para ela, segurando uma chave de fenda na mão esquerda.

E, de repente, sumiu. Onde havia olhos pequenos e fixos, havia agora apenas o escuro. Deu para ouvir ruídos de algo se mexendo, como se alguma criatura de cauda musculosa estivesse fugindo da luz. Os arbustos se agitaram. As cercas fizeram barulho. O ruído de alguém escalando ficou mais fraco, mas isso não fez diferença. Um chamado de socorro abafou todo o resto. Na época, em 1974, o comércio de Visalia fechava às 9 horas da noite, e as perturbações geralmente eram restritas a homens em volta de valas de irrigação discutindo quem tinha direito sobre a água. Mas o som era inconfundível quando você o ouvia. Os filmes não captam o efeito da coisa real. É impossível reproduzi-lo em estúdio. As conversas param. As cabeças giram de susto. Os tímpanos pulsam de medo, pois nada sinaliza tanto o terror como um grito louco e desenfreado de uma adolescente no meio da noite.

A palidez do rosto do estranho não era seu único traço perturbador. Uma semana após o incidente da bisbilhotice, o namorado de Glenda, Carl*, estava esperando por ela fora da casa. Era uma noite de começo de outono, ainda quente, já escuro. A casa de Glenda era similar a outras daquele bairro de classe média perto da Escola Secundária Mt. Whitney, no sudoeste de Visalia: uma casa térrea, de construção sólida, da década de 1950; com uns 140 metros quadrados, não muito grande. Carl sentou no gramado, sua presença uma silhueta escura em contraste com o brilho projetado pela bem iluminada janela panorâmica da frente da casa. Da sua posição oculta no jardim, Carl viu um homem sair de um caminho que beirava o canal

---

* Pseudônimo.

e atravessar a rua. O homem veio andando mas parou de repente quando seus olhos viram alguma coisa. Carl acompanhou o olhar dele, concentrado na janela, onde Glenda, vestindo uma camiseta de alça e short, conversava com a mãe na sala. O homem abaixou-se e ficou de quatro.

Carl tinha ido à casa de Glenda quando ela viu o gatuno do lado de fora do quarto dela; ele o perseguira pelo quintal do vizinho até perdê-lo no escuro. Sabia que estava olhando para o mesmo homem. Mas mesmo o fato de saber isso não conseguiu prepará-lo para o que aconteceu em seguida. De quatro, como se estivesse magnetizado pelo que via pela janela, o homem começou a rastejar no estilo militar em direção à casa de Glenda.

Carl continuou quieto e escondido pela escuridão. Deixou que o homem serpenteasse até os arbustos da frente. Ele claramente não tinha ideia de que Carl estava ali. Para alcançar o efeito máximo de impacto, era preciso escolher a hora certa de falar. Carl esperou até que o homem se erguesse um pouco e começasse a espiar por cima dos arbustos para dentro da janela.

– O que você está fazendo aqui? – Carl gritou.

O homem se encolheu, em choque. Gritou algo ininteligível e fugiu, numa corrida apavorada, meio cômica. Glenda descrevera seu bisbilhoteiro como gorducho. De fato, tendia mais para o pesado, Carl confirmou, com ombros caídos e pernas grossas. Correu de um jeito desengonçado, não muito rápido. A caçada terminou de maneira abrupta quando o homem virou à esquerda e se enfiou num recanto da casa do vizinho, vedado de um lado por uma tela. Carl ficou plantado na frente desse recanto, bloqueando o caminho. O homem estava encurralado. A luz da rua deu a Carl a oportunidade de observar de perto o bisbilhoteiro da sua namorada. Tinha um 1,75 m, 80 a 85 quilos, pernas curtas e gordas, braços rechonchudos. O cabelo era loiro, penteado para trás, com fios esparsos. Tinha o nariz fino e pequeno. As orelhas eram pequenas e carnudas, os olhos meio apertados. O lábio de baixo ficava um pouco saltado. Seu rosto era redondo e sem expressão.

– O que você estava fazendo espiando minha namorada pela janela? – Carl perguntou.

O homem olhou para o vazio.

– Certo, Ben, parece que o garoto pegou a gente aqui! – ele disse em voz alta, excitado, como se falasse com algum comparsa que estivesse por ali.

Não havia ninguém ali.

– Quem é você? O que está fazendo aqui? – Carl perguntou.

Ao não obter resposta, Carl chegou mais perto.

– Me deixe em paz – disse o homem. – Vá embora.

Sua fala era lenta e embaçada agora, com certo sotaque de Oklahoma.

Carl deu mais um passo à frente. O homem reagiu enfiando mais fundo a mão no bolso. Usava uma jaqueta marrom de algodão, com os punhos de outro tipo de tecido; era um estilo que tinha sido popular alguns anos antes, mas que já estava fora de moda.

– Me deixe em paz – ele repetiu, categórico. – Vá embora.

Carl notou um volume no bolso em que o homem enfiara a mão. O detalhe levou uma fração de segundo para fazer sentido; quando fez, o instinto de Carl ordenou que ele desse um passo atrás. Era uma sensação muito estranha, muito perturbadora, vislumbrar por um momento o esquema em ação por trás daquela máscara de olhar frio. Aquele simplório de rosto redondo, com roupas fora de moda, voz inexpressiva de caipira do Oklahoma, a julgar pelo seu gesto de procurar algo que com certeza era uma arma escondida, devia ser outra pessoa, totalmente diferente. Carl deu um passo de lado. Notou que quando o homem passou por ele tinha a pele do rosto muito pálida e singularmente lisa; Carl dava àquele homem pelo menos 25 anos de idade, com certeza, mas, estranhamente para alguém que, como eles diziam em Visalia, havia "alcançado a maioridade", não parecia fazer a barba ainda.

Carl ficou vendo o homem andar para o norte pela Sowell Street. Ele girava o corpo a cada cinco segundos para ter certeza de que Carl não o seguia. Mesmo nessa hora, com uma linguagem corporal agitada de suspeita e medo, o rosto redondo e pálido do homem permanecia inerte, inexpressivo e vazio, como um ovo.

Antes disso ainda, em setembro de 1973, Fran Cleary* teve um estranho encontro diante da sua casa na West Kaweah Avenue. Quando entrava no carro, ouviu um barulho e olhou em sua direção; viu um homem com cabelo loiro e rosto redondo liso saindo do quintal dos fundos da sua casa. Quando ele veio para a rua, percebeu a presença de Cleary e deu meia-volta, gritando: "Pego você mais tarde, Ruivinha!", e continuou correndo sentido norte por uma rua perpendicular, até sumir de vista. Fran contou o incidente à filha de 15 anos de idade, Shari*, que então contou já ter visto alguém com aquela descrição mais ou menos, espiando pela

---

* Pseudônimo.

janela do quarto dela uma semana antes. O bisbilhoteiro iria infernizá-las durante uns dois meses, visitando a casa uma última vez em outubro.

De 1973 ao início de 1976, muitas outras adolescentes e mulheres jovens do bairro depararam em sua janela com um bisbilhoteiro que se encaixava nessa mesma descrição.

Mas, depois que o retrato falado feito com base no contato de Bill McGowen com o Saqueador foi publicado pela imprensa local, em meados de dezembro de 1976, ele nunca mais atacou Visalia.

E no entanto a investigação sobre o Saqueador avançou a toda velocidade. Para que um caso em série não resolvido possa avançar, precisa retroceder. Relatórios antigos são examinados de novo, o retrospecto é visto com lente de aumento. Vítimas e testemunhas são recontatadas. Memórias vagas às vezes ganham nova vida. Ocasionalmente, surge uma pista que não havia sido considerada. Alguém lembra de algum incidente que ainda não havia sido necessariamente relatado em termos oficiais. Coisas que têm um nome, embora não tenham número. Conexões passam a ser feitas.

Os detetives de Visalia em contato com as autoridades de Sacramento em 1977 notaram pelo menos uma dúzia de similaridades entre os dois criminosos. Eis algumas delas: ambos saqueavam. Ambos roubavam bugigangas e joias personalizadas, e deixavam itens de maior valor intactos. Ambos empregavam uma abordagem similar, a de montar sobre a vítima que dormia e cobrir-lhe a boca com uma das mãos. Ambos usavam itens da casa para criar um sistema de alarme provisório. Ambos tinham um método similar de invadir e entrar – introduziam uma ferramenta e escavavam em volta do batente da porta até acessar a contra-testa da fechadura. Os dois saltavam cercas; os dois tinham um metro e oitenta; os dois tiravam bolsas do interior das residências e despejavam o conteúdo do lado de fora. Era uma lista convincente. Os investigadores de Visalia achavam que estavam no caminho certo.

O pessoal do Xerife do Condado de Sacramento, porém, comparou as duas séries e encontrou diferenças incontornáveis. Para começar, seis de nove *modi operandi* não batiam. As marcas de sapatos diferiam. O número dos sapatos também divergia. O EAL não roubava selos Blue Chip. E as descrições físicas eram fundamentalmente desiguais. Afinal, as descrições do Saqueador apontavam uma aparência bem diferenciada: um bebê grandão, com membros e dedos rechonchudos e uma pele lisa, pálida. O EAL era descrito como de constituição física de média a leve, com uma das vítimas chegando a ponto de descrevê-lo como "miúdo". Nos meses de verão, ele parecia bronzeado. Mesmo que o Saqueador tivesse perdido peso, parecia improvável que fosse um metamorfo.

Visalia discordou e foi à imprensa. Em julho de 1978, o *Sacramento Union* publicou um artigo no qual destacava a possibilidade de um elo e criticava o Departamento do Xerife do Condado de Sacramento por sua visão limitada. No dia seguinte, o Departamento do Xerife revidou na imprensa, denunciando o *Union* como defensor de um jornalismo irresponsável e acusando o Departamento de Polícia de Visalia de buscar publicidade e de estar desesperado.

Mas o Departamento de Polícia de Sacramento continuou aberto à possibilidade de haver uma conexão. Richard Shelby de vez em quando voltava a garimpar essa via. O Departamento do Xerife de Sacramento pediu às empresas de serviços públicos listas de empregados que tivessem sido transferidos da área de Visalia entre dezembro de 1975 e abril de 1976. Encontraram dois. Ambos foram depois descartados.

Quarenta anos mais tarde, a opinião oficial ainda está dividida, embora de maneira mais amistosa. Ken Clark, o atual investigador-chefe de Sacramento, acredita que as duas séries são obra do mesmo agressor. O FBI concorda. O investigador-chefe de Contra Costa, Paul Holes, não. Ele é rápido em observar que um endomorfo não se torna um ectomorfo por um passe de mágica.

CONDADO DE ORANGE, 1996

ROGER HARRINGTON DESENVOLVEU UMA CRENÇA que manteve de modo constante, apesar de suas incômodas implicações. Ele foi citado num artigo da revista *Orange Coast*, de outubro de 1988, oito anos após o assassinato de seu filho e de sua nora, dizendo estar certo de que a motivação deveria ser encontrada em algum ponto do histórico de Patty, não de Keith. Fazia poucos meses que estavam casados. Patty parecia intacável, mas quanto sabiam eles de fato a respeito de seu passado? Um detalhe dava-lhe certeza de que o casal conhecia o assassino: a colcha. O assassino tivera o cuidado de cobrir a cabeça dos dois com a colcha.

"Quem quer que tenha sido o autor conhecia os dois e lamentou isso", contou Roger à revista.

Nos velhos tempos, casos não resolvidos chegavam a uma solução por meio de um telefonema inesperado – o toque estridente de um telefone de disco que indicava uma confissão no leito de morte ou um informante com fatos verificáveis. Mas o telefone nunca tocou para Keith e Patty Harrington ou para Manuela Witthuhn. Em vez disso, a revelação veio na forma de três tubos de vidro dentro de envelopes pardos, que estavam lá quietos havia quinze anos.

Poucas pessoas poderiam receber a notícia de uma revelação com maior entusiasmo do que Roger Harrington. O rosto desconhecido do assassino de seu filho dominava imensos trechos de seu mapa mental. O perfil traçado pela revista *Orange Coast* sobre sua procura do assassino de Keith e Patty termina com uma declaração franca e sombria.

"É por isso que continuo vivo: não quero ir embora antes de descobrir."

Os três tubos que aproximaram o mistério de uma resposta foram abertos e testados em outubro e novembro de 1996. Em dezembro, resultados na mão, os investigadores do Xerife do Condado de Orange estavam prontos para ligar para as famílias. Mas Roger Harrington nunca soube da notícia. Morrera um ano e meio antes, em 8 de março de 1995.

Se Roger estivesse vivo, teria sabido mais a respeito do histórico do assassino; teria descoberto que estava errado quanto à razão pela qual as cabeças do filho e da nora haviam sido cobertas com a colcha. Não era remorso. Da última vez que o assassino golpeara um casal até a morte, fizera muita sujeira: não queria que o sangue de Keith e Patty esguichasse em cima dele.

Na manhã de domingo de 1962, um menino britânico entregador de jornais encontrou um gato morto na sarjeta. O menino, de 12 anos de idade, pôs o gato na mochila e levou-o para casa. Isso aconteceu em Luton, cidade setenta quilômetros ao norte de Londres. Com algum tempo livre antes do almoço, o garoto colocou o gato sobre a mesa da sala e começou a dissecá-lo com um kit doméstico, que incluía um bisturi feito a partir de um alfinete achatado. Um cheiro desagradável espalhou-se pela casa, alertando a família. Se o gato estivesse vivo ao ser eviscerado, o episódio caberia na história de vida de Ted Bundy.* No entanto, o menino em questão, um cientista embrionário, iria se tornar o maior adversário dos assassinos em série, o criador da sua criptonita. Seu nome é Alec Jeffreys. Em setembro de 1984, Jeffreys descobriu a impressão genética do DNA; com isso, mudou para sempre a ciência forense e a justiça criminal.

A tecnologia de primeira geração do DNA, comparada com a técnica atual, é como o computador Commodore 64 comparado com um smart phone. Quando o Laboratório de Criminalística do Condado de Orange começou a incorporar os testes de DNA no início da década de 1990, um criminalista levava até quatro semanas para concluir seu trabalho num caso. A amostra biológica testada precisava ter um bom tamanho – uma mancha de sangue do tamanho de uma moeda de 25 centavos de dólar, por exemplo – e estar em boas condições. Hoje, umas poucas células da pele podem revelar a impressão genética de alguém em questão de horas.

A Lei de Identificação por DNA de 1994 estabeleceu a autoridade do FBI para manter um banco de dados nacional, o que permitiu a criação do CODIS (Combined DNA Index System ou "Sistema Combinado de

---

* Ted Bundy, alcunha de Theodore Robert Cowell (1946-1989), foi um dos mais temíveis assassinos em série da história dos EUA na década de 1970. [N.T.]

Indexação de DNA"). A melhor maneira de explicar como funciona o CODIS hoje é imaginá-lo como o topo da grande pirâmide da ciência forense. Na base dessa pirâmide temos centenas de laboratórios locais de criminalística espalhados por todo o país. Os laboratórios colhem amostras anônimas de DNA das cenas do crime, junto com amostras de alguns suspeitos que tenham já sido colhidas, e colocam-nas em seus bancos de dados estaduais; na Califórnia, as amostras que entram são enviadas automaticamente a esse banco de dados toda terça-feira. O estado é responsável também por coletar DNA em cadeias e cortes judiciais. Bancos de dados estatais pegam então todas as amostras coletadas e as submetem a um processo de verificação e a uma comparação dentro do estado. Depois, as amostras são enviadas para a instância superior do CODIS.

Rápido. Eficiente. Criterioso. Mas não era assim em meados da década de 1990, quando os bancos de dados começaram a ser montados. Os laboratórios de criminalística dependiam então de análises de perfil de DNA chamadas RFLP (pronuncia-se "rif-lip", abreviatura de *restriction fragment length polymorphism*, isto é, "polimorfismo de comprimento de fragmentos de restrição"), um processo trabalhoso que acabou tendo o mesmo destino dos *pagers*. Mas o laboratório do Condado de Orange sempre foi considerado mais avançado que os outros. Um artigo de 20 de dezembro de 1995, no *Orange County Register*, com o título *DA's Target: Ghosts of Murders Past* ["O Alvo dos Advogados Distritais: Fantasmas de Assassinatos Passados"], explicava que os promotores locais, em conjunto com detetives e criminalistas, estavam pela primeira vez apresentando evidências de DNA de antigos casos não resolvidos ao novo laboratório do Departamento de Justiça da Califórnia, em Berkeley, onde quatro mil perfis de DNA de criminosos violentos conhecidos, muitos deles agressores sexuais, estavam arquivados. O banco de dados de DNA da Califórnia vivia sua infância, e o Condado de Orange ajudava-o a crescer.

Seis meses mais tarde, em junho de 1996, o Condado de Orange conseguiu sua primeira "pista fria", ao comparar evidências de DNA na cena do crime com o DNA de um conhecido criminoso do banco de dados. A primeira pista fria foi extraordinária; ela identificou um presidiário chamado Gerald Parker como o assassino em série de cinco mulheres. Uma sexta vítima de Parker era uma grávida que sobreviveu ao ataque – mas seu feto já formado morreu. A vítima grávida teve uma severa perda de memória devido às sequelas do ataque, e seu marido, acusado pelo ataque, passou 16 anos na prisão. Ele foi imediatamente libertado. E faltava um mês para que Parker terminasse de cumprir sua pena, quando a pista fria foi detectada.

O Departamento do Xerife do Condado de Orange e o pessoal do laboratório de criminalística ficaram perplexos. Era a primeira vez que submetiam DNA ao nascente banco de dados estadual, e haviam resolvido por meio dele seis casos de assassinato! A impressão era que o céu da Sala de Provas, sempre de um cinza opressivo, havia clareado e agora a luz brilhava sobre a monotonia das caixas de papelão. Provas antigas haviam sido guardadas ali por décadas, intocadas. Cada caixa era uma cápsula do tempo. Uma bolsa com enfeites. Uma túnica bordada. Itens de vidas que haviam sido suprimidas por mortes violentas. A seção de casos não resolvidos da Sala de Provas tinha um quê de decepções. Era como uma lista de coisas a fazer que nunca puderam ser feitas.

Agora todos se animavam com as possibilidades. Era uma sensação inebriante, a ideia de fazer surgir um homem a partir de uma mancha numa colcha de retalhos de algodão de 1978, de que seria possível inverter o fluxo do poder. Se você comete um assassinato e depois desaparece, o que você deixa para trás não é apenas dor e ausência, um vazio absoluto que triunfa sobre todo o resto. O assassino não identificado está sempre girando uma maçaneta atrás de uma porta que nunca se abre. Mas seu poder se evapora no instante em que descobrimos quem é. Conhecemos seus segredos banais. Vemos como é conduzido algemado e transpirando até uma sala de tribunal fartamente iluminada, enquanto alguém sentado vários palmos acima dele encara-o com ar sério, bate um martelo e pronuncia, finalmente, cada sílaba de seu nome de nascença.

Nomes. O Departamento do Xerife precisava de nomes. As caixas abandonadas da Sala de Provas estavam lotadas de coisas. Raspagens em cotonetes preservadas em tubos. Roupa íntima. Lençóis brancos baratos. Cada centímetro de tecido e cada milímetro da ponta de um cotonete guardava uma promessa. Havia outras possibilidades além de fazer detenções imediatas. Os perfis de DNA desenvolvidos a partir de evidências podiam não bater com um criminoso conhecido do banco de dados, mas perfis de diferentes casos podiam bater entre eles, permitindo descobrir um assassino em série. Essa informação poderia devolver o foco a uma investigação. Energizá-la. Tinham que continuar em frente.

O pessoal do laboratório de criminalística processava os números. Entre 1972 e 1994, o Condado de Orange investigara 2.479 homicídios e esclarecera 1.591, deixando perto de 900 casos sem solução. Uma estratégia foi desenvolvida para reexaminar casos não solucionados. Homicídios envolvendo agressão sexual seriam priorizados, já que esses assassinos tendem a ser infratores reincidentes e deixam para trás o tipo de material biológico que se presta a uma tipificação por DNA.

Mary Hong era uma das criminalistas encarregadas de se concentrar em casos não solucionados. Jim White chamou-a de lado. Quinze anos mais tarde, ele não esquecera de sua velha suspeita.

– Harrington – disse ele. – Witthuhn.

Os nomes não queriam dizer nada para Hong, que na época desses assassinatos ainda não trabalhava no laboratório. White incentivou-a a priorizar esses dois casos. – Sempre achei que foi o mesmo cara – disse a ela.

Uma breve explicação, não técnica, da tipificação do DNA pode ser útil. O DNA, ou ácido desoxirribonucleico, é a sequência molecular que define cada ser humano como único. Cada célula do seu corpo (exceto as células vermelhas) tem um núcleo contendo seu DNA. Um cientista forense que trabalhe para desenvolver um perfil genético irá primeiro extrair o DNA disponível de uma amostra biológica – sêmen, sangue, cabelo –, depois irá isolá-la, amplificá-la e analisá-la. O DNA consiste de quatro unidades que se repetem, e é a sequência precisa dessas unidades que nos diferencia uns dos outros. Podemos imaginá-lo como um código de barras humano. Os números nesse código de barras representam marcadores genéticos. Nos primeiros dias da tipificação do DNA, era possível desenvolver e analisar apenas uns poucos marcadores. Hoje, existem 13 marcadores padrão no CODIS. A probabilidade de dois indivíduos quaisquer (exceto gêmeos idênticos) terem o mesmo código de barras humano é de cerca de uma em um bilhão.

No final de 1996, quando Mary Hong foi resgatar os kits do estupro de Harrington e Witthuhn da Sala de Provas, a tipificação DNA estava passando por mudanças estimulantes. O processo tradicional RFLP ainda era usado nos bancos de dados estaduais, mas exigia abundante DNA que não se degradasse de forma alguma. Não era ideal para casos antigos. Mas o laboratório de criminalística do Condado de Orange havia recentemente integrado uma nova técnica, a PCR-STR (reação em cadeia da polimerase com repetições curtas em tandem), mais rápida que a RFLP e a espinha dorsal dos atuais testes forenses. A diferença entre RFLP e PCR-STR é como a diferença entre copiar números em escrita cursiva ou usando uma máquina Xerox de alta velocidade. A PCR-STR funcionava particularmente bem com casos de arquivo morto, nos quais as amostras de DNA poderiam ser minúsculas ou estar degradadas pelo tempo.

Um dos primeiros exemplos de ciência forense resolvendo um assassinato aparece num livro muito antigo, intitulado A purificação das faltas, publicado em 1247 por Song Ci, um legista e detetive chinês. O autor conta a história de um camponês brutalmente mutilado até a morte com uma segadeira. O magistrado local, incapaz de avançar na investigação, convoca todos os homens da aldeia e manda reuni-los do lado de fora com suas segadeiras; eles recebem ordens de colocar a segadeira no chão e se afastarem alguns passos. O sol quente cai com força. Ouve-se um zumbido. Moscas de cor verde-metálico descem num enxame caótico, e então, como se tivessem sido alertadas coletivamente, pousam numa das segadeiras, amontoando-se em cima dela e ignorando as demais. O magistrado sabia que vestígios de sangue e de tecido humano atraem moscas-varejeiras. O dono da segadeira coberta de moscas abaixou a cabeça, envergonhado. O caso estava resolvido.

Os métodos atuais não são mais tão rudimentares. A centrífuga e o microscópio substituíram os insetos. O DNA masculino não identificado que foi extraído dos kits dos estupros Harrington e Witthuhn foi submetido às ferramentas mais sensíveis do laboratório de criminalística: enzimas de restrição, corantes fluorescentes, termocicladores. Mas os avanços da ciência forense são voltados para descobrir a melhor maneira de dirigir um enxame de moscas para uma segadeira ensanguentada. A meta é a mesma da China rural no século XIII: exatidão celular definindo a culpa.

Hong apareceu junto à porta de Jim White. Ele estava trabalhando em sua mesa.

– Harrington – disse ela. – Witthuhn.

Ele olhou com expectativa. Criminalistas como Hong e White são pessoas metódicas. Precisam ser. O trabalho delas vive sendo destruído por advogados de defesa nos tribunais. Eles com frequência mantêm suas conclusões dentro de um espectro amplo ("objeto obtuso"), o que pode causar tensões com os policiais, que os acusam de ter um excesso de cautela autodefensiva. Policiais e criminalistas precisam uns dos outros mas têm temperamentos muito diferentes. Policiais desenvolvem-se na ação. Ficam impacientes com mesas cheias de papéis espalhados, que eles preferem evitar. Querem ir para a rua. Conhecem o comportamento de bandidos por sua memória muscular: se chegam perto de um cara e ele de repente gira o corpo para a direita, por exemplo, provavelmente está escondendo uma arma. Sabem que droga deixa marcas de queimadura nas pontas dos dedos (crack) e sabem mais ou menos quanto tempo alguém consegue sobreviver sem pulso (quatro minutos). Eles avançam pelo caos sem dar atenção a conversa fiada, nem se abalar com situações sórdidas. O trabalho impõe-lhes aflições. Em contrapartida, o policial vira alguém que também aflige os outros. Nas situações mais aflitivas, quando as trevas passam por ele como corante pela água, é chamado a confortar os pais de uma menina morta. Para alguns policiais, fazer essa guinada do caos para oferecer consolo a alguém torna-se cada vez mais difícil, e eles abandonam a parte de compaixão totalmente.

Já os criminalistas orbitam o caos a certa distância, com luvas de borracha. O laboratório de criminalística é árido e mantém uma atitude sóbria. Não há lugar para brincadeiras pesadas. Policiais lidam de perto com a desordem da vida; os criminalistas fazem a sua quantificação. Mas são também seres humanos. Os detalhes de casos nos quais trabalham ficam com eles, guardados. Por exemplo, o cobertor de bebê de Patty Harrington. Mesmo adulta, ela dormia com o pequeno cobertor branco toda noite, alisando suas bordas de seda para se sentir segura. O cobertor de bebê foi encontrado entre ela e Keith.

– O mesmo cara – disse Hong.

Jim White permitiu-se dar um sorriso antes de voltar ao trabalho.

Algumas semanas mais tarde, conforme 1996 terminava, Hong estava em sua mesa examinando uma planilha Excel no computador. A planilha era uma compilação de cerca de vinte casos não solucionados, nos quais alcançara-se sucesso na definição de perfis de DNA. A planilha cruzava as referências a números de casos e nomes das vítimas com os perfis, constituídos por cinco *loci* ou marcadores de PCR, que então eram usados para a tipificação. Por exemplo, sob o marcador "THO1" você podia ver o resultado "8, 7" e assim por diante. Hong sabia que os perfis de Harrington e Witthuhn batiam. Mas enquanto seus olhos faziam uma varredura da planilha, outro perfil fez com que ela se detivesse, perplexa. Releu várias vezes a sequência e comparou-a com a de Harrington e Witthuhn para ter certeza. Não estava imaginando coisas. O perfil era o mesmo.

A vítima era uma moça de 18 anos de idade chamada Janelle Cruz, cujo corpo fora descoberto na casa de sua família em Irvine em 5 de maio de 1986. Nunca ninguém sugerira que Cruz pudesse estar ligada a Harrington ou Witthuhn, embora Cruz morasse em Northwood, a mesma subdivisão de Witthuhn, e suas casas ficassem separadas por três quilômetros apenas. A questão não era só o intervalo de tempo de cinco anos. Ou o fato de Janelle ser uma década mais nova do que Patty Harrington e Manuela Witthuhn. O caso dela era diferente.

IRVINE, 1986

[NOTA DO EDITOR: *O capítulo a seguir foi elaborado a partir de anotações de Michelle.*]

A CURTA EXISTÊNCIA DE JANELLE CRUZ não foi menos trágica do que sua morte. Seu pai biológico saíra de cena havia muito tempo. Ela padeceu com uma série de padrastos e de substitutos eventuais, a maioria dos quais abusou dela de algum modo. A mãe estava mais ocupada em beber e se drogar do que em criá-la – ou pelo menos era assim que Janelle percebia as coisas.

Ela mudou de casa muitas vezes: de New Jersey para Tustin, para o Lago Arrowhead, para Newport Beach e por fim para Irvine. Aos 15 anos, foi drogada e estuprada pelo pai da sua melhor amiga num dia em que pernoitou na casa dela. Janelle contou isso à família dela, e eles foram tirar satisfações com o homem, que era soldado na base da marinha que ficava na vizinhança. Ele negou. Quando a família de Janelle começou a pressionar, ele fez alguns colegas soldados intimidarem a família para que esquecesse o assunto. O crime não foi comunicado.

Nos anos seguintes, Janelle começou a se rebelar. Vestia-se só de preto. Ficou arredia. Começou a se cortar. Passou a cheirar cocaína – menos por diversão, mais para perder peso. A mãe mandou-a a vários lugares, desde acampamentos da ACM ao Job Corps (um programa para jovens entre 16 e 24 anos de idade, oferecido pelo governo, no qual eles recebem treinamento educacional e vocacional gratuito) de Utah, para um curto período num hospital psiquiátrico.

Ela conseguiu o diploma do colegial no Job Corps e voltou a Irvine, onde se matriculou em algumas matérias na faculdade local enquanto cultivava um cardápio rotativo de parceiros sexuais, em geral homens alguns anos mais velhos do que ela. Começou a trabalhar como *hostess* do Restaurante Bullwinkle's, um local familiar no estilo da Chuck E. Cheese, uma rede de restaurantes com programações infantis de festas, brinquedos e videogames, e que leva o nome do alce da série de tevê *Rocky and Bullwinkle and Friends.*

Segundo uma piada corrente, o slogan de Irvine é "Dezesseis códigos postais, plantas de seis aposentos". Ou "Irvine: temos 62 palavras para 'bege'". Janelle vagou por essa extensão monocromática numa espécie de busca intermitente, deslumbrada. A sacudida que ela procurava, o amor, nunca veio.

Em 3 de maio, de 1986, a mãe e o padrasto foram tirar férias em Cancún.

Na noite seguinte, um colega de trabalho de Janelle no Bullwinkle's saiu de lá com ela, depois que a garota disse sentir-se sozinha com os pais fora da cidade. Eles sentaram no chão do quarto dela; ela leu para ele alguns dos seus poemas. O interesse romântico expectante do rapaz manteve-o ali enquanto ela colocava uma fita gravada de 45 minutos, de uma sessão de aconselhamento na qual ela criticava sua família problemática. Um barulho lá fora, como o de um portão ou porta fechando, assustou os dois. Janelle espiou pela janela e fechou as persianas. – Deve ser um gato – Janelle disse enquanto espiava pela janela. Um tempo depois, o barulho de novo, dessa vez vindo da direção da garagem.

Janelle de novo não deu importância. – É a máquina de lavar.

O colega de trabalho adolescente, lembrando que tinha aula naquela noite, foi embora pouco depois. Janelle despediu-se do amigo com um abraço.

––––––––

Linda Sheen** deixou a mesa de trabalho dela na Imobiliária Tarbell na tarde de 5 de maio para visitar uma casa em Irvine, para um possível

---

* Em inglês, "*Sixteen zip codes, six floor plans*". As chamadas plantas de seis aposentos são um arranjo arquitetônico clássico, com seis espaços – sala de estar, sala de jantar, cozinha, dois dormitórios e um quarto de empregada, em geral com dois banheiros, mais armários embutidos e despensa. [N.T.]

** Pseudônimo.

comprador. O imóvel, localizado no número 13 da Encina Street, era uma casa térrea com três dormitórios, dois banheiros, que estava à venda havia vários meses. A dona ainda morava nela, junto com os quatro filhos – incluindo duas filhas já adultas – e o marido. A casa era praticamente igual a muitas outras da comunidade de Northwood, como a do número 35 da Columbus, a um quilômetro e meio dali, onde uma dona de casa de 29 anos havia sido golpeada até a morte na sua cama cinco anos antes num crime não solucionado, que foi logo esquecido.

A casa 13 da rua Encina tinha nos fundos um parque, e era a penúltima casa no final de uma rua sem saída, fechada por uma cerca-viva, com uma abertura no meio que dava para uma propriedade sem construções, que marcava o final da civilização – quilômetros de plantações de laranja e campos abertos isolavam Northwood das vizinhas Tustin e Santa Ana. Apenas dez anos antes, essas mesmas plantações de laranja cobriam a terra na qual estavam agora a rua Encina e a vizinhança em volta. Duas décadas depois, as últimas plantações dariam lugar quase inteiramente à urbanização, com um grande centro comercial à beira da estrada e núcleos habitacionais uniformes estendendo-se por toda a distância até aquelas outras cidades.

Sheen chegou ao número 13 da Encina e tocou a campainha. Embora houvesse um Chevette bege estacionado na entrada da garagem, nada dentro da casa se mexeu, então ela tocou de novo. Silêncio, como no começo da tarde, quando ela ligou para a casa e ninguém atendeu. Foi até a caixa de luz, pegou a chave, e entrou.

Olhou em volta e notou que a lâmpada da sala estava acesa. Na cozinha, viu um leite de caixinha em cima da mesa do café da manhã. Um jornal aberto na seção de anúncios de emprego. Deixou seu cartão de visitas em cima da mesa de jantar e foi até o quarto da família, dando uma olhada no quintal dos fundos pela porta corrediça de vidro. Viu várias cadeiras de jardim e uma espreguiçadeira com uma toalha estendida em cima. Foi até o dormitório principal e girou a maçaneta, mas estava trancado. O segundo dormitório parecia um quarto de criança, e quando Sheen entrou no ultimo dormitório, no final do corredor, viu o corpo de uma mulher jovem deitada imóvel na cama, com um cobertor cobrindo a cabeça.

Um sobressalto de medo percorreu Linda Sheen. Ela achou que poderia não estar sozinha na casa. Talvez estivesse no lugar errado na hora errada, vendo algo que não deveria estar vendo. A mulher não parecia estar dormindo, e sim inconsciente – talvez por uma overdose de droga – ou então morta. Sheen saiu correndo da casa e voltou para seu escritório, onde relatou ao chefe, Norm Prato*, a descoberta. Ele disse para ela ligar de novo para a residência. Ela ligou – duas vezes. Ninguém atendeu.

Linda e Norm relataram a situação aos colegas Arthur Hogue* e Carol Nosler* da Century 21, que estava cuidando da venda da casa. Os dois foram, céticos, até a casa e entraram, mas encontraram o corpo de uma mulher jovem, sem dúvida morta. Hogue ligou para a polícia e disse ter encontrado uma jovem com a cabeça afundada.

O policial do DP de Irvine, Barry Aninag, foi o primeiro a chegar à cena. Assim que entrou na casa, foi abordado na mesma hora por Arthur Hogue, que surgiu da cozinha e disse em tom urgente: "Tem um corpo no quarto. Tem um corpo no quarto".

Ele repetiu isso mais algumas vezes enquanto Aninag ia até o último dormitório do corredor. Na cama havia o corpo nu de uma jovem que seria mais tarde identificada como Janelle Cruz. Estava fria ao toque e não tinha pulso. Estava deitada de barriga para cima, com o peito e o rosto cobertos por um cobertor, que tinha uma mancha grande e escura na altura da cabeça da vítima. Aninag puxou devagar o cobertor, teimosamente grudado ao rosto da vítima, revelando uma enorme ferida na sua testa, estendendo-se pelo nariz, e uma verdadeira máscara de sangue. Três de seus dentes haviam sido arrancados. Dois deles foram encontrados junto ao cabelo dela.

Entre as pernas dela havia flocos de fluido seco, que a análise de laboratório revelaria tratar-se de sêmen. Tufos de fibras azuis foram encontrados no corpo dela, sugerindo que um tecido havia sido rasgado por alguém enquanto estava em cima dela.

Marcas de tênis foram detectadas no lado leste da casa. Não foram encontradas amarras ou armas na cena do crime.

Uma pesada chave-inglesa que estava no quintal dos fundos havia sumido, fato constatado mais tarde.

A polícia, ao vascular os arredores, conseguiu pouca coisa em termos de pistas úteis. Um vendedor de porta em porta de uma empresa de limpeza de vidraças havia distribuído folhetos amarelos na noite anterior ao crime. Um garoto do bairro disse que ouvira uma garota da casa número 13 sendo

---

* Pseudônimo.

espancada e chamou a atenção dos policiais para um taco de beisebol quebrado, num terreno próximo. Eles o seguiram até o local. Um caracol esvaía-se sobre a superfície do taco, que estava praticamente intacto. Crescia grama em cima dele. Claramente estava largado ali havia algum tempo.

Um vizinho ouviu o Chevette de Janelle, com seu característico escapamento barulhento, chegando lá pelas 11h15 da noite – cerca de meia hora depois que seu colega de trabalho deixara a casa. Ele ouviu quando o motor foi desligado e a batida de uma das portas sendo fechada.

Às 4h35 daquela manhã, dois vizinhos de casas diferentes observaram "uma quantidade incomum de luzes acesas" dentro da residência.

A irmã de Janelle, Michelle, estava de férias em Mammoth quando recebeu a ligação: – Janelle foi assassinada.

Ela não conseguiu fazer a conexão de imediato. Michelle repetiu o que imaginou ter ouvido, e não acreditou: – O quê? A Janelle casou?!

As palavras ficaram claras da segunda vez.

O investigador-chefe Larry Montgomery e seus colegas começaram a levantar as atividades de Janelle, e descobriram uma fileira de jovens que haviam passado pela vida dela nos dias anteriores ao assassinato. Havia Randy Gill*, do acampamento da ACM, que vinha transando com Janelle e ligou para ela na noite em que foi morta. Ele tinha problemas com bebida. Janelle rompeu com ele duas semanas antes do assassinato. Havia Martin Gomez*, um ex-detento que conhecera Janelle num local de trabalho anterior dela, envolvendo-se num relacionamento sexual que ela acabou rompendo depois que ele se tornou muito obcecado e controlador. E Philip Michaels*, um salva-vidas que Janelle começara a namorar, que saíra com ela no dia anterior ao assassinato. Ele também dormia com Janelle – embora de início tivesse negado isso.

E depois os Davids: David Decker*, que conheceu Janelle no acampamento da ACM quando ele era monitor ali e ela acampava, e que se encontrou com ela dois dias antes de sua morte; David Thompson* (não confundir com Ron Thomsen* – o último garoto que a viu viva), que também trabalhou com ela no Bullwinkle's; e Dave Kowalski*, outro namorado, que visitara Janelle na casa dela no dia da sua morte e declarou a ela que a amava. Ele deu a ela um relógio de pulso Seiko, como prova de seus sentimentos. O relógio foi encontrado perto do corpo dela.

---

* Pseudônimo.

Havia também os sujeitos extravagantes e fora do padrão, como Bruce Wendt[*], um esquisitão que esteve na casa de Janelle pouco antes do assassinato. Sua entrada na agenda de Janelle era acompanhada por uma anotação manuscrita: "Panaca, imbecil, cuzão, viado".

E depois havia o cara que confessou.

————

Tom Hickel[*] estava em sua van, indo para casa depois do cinema com o amigo Mike Martinez[*] no banco do carona. No meio do trajeto, Martinez de repente virou para ele e disse: "Preciso tirar uma coisa aqui de dentro do meu peito". Hickel não estava suficientemente preparado para ouvir o que se seguiu.

– Eu matei a menina – Martinez falou como quem se livra de uma carga. – Matei a Janelle.

Ele parecia estar falando sério.

– Sabe aquele negócio de aço que eu tenho?

– Não sei de que "negócio" de aço você está falando – Hickel replicou.

– Não importa – continuou Martinez. – Eu só queria saber se eu tinha peito de matar alguém. Começou no banheiro e primeiro eu briguei com ela. Arrebentei ela com aquele negócio de aço.

Hickel perguntou qual era a sensação.

– Nenhuma sensação. Uma coisa normal – Martinez disse. – Hickel tentou esconder que ficara inteiro arrepiado.

– Eu queria saber se teria peito de matar a Jennifer[*] – explicou Martinez. Jennifer era sua namorada. – Não ligo se pegar 25 anos de cadeia. Aqui eles não têm pena de morte. Eu matei Janelle, e vou pagar por isso.

Martinez contou a Hickel que estivera na casa de Janelle na semana anterior à morte dela. Conhecera seus pais. Soube que iriam estar fora da cidade e que Janelle ficaria sozinha em casa.

– Comprei uma espingarda de caça de um tiro na Big Five – confidenciou Martinez. – Vou usar para despachar a Jenny, porque ela tem que morrer.

Hickel continuava fazendo das tripas coração para não reagir.

---

[*] Pseudônimo.

– Vou me entregar pros tiras depois que fizer isso – prometeu. – Vou fazer isso no sábado. – Não disse que sábado seria.

Antes de se despedir, Martinez disse a Hickel que estava só brincando com aquela história de ter matado Janelle.

– Só queria ver como você iria reagir.

A reação de Hickel foi avisar a polícia – para quem Mike Martinez certamente não era um estranho. Tinha detenções anteriores por posse de maconha, fraude comercial, furto a residências, ameaça e agressão, e já tentara suicídio duas vezes – uma delas bebendo Drano, um desentupidor de pia à base de hidróxido e nitrato de sódio. As acusações de roubo a residência e de ameaça e agressão tinham a ver com um incidente com Jenny, a namorada que Martinez tencionava matar.

E, como se viu, Martinez repetiu essa sequência de crimes – na mesma noite em que Janelle foi morta. À uma da manhã, Martinez, bêbado, invadiu o apartamento de Jennifer pela porta de vidro corrediça e foi tirar satisfações, querendo saber por que ela o ignorara quando os dois haviam se cruzado numa lanchonete Carl's Jr., uma semana antes. Com olhos vítreos e mal conseguindo parar em pé, Martinez declarou seu amor por Jennifer e na mesma hora atacou as crenças religiosas dela. Ela implorou que fosse embora. Ele ignorou. Sua expressão ausente não dava nenhum sinal de que tivesse sequer ouvido o que ela dizia.

– Por que você não ligou mais pra mim? – ele ficava perguntando.

Então saiu do quarto. Achando que ele tivesse ido embora, Jennifer saiu também do quarto com cautela, mas viu então Martinez na cozinha. Ele tinha uma faca de cozinha na mão e estava cortando uma toalha em tiras. Prevendo que fosse amordaçá-la, começou a gritar. Ele a agarrou, cobriu a boca dela com a mão e arrastou-a para o quarto e para cima da cama. Ela gritou e se debateu, e conseguiu expulsá-lo do apartamento. Mas só por um momento.

Quando ele voltou procurando suas chaves, Jennifer voltou a gritar, mandando-o embora. Ele derrubou-a no sofá e deu-lhe dois socos na boca e um na cabeça. Finalmente, foi embora de vez.

No dia 21 de junho, Mike Martinez foi preso perto de sua casa em Garden Grove.

Na viatura de polícia a caminho da delegacia, Martinez insistiu: – Eu ia me entregar. O Tom me entregou. Não fui eu que fiz isso. Não é justo! Por que eu?

Ele começou a reclamar alto. – Vocês aí, têm provas suficientes para me prender ou não? Não acho que vocês tenham, porque eu não... Eu não vejo Janelle há três anos.

– Mesmo assim vocês devem ter provas suficientes – Martinez continuou. – Afinal, sou mexicano. Não tenho dinheiro nenhum. Não posso bancar um advogado. Vou arrumar um defensor público. Ele vai me dizer para aceitar 15 ou 25 anos. Provavelmente vou pegar homicídio em primeiro grau. Isso vai dar 25 anos. Mas, afinal, vocês vão me acusar do quê? Primeiro grau ou segundo grau? Não é justo. Por que vocês me pegaram?

Uma fita estava gravando tudo. Os policiais deixaram que ele falasse à vontade. Ele cavou a própria cova.

– Certo, estou nessa situação, uma encrenca, tem toda a cara de primeiro grau com premeditação, não é? Um monte de gente inocente, a maioria pretos ou mexicanos, como eu, vão parar em cana. Vocês pelo menos deviam coletar sangue. Descobrir que eu sou inocente, acabar pegando o cara que fez isso. Se eu for inocente, posso processar o Tom? Não acho que vou conseguir me livrar dessa. Acho que o Montgomery simplesmente vai usar o que tem na mão e isso vai ser suficiente.

Chegando à delegacia, um técnico dos Laboratórios Gold Coast coletou sangue de Martinez. Um investigador de cenas de crime acompanhou a coleta de amostras de cabelo.

No início de julho, os resultados de laboratório da amostra de sangue de Michael Martinez foram levados a Montgomery. Martinez foi eliminado como suspeito.

O colega de trabalho também foi descartado. Ainda faltava um ano para o perfil de DNA fazer sua primeira aparição no cenário forense, mas avanços na serologia – o estudo do soro sanguíneo e de outros fluidos corporais – já ofereciam alguns vislumbres aos investigadores.

O assassino de Janelle possuía uma composição genética rara. Era um não secretor, um indivíduo que não secreta antígenos do seu grupo sanguíneo em outros fluidos corporais, como saliva, sêmen etc. Não secretores são cerca de 20 por cento da população. Seu PGM (*phosphoglycerate mutase* ou "fosfoglicerato mutase"), uma enzima proteica, era também de um tipo incomum. Um cientista forense de um laboratório de criminalística do Condado de Orange informou um investigador do caso Cruz que aquela combinação do assassino, de não secretor com um tipo raro de PGM, é vista em cerca de 1 por cento da população apenas.

Isso não teria influência em sua aparência física. Sua saúde e comportamento não seriam afetados. Ele simplesmente possuía marcadores raros.

Investigadores apreciaram os resultados forenses, mas precisavam de um rosto e de um nome. Eles tinham certeza de que a resposta estava no círculo imediato de Janelle. Persistia a tese de que um dos homens jovens da sua vida era o responsável.

––––––––––

Dez anos mais tarde, Martinez e todos os outros namorados e amigos que compunham o círculo de Janelle foram conclusivamente eliminados quando o perfil de DNA de seu assassino foi desenvolvido. Não correspondia ao de nenhum dos suspeitos originais. Correspondia, sim, ao de um assassino não identificado responsável por três outros assassinatos.

Mary Hong tem aquele distanciamento de um cientista e não é de ficar chocada com facilidade. Mas a coincidência entre Harrington/Witthuhn/Cruz abalou sua compostura. Ela ficou de olhos arregalados diante da planilha.

– É inacreditável – disse para a tela de seu computador.

VENTURA, 1980

O DEPARTAMENTO DO XERIFE formou uma unidade especial de casos não solucionados para lidar com o repentino influxo de novas pistas. Membros do CLUE, o Countywide Law Enforcement Unsolved Element ["Autoridade Policial do Condado para Casos Não Solucionados"], começou a escavar arquivos de casos antigos em janeiro de 1997. Ao mesmo tempo, Mary Hong passou um fax do perfil de DNA de Harrington/Witthuhn/Cruz para centenas de laboratórios de criminalística do país. Não houve resposta.

O investigador Larry Pool foi transferido do departamento de crimes sexuais para o CLUE em fevereiro de 1998. Pool é um veterano da força aérea, com uma postura rigorosa. Sua perspectiva moral não tem meios-tons. Ele ama a Deus e abomina quem prague. Quando você pergunta aos policiais qual é a parte favorita de seu trabalho, a maioria lembra dos trabalhos que fizeram em missões secretas, da adrenalina de poder liberar seus instintos dúbios sem ter ideia do que é possível encontrar ao virar a esquina. Pool nunca fez esses trabalhos secretos. É difícil imaginar que pudesse ter feito. Ele uma vez interrogou um assassino em série no corredor da morte em outro estado, a respeito de uma mulher do Sul da Califórnia, desaparecida, e que a polícia suspeitava que ele tivesse matado. Pool sugeriu ao assassino que revelasse onde estava o corpo. Era a coisa certa a fazer. Pela consciência dele. Pela família da vítima. O assassino começou a tentar negociar, falando das melhores condições das prisões da Califórnia. Não seria possível negociar uma transferência em troca da informação?

Pool recolheu sua papelada e levantou da mesa.

— Você vai morrer aqui — disse, e saiu da sala.

Casos não solucionados combinavam com ele. Eram lacunas que policiais mais irascíveis, aqueles com comichão de enfiar um pé na porta, talvez nunca conseguissem preencher. Pool era capaz de fazê-lo. Era um insone que gostava de "expedir um comando" ao seu cérebro, ruminar um desafio de investigação no fundo da sua mente, até que um tempo depois, enquanto estivesse escovando os dentes ou entrando no carro, uma resposta surgisse do nada. Policiais com traquejo da vida urbana eram capazes de sentar com um pai que acabara de tacar fogo na família e conversar como se fossem amigos tomando uma cerveja num jogo de beisebol; aceitavam certo grau de ambiguidade moral, ou pelo menos sabiam fingir isso. Para alguém como Pool, incapaz disso, casos arquivados sem solução eram perfeitos. Era um veterano, há 12 anos no Departamento do Xerife, mas relativamente novato em investigações de homicídio. Uma caixa de papelão contendo três casos (Harrington, Witthuhn e Cruz) era sua nova tarefa. Dentro havia quatro vidas roubadas. Um monstro de rosto desconhecido. Pool disse a si mesmo que iria expedir comandos até encontrá-lo.

Pool notou que na margem de um dos relatórios do arquivo de Harrington estava rabiscado o número de um caso do Departamento de Polícia de Ventura. Ele ligou e perguntou a respeito. Disseram que se referia ao caso dos assassinatos de Lyman e Charlene Smith. Um caso famoso em Ventura. Lyman era um advogado conhecido. Estava prestes a assumir uma magistratura na corte superior. Charlene era sua linda ex-secretária, agora sua segunda esposa. Num domingo, 16 de março de 1980, Gary Smith, o filho de 12 anos de idade do primeiro casamento de Lyman, foi de bicicleta até a casa do pai para aparar a grama. A porta da frente estava destrancada. Um alarme de relógio soando atraiu-o hesitante até o dormitório principal. Havia fragmentos de madeira espalhados pelo carpete dourado. Um pedaço de lenha estava largado ao pé da cama. Duas formas debaixo das cobertas eram os corpos de seu pai e de sua madrasta.

Os investigadores tinham um dilúvio de pistas. A casa dos Smith no alto da colina, com vista do porto de Ventura, era um verniz reluzente que encobria instabilidade e drama. Casos extraconjugais. Negócios não muito bem esclarecidos. O foco rapidamente foi concentrado num amigo e ex-parceiro de negócios de Lyman chamado Joe Alsip. Alsip visitara os Smith na noite anterior ao assassinato; suas impressões digitais estavam numa taça de vinho. Pior, seu pastor disse à polícia que Alsip fizera essencialmente uma confissão. Alsip foi preso. A polícia e a promotoria entraram na audiência preliminar cheios de confiança. Estavam especialmente satisfeitos em ver que o advogado de defesa de Alsip era Richard Hanawalt. Eles conheciam Hanawalt principalmente por suas defesas bem sucedidas de motoristas bêbados. Gostava de metáforas ambíguas e de falácias *non sequitur*.

– Por um breve momento durante a hora do almoço fiquei refletindo sobre qual seria a definição de "forte" – ele anunciou na sala da audiência de Alsip um dia. Sobre as narrativas opostas do caso, afirmou: – Pouco a pouco, tudo começa a se desenrolar como um longo tapete na entrada de um hotel.

Aquilo que eles enxergavam como os modos atrapalhados de Hanawalt escondia uma bomba. Informantes anônimos haviam-no incentivado a investigar o passado do pastor. Ele descobriu uma história de décadas atrás, que abrangia o país de Indiana a Washington, do pastor procurando de modo bizarro proteção policial e tentando se imiscuir nas investigações. O sargento Gary Adkinson, um dos principais investigadores do caso Smith, já havia previsto reservadamente que a questão do pastor viria à tona e ficou tenso quando Hanawalt, todo animado, começou a contar sua história. O chefe da investigação havia dado ao pastor um rádio da polícia depois que ele alegara estar recebendo ameaças de morte por ter delatado Alsip. Uma tarde, a voz aterrorizada do pastor foi ouvida ofegante pelo rádio. – Ele está aqui! Está vindo pra cima de mim! – gritou. Adkinson nessa hora estava no cruzamento da Telegraph com Victoria, a um quarteirão apenas da casa do pastor, e foi direto para lá. O pastor, lá dentro, parado diante da porta de entrada, segurando o rádio contra o peito em silêncio, parecia arrasado por ver Adkinson chegar tão depressa.

– Foi embora – disse ele calmamente.

Em sua argumentação final, Hanawalt também conseguiu pintar um quadro sinistro da cena do crime, dizendo que parecia mais obra de um estranho psicopata do que de alguém conhecido dos Smith. Havia a amarração com cordão de cortina, os golpes devastadores com o pedaço de lenha, o fato de não haver nenhuma luz acesa na casa, sugerindo que a violência ocorrera na completa escuridão. E a janela do banheiro. Alguém que estivesse em pé ali tinha uma visão nítida do dormitório. A poucos metros da janela havia uma pilha de lenha, de onde o assassino pegara o pedaço de madeira de meio metro.

Após a audiência preliminar, o promotor público do Condado de Ventura soltou Joe Alsip por falta de provas. A equipe de investigação voltou à estaca zero. Estavam divididos. Metade achava que o assassino conhecia os Smith; a outra metade acreditava tratar-se de um crime aleatório, com motivação sexual. Durante anos, o arquivo Smith ficou numa das prateleiras do reduto dos investigadores; depois de uma década, foi arquivado na Sala de Provas.

Larry Pool explicou ao DP de Ventura que o Departamento do Xerife do Condado de Orange tinha um caso de assassino em série não resolvido, com quatro vítimas de homicídio, que guardava similaridades com o dos Smith. Pediu que enviassem quaisquer evidências forenses que ainda tivessem sobre o caso Smith para o laboratório de criminalística do Condado de Orange. Mary Hong abriu o pacote do DP de Ventura; dentro havia apenas um par de lâminas de vidro. Ficou de coração partido. As raspagens de cotonete coletadas rotineiramente como parte de um kit de estupro são esfregadas numa lâmina de vidro, já que estas tornam mais fácil procurar esperma ao microscópio. Mas geralmente os cotonetes são incluídos também no kit. Um criminalista procura sempre trabalhar com o máximo possível de material biológico.

Em 17 de fevereiro de 1998, Pool recebeu o relatório de Hong. Ela conseguira desenvolver um perfil de DNA a partir do sêmen nas lâminas. Lyman Smith podia ser descartado como fonte.

O perfil de DNA batia com os perfis de Harrington, Witthuhn e Cruz.

Alguns membros da velha guarda do DP de Ventura recusaram-se a acreditar. O detetive Russ Hayes, um dos principais no caso Smith, foi entrevistado para um episódio da série *Cold Case Files*, que foi ao ar alguns anos mais tarde. – Acho que naquela hora vocês poderiam ter me derrubado com uma pluma – relembrou ele a respeito da conexão com o DNA. A descrença do veterano policial em relação à tecnologia sustentou sua negativa.

– Não consegui acreditar nisso – disse Hayes. – Não acreditei.

Hayes relembrou sua tese de que o assassino ficara em pé do lado de fora da janela do banheiro, na face norte da casa, o portal por onde ele podia ver o quarto de Lyman e Charlene, e se enfureceu com algo que viu – um ato de intimidade, bem provavelmente.

– Achei que tinha sido alguém próximo deles. Achei que tinha sido alguém que havia visto alguma coisa por aquela janela, olhando para dentro do quarto. E que isso o enfureceu, levando-o a entrar e a fazer o que fez.

Hayes provavelmente estava certo quanto à posição do lado de fora da janela. E quanto à raiva. Mas não quanto à familiaridade. Charlene Smith foi simplesmente a mais recente infeliz a quem foi atribuído o papel da mulher lasciva, arrogante – uma mãe, uma estudante, uma ex-esposa –, que no devaneio do assassino criava um círculo de desaprovação em relação a ele, e cuja cacofonia de desdém o obrigava, sempre, a ficar de joelhos; o ato de pegar o pedaço de lenha era excitação transformada em ódio, uma punição perversa decretada por um juiz: o cérebro corroído dele.

A contagem de corpos ficou em seis. Com quase vinte anos de atraso, estavam conhecendo os métodos dele. De que modo se adaptava. E que tinha mobilidade. O mapeamento dos crimes ganhava uma sensação como de contágio, uma busca pela vítima zero. Onde estava ele antes de Ventura? Alguém desencavou os artigos dos velhos jornais, aqueles que questionavam que não eram apenas Ventura e Orange que tinham conexão, mas Santa Barbara também. "Duplos homicídios podem estar ligados, diz a polícia" dizia a manchete da edição de 30 de julho de 1981 do *Santa Ana Register*. Quase vinte anos depois, os três condados comparavam de novo as informações. Havia algumas diferenças – dois dos homens vitimados em Santa Barbara haviam sido baleados ao darem a impressão de reagir – mas existiam paralelos demais para descartar um vínculo. Rodear e espreitar. Ataques noturnos a vítimas de classe média que estavam dormindo. Porretadas. Amarras pré-cortadas levadas até a cena do crime. Marcas de tênis. Muitos aspectos estavam presentes num par de duplos homicídios numa cidade 65 quilômetros ao norte.

[NOTA DO EDITOR: *A investigação de Ventura foi sem dúvida a mais labiríntica de todas as investigações independentes. Michelle havia planejado cobri-la mais extensamente, mas Ventura aparece pouco representada no livro devido à demora em atenderem à sua solicitação de acesso ao desconcertante arquivo do caso. Em 2014, Michelle pagou ao Tribunal do Condado de Ventura $1.400 dólares por cópias das transcrições das audiências preliminares de Joe Alsip. Ao todo, 2.806 páginas tiveram que* ser impressas a partir de microfilmes. Michelle mais tarde lembrou da funcionária, olhando para ela com uma mistura de estranhamento e desdém ao passar às mãos de Michelle o grande volume de material de arquivo recém-impresso. Ler as transcrições, cheias de irresistíveis alusões a itens mais fartamente documentados nos relatórios oficiais, só serviu para fazer Michelle cobiçar ainda mais o arquivo Ventura. Em janeiro de 2016, ela finalmente conseguiu pôr as mãos no arquivo quando pegou emprestadas três dúzias de caixas de material sobre o Assassino do Golden State do Departamento do Xerife do Condado de Orange. Ela já lera grande parte desse arquivo – que se concentrava basicamente em pistas falsas sobre Joe Alsip – por volta da época da morte dela, mas não teve tempo de tecer isso na narrativa. Para um relato mais completo do caso Smith e da acusação contra Joe Alsip, uma excelente referência é a série de Colleen Cason, "The Silent Witness", publicada no Ventura County Star em novembro de 2002.]

GOLETA, 1979

[*NOTA DO EDITOR: Trechos deste capítulo foram reunidos a partir de vários esboços para "In the Footsteps of a Killer".*]

O HOMEM ABORDOU LINDA* quando ela saía para trabalhar de manhã. – Meu cachorro foi esfaqueado no seu quintal dos fundos ontem à noite – disse ele. Era um homem jovem, vinte e poucos anos, feições de elfo, um pouco hiperativo. Ele apontou para a passarela que cruzava o córrego, a sessenta metros de onde estavam, na Berkeley Road, em Goleta. Ele e seu cachorro, Kimo, vinham de lá, explicou ele, Kimo andava solto, sem a guia, e ele atrás, tranquilo. A cidade de Goleta é uma cidade-dormitório com reputação de ser segura, até mesmo entediante, mas poucas pessoas iriam se aventurar a andar pelo Córrego San Jose sozinhas à noite. A garganta estreita desce das montanhas cheias de matagais pelo lado leste da cidade e é coberta por imensas árvores frondosas – plátanos, amieiros e eucaliptos, com as cascas rachadas de seus troncos lembrando papel amassado, arranhado. Não há luzes, e os únicos sons são os dos passos e do farfalhar de animais procurando alimento.

Mas Kimo era um cão grande, de guarda, um mestiço de pastor-alemão e malamute-do-alasca, pesando cinquenta quilos. O homem jamais imaginou que pudesse acontecer alguma coisa com o cão. Quando os dois saíram da ponte de pedestres e entraram na área residencial, Kimo disparou e se enfiou entre a casa de Linda e a do seu vizinho do lado. Alguma coisa devia ter chamado sua atenção lá atrás. Kimo era barulhento. Do lugar privilegiado em que o homem estava, a quadra 5400 da Berkeley Road parecia tranquila. Até os anos 1960, Goleta era um mar de nogueiras e limoeiros, e em algumas partes, especialmente junto ao córrego, você podia experimentar como devia

---

* Pseudônimo.

ser na época, sem motores girando, sem zumbidos eletrônicos; havia apenas uma escuridão cobrindo tudo, silenciosa, e algumas luzes espalhadas, das casas térreas dos ranchos. Uma prancha de surfe no teto de alguma Kombi na garagem de algum morador era o único lembrete de que você estava agora nos subúrbios do sul da Califórnia, no começo do outono de 1979.

Um ganido agudo rompeu o silêncio. Instantes depois Kimo reapareceu. O cão veio cambaleando até a calçada e desabou aos pés do homem. O homem virou-o. Jorrava sangue de um longo corte na barriga dele.

Kimo sobreviveu. Depois de bater freneticamente em várias casas, o homem finalmente conseguiu achar um telefone e pedir ajuda. Um veterinário de um pronto-socorro fechou a ferida com setenta pontos, deixando uma cicatriz que ia do esterno de Kimo até o final da sua barriga. Mas o homem ficara intrigado com a origem do ferimento. Linda entendeu. O trabalho podia esperar. Ela pediu ajuda à sua vizinha, e os três juntos vasculharam atentamente a lateral e o quintal dos fundos, procurando objetos cortantes, como uma lâmina de cortador de grama ou um pedaço de cerca quebrado, que poderiam ter ferido o cão. Não acharam nada. Era estranho. Também esquisito era o gramado da frente de Linda, todo encharcado. Mais ou menos na mesma hora em que Kimo foi ferido, alguém teria aberto a mangueira dela e deixado escorrer.

Linda nunca soube o nome do dono do cachorro. Ele agradeceu educadamente e foi embora. Ela quase esqueceu o incidente até que outro homem abordou-a fora da sua casa com uma pergunta, em julho de 1981. Muita coisa mudara no ano e meio desde que Kimo se machucara. A fita amarela de isolar cena de crime havia sido estendida três vezes no bairro, algo incomum para uma área tão pequena – menos de cinco quilômetros quadrados – e que era tão caseira que os investigadores de polícia afetuosamente apelidaram os adolescentes que com frequência saíam dos bosques de abacateiros, onde iam fumar maconha, de gangue dos olhos vermelhos.

Este era o Condado de Santa Bárbara, onde ficava o rancho de 278 hectares do presidente Reagan e também um retiro popular de diletantes endinheirados com um toque hippie, onde você andava de havaiana o dia inteiro ou participava de uma encenação de rodeio, onde podia curtir arquitetura hispânica historicamente preservada, não poluída por outdoors chamativos (uma proibição obtida após uma campanha de vários anos comandada por líderes comunitários com inclinações estéticas). De 1950 a 1991, as únicas paradas obrigatórias na Highway 101, nos setecentos quilômetros de Los

Angeles a São Francisco, eram os quatro semáforos de Santa Barbara; as razões disso podiam mudar, dependendo de em quem você acreditasse: era por que os moradores locais temiam que uma rodovia viesse bloquear a vista que eles tinham do oceano, ou porque queriam que os turistas prestigiassem os negócios locais, ou porque achavam que as pessoas deviam ser incentivadas a parar e contemplar a vida – e que lugar melhor para isso do que Santa Barbara, a Riviera da América, abrigada entre uma serra de montanhas escarpadas e o Oceano Pacífico? Quem não iria querer ficar um pouco à toa num semáforo do paraíso? A resposta, no fim das contas, era ninguém. Os acidentes eram muitos, o trânsito no final de semana era um grande engarrafamento, e a poluição das centenas de carros em ponto morto ficou imensa.

Investigadores achavam que sabiam em que noite ele aprendera que precisava ser mais cauteloso. Sabiam qual fora a noite que o fizera mudar. O primeiro crime que podiam associar a ele, em que a operação policial de rebobinar a fita no tempo se detinha, era: 1º de outubro de 1979. Menos de uma semana depois que Kimo foi esfaqueado. Foi a noite em que um casal de Goleta na Queen Ann Lane acordou com a luz ofuscante de uma lanterna e com o sussurro entredentes de um homem jovem. A mulher recebeu ordens de amarrar o namorado. Em seguida, o intruso amarrou-a. Ele perambulou pela casa, abrindo e fechando gavetas, com batidas fortes. Xingando. Ameaçando. Pedindo dinheiro mas sem focar nisso. Levou a mulher até a sala de estar e deitou-a no chão, de bruços, colocando dois shorts sobre sua cabeça como venda. Ela ouviu-o entrar na cozinha. Ouviu-o cantarolar para si mesmo.

– Vou matá-los, vou matá-los, vou matá-los.

Um surto de adrenalina permitiu que a mulher se desvencilhasse das amarras e fugisse pela porta da frente gritando. O namorado dela, amarrado no quarto, conseguiu ir aos pulos até o quintal dos fundos. Quando ouviu o intruso se aproximar, atirou-se no chão e rolou para trás de uma laranjeira, evitando por pouco o facho de luz da lanterna.

O vizinho do lado daquele casal era um agente do FBI. Alertado pelo grito da mulher, veio para fora bem a tempo de ver um homem passar pedalando furiosamente uma Nishiki prateada de dez marchas, roubada. Camisa Pendleton. Jeans. Coldre de faca. Tênis. Um tufo de cabelo castanho. O agente saiu de carro para persegui-lo; os faróis do seu carro flagraram o ciclista algumas quadras adiante, na San Patricio Drive. Quando os faróis o iluminaram, o suspeito largou a bicicleta e pulou a cerca entre duas casas.

O casal só conseguiu dar uma descrição geral dele. Homem branco. Cabelo escuro por cima do colarinho. Um metro e oitenta, mais ou menos. Uns 25 anos, eles achavam.

Depois disso, nenhuma de suas vítimas viveu para poder descrevê-lo.

————

Os corpos estavam no quarto.

Na manhã de 30 de dezembro de 1979, os investigadores do Xerife do Condado de Santa Barbara atenderam um chamado do número 767 do condomínio "Avenida Pequena", onde morava o cirurgião osteopata Dr. Robert Offerman. Os bons amigos de Offerman, Peter e Marlene Brady*, haviam chegado para uma partida de tênis já marcada com ele e sua nova namorada, Alexandria Manning, e encontraram uma porta de vidro corrediça aberta na casa deles. Entraram e chamaram Offerman, mas ninguém respondeu. Peter atravessou a sala, espiou pelo corredor e foi até o quarto.

Há uma "garota nua deitada na cama", ele disse à sua esposa.

– Vamos – disse Marlene, não querendo atrapalhar. Começaram a ir embora.

Mas depois de alguns passos, Peter parou. Algo não estava fazendo sentido. Afinal, ele não havia chamado Offerman em voz alta? Ele parou, deu meia-volta e foi até o quarto para olhar mais de perto.

Quando os investigadores chegaram, Marlene Brady estava do lado de fora, chorando.

– Há duas pessoas mortas lá dentro – disse ela.

Debra Alexandria Manning estava deitada no lado direito da cama d'água, a cabeça voltada para a esquerda, os pulsos amarrados para trás com cordão branco de náilon. Offerman estava de joelhos ao pé da cama; segurava um pedaço do mesmo cordão na mão. Marcas indicavam que o agressor usara uma chave de fenda para forçar a entrada na casa, provavelmente no meio da noite, quando o casal dormia. Ostentando uma arma, pode ter sugerido que estava ali para roubá-los: dois anéis pertencentes a Manning foram achados escondidos entre o colchão e a armação da cama.

O agressor muito provavelmente jogou o cordão para Manning e mandou-a amarrar Offerman, o que ela fez, mas não muito apertado. Os investigadores acreditam que a certa altura, talvez depois que o agressor terminou

————

* Pseudônimos.

de amarrar os pulsos de Manning, Offerman se libertou das amarras e tentou reagir.

Os vizinhos relataram que por volta das três da manhã ouviram uma rajada de disparos, seguida por uma pausa e depois por outro tiro. Offerman foi atingido por três disparos, nas costas e no peito. O único ferimento de Manning foi atrás da cabeça, na parte superior esquerda.

O livro no criado mudo de Offerman era *Você está absolutamente certo: Um guia para o comportamento assertivo*, de Robert E. Alberti. Era período de férias. Uma grinalda verde com flores vermelhas estava dependurada na porta da frente. Havia um pinheirinho num vaso, no hall de entrada. As autoridades, ao processarem a cena do crime, deram com uma carcaça de peru embrulhada em celofane, que havia sido descartada no pátio. Concluíram que em algum momento o assassino abrira a geladeira e comera as sobras do jantar de Natal do Dr. Offerman.

Quem quer que fosse o assassino, havia feito uma caçada agitada naquela noite. Os investigadores conseguiram rastrear o padrão estrelado da sola de seu tênis Adidas, conforme ele rodeou a casa de Offerman. Notaram o canteiro pisado no número 769 da Avenida Pequena, a casa vizinha do condomínio, desocupada. Dentro havia evidências de que ele se agachara, principalmente no banheiro, onde um pedaço do cordão de náilon havia sido largado.

Chegaram relatos de furtos e invasões na vizinhança, nas horas que antecederam os assassinatos. Quando um casal que vivia em Windsor Court, a oitocentos metros do condomínio de Offerman, chegou em casa por volta das 10h15 da noite, viram um homem correndo pela sala deles em direção à porta dos fundos. Ao entrarem, ouviram-no pular a cerca de trás. Tudo o que podiam afirmar com certeza era que se tratava de um homem branco, com chapéu escuro de pescador e jaqueta preta. Ele havia dado um forte soco sobre o olho do poodle deles.

Nos dias que se seguiram aos assassinatos, os investigadores continuaram descobrindo pedaços de cordão de náilon caídos em vários locais: numa trilha de terra junto ao Córrego San Jose, num gramado na Queen Ann Lane. Não tinham certeza, porém, a respeito de quando o pedaço de cordão da Queen Ann Lane havia sido deixado ali; poucas portas adiante vivia o casal que escapara por pouco do destino de Offerman e Manning apenas dois meses antes. Estava tudo lá nos relatórios policiais. Cordão de náilon. Marcas de espreita. Marcas de tênis de corrida Adidas.

GOLETA, 1981

O QUE DEBBI DOMINGO MAIS LEMBRA sobre a última vez que falou com a mãe dela, Cheri, é que as duas não conversaram. Gritaram. Era um domingo, 26 de julho de 1981, alto verão em Santa Barbara. A névoa do litoral, com seu cheiro de eucalipto molhado, já havia ido embora. O Oceano Pacífico se aquecia, e convidava a turbulência das ondas espumantes a seguir seu caminho até as areias maciais e as intermináveis fileiras de palmeiras de trinta metros ao longo da praia. Garotos adolescentes de pele dourada, cabelo escorrido e músculos relaxados, iam a caminho da água, com suas pranchas e seu andar que os locais chamavam de jinga de surfista. Esse era o tempo mágico de Santa Barbara, e era o que Debbi queria curtir quando saía de seu emprego de meio período no Granada Theater. Ela amava a energia de East Beach, especialmente sua cena de vôlei. Havia um problema, e foi por isso que Debbi apertou os freios de sua bicicleta de dez marchas na frente de um orelhão da State Street naquela tarde. Cavoucou moedas do bolso de seu shortinho de calça jeans cortada. A mãe atendeu. Debbi foi direto ao ponto.

– Preciso passar aí pra pegar meu maiô – disse ela.

A resposta empedernida da mãe surpreendeu-a.

– Não – disse Cheri.

Uma ponta de raiva acendeu-se nos olhos de Debbi. Ela agarrou o telefone, apertou-o com força. Mãe e filha estavam de volta outra vez à estaca zero.

Isso foi quatro dias antes e perto da esquina do número 1311 da Anacapa Street, uma casinha despretensiosa, sede do Klein Bottle Crisis Shelter, o abrigo de uma organização para adolescentes com problemas. Debbi aparecera lá em meados de julho, uma fuga de casa de bicicleta com uma mochila arrumada às pressas e um bem afiado sistema de detecção de regras e de como burlá-las. Mas Klein Bottle estava longe de ser um lugar de confinamento rigoroso. A abundância de samambaias nos vasos dependurados em suportes de macramé já indicava isso. Era a época do auge do livro de Alice Miller, *O drama da criança bem dotada*, um best-seller de autoajuda que visava expor a sutil interferência prejudicial dos pais, mesmo nas famílias aparentemente mais funcionais. Miller incentiva seus leitores a "encontrar a própria verdade" a respeito de um possível abuso da infância; ao fazer isso, ajudou a inflamar a febre de falar sobre terapia. Os conselheiros do Klein Bottle tomavam chá em canecas de louça de barro e garantiam a adolescentes com dificuldades de expressão que nenhum sentimento era banal ou vergonhoso demais que não pudesse ser compartilhado.

Além das tarefas que eram atribuídas, havia uma regra na casa: as crianças podiam vir e ir embora à vontade, mas tinham que assinar um termo comprometendo-se a participar das sessões de terapia. A equipe programou que Cheri e Debbi teriam uma sessão com uma conselheira para ajudar a resolver seus problemas.

As Domingo, mãe e filha, devem ter parecido um ótimo caso para mediação. Nenhuma das duas tinha o olhar parado de quem abusa de drogas, nem exibia as devastações causadas por estresse e negligência. Longe disso. Mãe e filha eram ambas mulheres lindas, de traços delicados. Usavam estilos de roupa casual de praia que lhes caíam bem: pouca maquiagem, sandálias de couro mexicanas, blusinhas estampadas e jeans. Debbi enfeitava o cabelo às vezes com uma trança ou com presilhinhas. Cheri tinha 35 anos, uma magrinha estilo Natalie Wood com uma postura sem afetação, agradável, resultado de seu trabalho como gerente de escritório. Debbi já tinha uma constituição mais voluptuosa; seus olhos grandes, azuis, ficavam ligados, como os da maioria dos adolescentes, nas coisas mais imediatas, e não nas mais distantes. As duas irradiavam boa saúde e um núcleo de tranquilidade e autoconfiança.

O dia do encontro chegou. Houve aquela troca de amabilidades enquanto todos se acomodavam. Assim que Debbi e Cheri sentaram no sofá, pousando como dois passarinhos num fio elétrico, já entraram em erupção. Àquela altura, as batalhas delas começavam logo de cara com fúria, um triste confronto inflexível no qual as únicas mudanças de posição era quem fazia o papel do cético e quem fazia o papel do prejudicado. Não havia lugar para tentativas tranquilas de persuasão. Limites. Regras.

Namorados. Desrespeito. Debbi não lembra se o conselheiro era homem ou mulher. Lembra apenas que gritava e da vaga presença de uma terceira pessoa na sala; alguém que supostamente via tudo aquilo mas que exalava a ineficácia própria de quem fica abismado. No final, Debbi foi embora de repente, como fizera em outra ocasião, uma tempestade na forma de uma menina de cabelo escuro pedalando com seus pertences enfiados numa mochila. Em duas semanas ela faria 16 anos.

Cheri via a cidade engolindo a filha e se preocupava. Santa Barbara era enganosa. Iludia. A promessa de romance reinava, e o potencial de perigo ficava obscurecido. Depois que um terremoto de 19 segundos arrasou a maior parte do centro de Santa Barbara em 1925, a cidade foi reconstruída num estilo espanhol colonial uniforme – paredes de gesso branco, telhados baixos de telhas vermelhas, ferro forjado. Líderes da cidade com uma mente preservacionista continuaram a manter os edifícios baixos e os outdoors banidos. Havia no lugar uma agradável sensação de cidade pequena. Todos os dias, durante 32 anos, um imigrante grego, "o homem da pipoca", vendeu cata-ventos de papel e pipocas em sua *station wagon* ao pé do Stearns Wharf. O cheiro de jasmins florindo flutuava pelas janelas abertas nas noites quentes. O barulho do oceano embalava o sono das pessoas.

Mas a instabilidade estava à espreita. Sentia-se a agitação de uma corrente subterrânea, maltrapilha. A recessão destruíra muitos negócios. Ainda não havia lei para regulamentar o consumo de bebida, e na parte baixa da State Street à noite, bêbados cambaleando gritavam uns com os outros, com intervalos para urinar e vomitar na rua. As casas de música estavam mudando. Música popular e de discoteca eram substituídas pelo punk raivoso. Os jornais locais relatavam que um homem andava ligando anonimamente para dizer a crianças entre 11 e 15 anos de idade que elas iriam morrer. Outro homem, ou quem sabe o mesmo, fazia ligações dizendo às mulheres que iria agredir seus maridos se estes não atendessem às suas exigências. Policiais locais apelidaram o sinistro homem não identificado de "nosso ofegante".

Há um semáforo na State Street com a Highway 101, uma das principais rotas norte-sul que cobrem a Califórnia, e durante mais de uma década um colorido desfile de hippies segurava cartazes ali pedindo carona para lugares como San Diego ou Eureka. Era uma tradição tão arraigada em Santa Barbara que o posto da Texaco oferecia pincéis marcadores para os caronistas fazerem suas plaquinhas de papelão.

Mas nos últimos tempos era difícil não notar que, apesar das roupas e dos pandeiros do Verão do Amor, os hippies não eram mais jovens. Olhando de perto, dava para ver que haviam sido desgastados, não só pelo vento e pelo sol, mas por diferentes graus de fracasso, que haviam tirado brilho de seus olhos. Havia menos cartazes indicando os destinos pretendidos. Alguns deles simplesmente rodavam em círculos o dia inteiro.

As buganvílias magenta de Santa Barbara podiam desviar a atenção das finas rachaduras da cidade. Cheri torcia para que Debbi não sofresse nenhum dano ao se lançar para a vida. O cérebro de toda mãe não para de fazer circular todas as coisas terríveis que podem acontecer com sua filha. Raramente é o contrário disso. E por que deveria ser? Especialmente em se tratando de adolescentes, que deixam de ver seus pais como deuses para vê-los como humanos, mas entre esses dois extremos passam um tempo vendo-os apenas como um obstáculo, uma porta particularmente emperrada que não abre com facilidade.

Não. Era Debbi que estava, no dizer do Klein Bottle, "em risco". A história raramente termina bem para uma adolescente bonita que foge de casa. Mas dessa vez terminou bem.

O fato de não estar mais em casa salvou a vida de Debbi Domingo.

Cheri sabia que seus problemas com Debbi eram apenas momentos difíceis, solavancos na estrada, e que elas acabariam se acertando. Iriam dar risada disso quando Debbi tivesse também uma filha adolescente. Mas nesse meio-tempo, ela precisava de soluções. Era uma gerente de escritório que todos descreviam como uma "mãezona", mas que, pelo jeito, não conseguia nem ser mãe, nem gerenciar a própria filha.

– Como é que você faz? – Cheri perguntou à sua melhor amiga, Ellen*, as duas sentadas na jacuzzi de Ellen no quintal dos fundos, tomando vinho. Ellen tinha três filhas adotivas, todas adolescentes, morando com ela e o marido. Meninas nascidas de pais drogados. Abandonadas nos degraus de alguma porta. Cheri maravilhava-se ao ver como eram bem-comportadas.

– Disciplina – disse Ellen.

Na visão de Ellen, a tentativa de Cheri de disciplinar Debbi começara tarde demais. Ela havia sido muito permissiva. Ellen sempre fazia questão

---

* Pseudônimo.

de saber onde estavam as filhas. As meninas sabiam que se matassem aula, Ellen ou seu marido, Hank, iriam aparecer na escola com um cartaz dependurado no pescoço dizendo "Sou a babá da cabuladora de aula". O risco de vexame social mantinha as três na linha.

Cheri, por sua vez, dera rédea solta a Debbi. Era tolerante quando Debbi chegava mais tarde em casa ou quando nem voltava. Cheri era por natureza uma pessoa otimista, equilibrada; acreditava que Debbi estava adotando um comportamento tipicamente adolescente e relutava em lançar mão de punições. A fase iria passar, dizia ela. Cheri tinha apenas 19 anos quando Debbi nasceu, e em tempos mais felizes, quando mãe e filha experimentavam roupa juntas no shopping ou almoçavam as duas no seu restaurante favorito, o Pancho Villa, adoravam quando estranhos achavam que fossem irmãs. Davam risadinhas diante desse tipo de suposição. Os estranhos então compreendiam seu equívoco. Claro, as duas não eram irmãs. Eram amigas.

Por isso, nos meses em que as tensões se agravaram, quando Debbi gritava "Eu não quero saber das suas regras! Você está arruinando minha vida!", a resposta de Cheri, embora sincera, tinha um tom tímido, inseguro: "Mas eu sou sua mãe".

O tiro de largada que deu início à rota de colisão foi o divórcio. Cheryl Grace Smith conheceu Roger Dean Domingo, um técnico em eletrônica da guarda costeira dois anos mais velho que ela, quando estava no colegial. Eles se casaram logo depois que Cheri fez 18 anos, em 19 de setembro de 1964, em San Diego. Debbi nasceu no mês de agosto seguinte. Quase exatamente um ano depois, chegou um filho, David. Roger largou a guarda costeira e virou pastor metodista, e depois professor de escola secundária. Em 1975, a família mudou-se para Santa Barbara.

Debbi lembra os primeiros 12 anos de sua vida sob uma luz cálida. Cheri doando biscoitos feitos em casa à caridade. Almoços de piquenique no Parque Nojoqui Falls. Ela adorava ter pais jovens, do tipo que não fica olhando você sentado no banco do parque, mas coloca você no trepa-trepa e sobe nas pedras junto com você na praia. Cheri e Roger eram pessoas fisicamente ativas, criadas no sol, e sua atitude mostrava isso. – Eu só vim a saber o que era cinismo no ginásio", diz Debbi.

A tensão entre Cheri e Roger surgiu em algum ponto do caminho. Existe um relatório de 1.157 páginas do Departamento do Xerife do Condado de Santa Barbara, boa parte dele dedicado a detalhes da vida de Cheri; na página

130, Roger é questionado a respeito do casamento dos dois, particularmente sobre sua vida social em Santa Barbara. Ele lembra dos piqueniques ao ar livre. Gostavam de visitar Solvang, diz ele, uma curiosa vila próxima, com temática dinamarquesa. Na metade da entrevista, ele muda os pronomes, de "nós" para "ela". Cheri gostava de dançar. Ela era "festeira". Não fica claro se as citações são de Roger ou do entrevistador. Mas estão lá, em tom acusador. Cheri não era inclinada a drogas ou a beber muito; a palavra "festeira" provavelmente revela mais uma tendência. Roger contentava-se com uma cesta de palha e uma toalha na grama; a certa altura, Cheri passou a querer mais que isso. Eles se separaram em dezembro de 1976.

Roger voltou para San Diego, e Debbi e David dividiam seu tempo entre as duas cidades. Debbi viu uma oportunidade na separação da família. Começou a colocar os pais um contra o outro. Testava os limites. Ignorava as regras da casa. Ao menor sinal de resistência, arrumava a mochila e anunciava que estava indo morar com o pai. Ficou nesse pingue-pongue vários anos, indo e voltando de San Diego a Santa Barbara, mudando de escola pelo menos umas seis vezes, até mesmo na metade do ano. Em julho de 1981, as suas notas, que eram boas, pioraram de repente. Estava saindo com um garoto mais velho em San Diego, fato que tanto Cheri quanto Roger, que raramente estavam de acordo em alguma coisa, consideraram uma má notícia.

Uma adolescente desafiadora em pleno brotar de sua rebeldia pode abalar a mais estável das famílias; isso foi agravado pelo fato de, naquela época, a vida de Cheri estar em constante mudança e também sob estresse. Em junho, com a economia afundando, ela e Ellen foram demitidas de seus empregos na Trimm Industries, uma pequena empresa que fabricava móveis para computador. Cheri assumiu a dianteira na busca de novos empregos, alugando uma máquina de escrever IBM Selectric e dando uma melhorada nos currículos das duas. No meio disso tudo, decidiu também mudar de casa.

Por vários anos, Cheri e as crianças, quando estas não estavam em San Diego com o pai, moraram numa casa alugada em Montecito. Em maio, porém, uma prima do pai de Cheri, que a família conhecia como Tia Barbara, ligou para avisar que estava colocando sua casa em Goleta à venda, e mudando para Fresno. Tia Barbara não queria que a casa ficasse vazia enquanto estivesse à venda. Será que Cheri e as crianças não gostariam de ir para lá?

Tia Barbara morava na Toltec Way, uma rua sem saída num bolsão tranquilo e arborizado no nordeste de Goleta, junto ao Córrego San Jose.

A casa, no estilo Cape Cod, revestida com placas de madeira, tinha um segundo andar acrescentado, em cima da garagem, e com janelas-persianas. Os vizinhos a apelidaram de "o grande celeiro vermelho". O que levou Cheri a fechar o acordo foi que, por pura coincidência, Ellen morava quase em frente, na própria Toltec Drive.

No começo de junho, Cheri e as crianças, com a ajuda da empresa de mudanças, enfiaram todas as suas coisas na casa número 449 da Toltec Way. O lugar tinha muitos eucaliptos. O silêncio não parecia tão tranquilo como mandaria a natureza, mas a quietude não fez com que Debbi se aquietasse. O agito ficava na região de Mesa, em Santa Barbara, ou por conta dos amigos dela em Montecito. Tudo tinha um tom efêmero. Temporário. Um corretor iria promover visitas de interessados em comprar a casa. Uma placa no gramado dizia "Santana Imóveis/Vende". Debbi tinha saudades do rapaz "má influência" de San Diego e fez aumentar muito a conta de telefone ligando para ele. Poucas semanas depois da mudança, depois de uma explosiva discussão com Cheri, ela enfiou o que pôde na mochila, montou na bicicleta e foi embora.

A maioria das noites, Cheri atravessava a rua até a casa de Ellen, e as amigas abriam uma garrafa de vinho e pulavam na Jacuzzi. Falavam sobre a briga de Cheri com Roger por causa do sustento das crianças. De arrumar empregos. De amor. Cheri começara a experimentar com anúncios pessoais e serviços profissionais de encontros. Houve alguns poucos encontros formais em restaurantes do centro. Um homem ligara para o escritório procurando Cheri e misteriosamente deixara seu nome: "Marco Polo". Cheri riu quando recebeu a mensagem, mas não deu em nada. Ellen sabia que Cheri queria casar de novo, que a amiga dela, algo um pouco surpreendente em se tratando de divorciadas, era uma romântica à moda antiga, que ansiava por aquela imagem etérea do amor, de cartão postal – o casal radiante, de mãos dadas pela praia ao pôr do sol.

Cheri era reservada em relação ao único homem que chegara perto de conquistar seu coração desde que se divorciara. Ellen nunca o conhecera, porque a relação era anterior à amizade de Ellen com Cheri, mas uma vez o viu de relance, entrando discretamente no escritório de Cheri durante o expediente. Era bem mais jovem que Cheri, bonitão, alto, de constituição física perfeita, com cabelo escuro abundante. Tudo o que Ellen sabia é que os dois vinham tendo um relacionamento intermitente havia anos, mas Cheri há pouco tempo decidira que estava tudo terminado. Hora de seguir adiante.

As duas mulheres falavam principalmente dos problemas de Cheri com Debbi. Um amor difícil, dizia Ellen. Consequências.

– Seja durona – aconselhou ela.

E foi isso exatamente o que Cheri fez quando Debbi ligou quatro dias mais tarde, depois do confronto das duas no Klein Bottle. Debbi tinha algo em mente, e não era um pedido de desculpas, nem um gesto de boa vontade. Ela deixara essas coisas para trás, lá na casa da Toltec Way.

– Preciso passar aí e pegar meu maiô – disse ela.

– Não – disse Cheri.

– O quê?

– Eu disse não – Cheri confirmou.

– O maiô é meu!

– A casa é minha!

Debbi berrou de raiva ao telefone. Cheri berrou de volta. As pessoas na State Street diminuíram o passo, espantadas. Debbi não dava a mínima para o que aquela gente boquiaberta pudesse achar. O corpo dela tremia de ódio. A pior coisa que ela poderia pensar em dizer brotou da sua boca com toda força.

– Por que você não some de vez da minha vida?! – ela gritou. E bateu o telefone na cara dela com toda força.

No dia seguinte, por volta das 2h30 da tarde, Debbi recebeu uma ligação na casa da amiga onde estava pernoitando. Era de um colega de trabalho de Debbi no Granada Theater. Ellen, a amiga da mãe dela, havia ligado para o teatro procurando Debbi e deixara recado, para Debbi ligar imediatamente para ela. Debbi preparou-se para o inevitável sermão de culpa que Ellen iria descarregar nela por causa do jeito que vinha tratando a mãe. As primeiras palavras de Ellen não foram nenhuma surpresa para Debbi. Ela podia imaginar Ellen em pé ali, mãos na cintura, lábio torto de reprovação.

– Você precisa vir para casa – disse Ellen.

– Não vou – disse Debbi. – De jeito nenhum.

Ellen e Debbi têm lembranças diferentes de como foi exatamente a conversa depois disso, mas ambas concordam que Debbi logo entendeu que precisava voltar imediatamente. Que era urgente. Debbi foi até lá sentada no banco da frente da Kombi da amiga, a mente fazendo desfilar todas as possibilidades. O que ela mais lembra da hora em que chegou à

Toltec Way é da fita amarela colocada na cena do crime, o jeito como ela isolava não só a própria rua mas também a segunda casa, no lado oeste. O grande celeiro vermelho. A casa da Tia Barbara.

Era muito estranho ver dezenas de pessoas apinhadas naquele beco normalmente vazio. Policiais de uniforme. Detetives de terno. A mídia. A algazarra tinha um tom de tensão e confusão. As pessoas se movimentavam com pressa, vinham juntas, de repente voltavam, gente buscando informação com expressão carrancuda. De algum modo, Debbi foi conduzida por debaixo da fita. Andou atordoada pelo meio do vozerio.

Por que você não some de vez da minha vida?!

O coração dela deu um pulo quando viu o carro da mãe, um Datsun 280ZX marrom, estacionado na entrada da garagem.

E então reconheceu outro carro, um Camaro branco, com duas listras pretas esportivas, estacionado na frente da casa.

– Cadê o Greg? – Debbi perguntou, a ninguém em particular. Olhou em volta procurando-o, chamando cada vez mais alto. – Eu quero falar com o Greg!

A aglomeração no beco parou e todos viraram-se para ela em uníssono, um monte de gente de sobrancelha erguida. Eles repetiam quatro palavras conforme se aproximavam dela – flutuava por ali uma harmonia bizarra, irritante, que contribuiu para o transe quase onírico de Debbi, enquanto seguia em direção ao lugar onde esperava que sua mãe estivesse.

– Quem é o Greg? Quem é o Greg? Quem é o Greg?

————

[NOTA DO EDITOR: *A seção a seguir foi reconstruída a partir de anotações de Michelle e de um texto,* "Writer's Cut", *que ela publicou na edição digital da revista* Los Angeles, *como continuação do seu artigo* "In the Footsteps of a Killer".]

Greg era Gregory Sanchez, um programador de computador de 27 anos de idade, que conheceu Cheri Domingo no final da década de 1970, quando os dois eram funcionários da Burroughs Corporation. Eles ficavam juntos de vez em quando, de 1977 até 1981, e brigaram e reataram tantas vezes que, quando finalmente terminaram, Debbi achou que os dois simplesmente estavam de novo dando um tempo.

Greg era oito anos mais novo que Cheri, e às vezes isso ficava óbvio. Era um homem preocupado em ser homem. Tinha uma moto. Tinha um Camaro com listras esportivas. Era técnico da Little League, a liga de beisebol para crianças, e do Pop Warner, um programa de treinamento em futebol americano para jovens. O quarto vago de seu apartamento era ocupado por todos os equipamentos de som estéreo de último tipo que se possa imaginar. Greg tinha boa forma física e se vestia muito bem. Como Cheri, cuidava muito bem de si mesmo. Eles compartilhavam certa meticulosidade. Nenhum dos dois fora criado com muita coisa, e cuidavam muito bem do que tinham. Por quatro anos, a trajetória de seu relacionamento foi decididamente circular. Ela esperava que ele crescesse. Ele esperava que ela relaxasse um pouco. Por fim, cansaram um do outro. Começaram a ver outras pessoas.

Em junho de 1981, a Burroughs Corporation anunciou que estava fechando sua divisão de Santa Barbara. Sanchez planejava fazer uma viagem à Costa Leste para explorar oportunidades de emprego na filial deles na Flórida. No mês seguinte, enquanto Debbi estava morando no abrigo Klein Bottle, Greg entrou em contato com ela e convidou-a para almoçar.

Greg e Debbi haviam sido próximos. Ele era como da família. Não exatamente uma figura paterna, já que sua idade ficava mais ou menos no meio entre a de Cheri e a de Debbi, mas uma espécie de irmão mais velho. Era divertido e a tratava bem. Gostava de chamá-la de Debra D.

– Greg, meu nome não é Debra – ela o lembrava.

– Tudo bem, Debra D – ele provocava. – Não se preocupe.

Enquanto comiam hambúrgueres naquela tarde de meados de julho, Greg contou a Debbi a novidade, que estava se mudando para a Flórida. Explicou que queria que ela soubesse disso pela boca dele, em vez de saber depois do fato consumado – pois achava que isso iria magoá-la. Mas o fato de saber disso direto da fonte não a deixou menos desconsolada.

– Propus isso à sua mãe muitas vezes – disse resignadamente. – Ela nunca vai casar comigo. – Cheri dizia que era velha demais para Greg, uma razão que Debbi achava ridícula.

O que Debbi não sabia era que Greg já estava saindo com outra pessoa.

Ele conhecera Tabitha Silver* em maio. Os dois moravam no mesmo conjunto de apartamentos, e Greg havia namorado uma amiga íntima dela,

---

* Pseudônimo.

Cynthia.* Cynthia continuou amiga de Greg e acabou apresentando-lhe Tabitha. Começaram a sair, e sua relação se aprofundou rapidamente. Não haviam se passado nem três semanas, e Greg estava admirado – com uma ponta de alarme também – com a rapidez com que as coisas haviam ficado sérias.

Mas a hora não era a mais oportuna. A vida dos dois passava por grandes mudanças. Tabitha começaria a cursar odontologia na UCLA no outono, e nesse ínterim havia saído de Santa Barbara e se mudado para San Diego, sua cidade natal, para passar o verão. A situação de emprego de Greg estava indefinida, e ele tinha intenção de mudar para a Flórida.

– Não é a melhor época da minha vida para me envolver com alguém – Greg disse a ela.

– E quando será a melhor época? – Tabitha replicou. – Quando você estiver a sete palmos do chão?

Greg voltou da Flórida em 23 de julho e imediatamente ligou para Tabitha. Depois de tudo, decidira permanecer na Califórnia. A Flórida ficava longe demais de seus amigos e de sua família. Como o aniversário dela era dali a alguns dias, ele a convidou para passar o fim de semana em Santa Barbara.

Ela foi até lá de carro naquele sábado e os dois passaram o dia juntos. Ele sondou o terreno para uma proposta de casamento. Na noite seguinte, ela apareceu na porta do apartamento dele. Ele a surpreendeu com uma mudança de planos de última hora: iria passar a noite com um amigo.

Na verdade, esse amigo era Cheri Domingo.

Um vizinho de Cheri domingo ouviu um tiro, seguido por uma voz no meio da noite – uma mulher falando com alguém com fala controlada, de maneira contida, algo na linha de "Vamos com calma". Essa foi provavelmente a última coisa que Cheri disse.

Investigadores mais tarde levantaram a tese de que o som alto que a porta do quarto fez ao raspar no tapete felpudo foi o que alertou Sanchez do invasor. A impressão era que ele havia lutado com o assassino.

Um detetive familiarizado com o caso lembrou desse detalhe da voz da mulher, procurando acalmar e dissuadir, que fora entreouvida pelo vizinho. – Ela fez o cara perder a paciência – disse ele.

---

* Pseudônimo.

Dessa vez, ele trouxe as amarras. Estava fazendo adaptações, eliminando provas.

———————

Na manhã de segunda-feira, um corretor chegou à casa 449 da Toltec Way para mostrar o imóvel a um possível comprador e sua família. Permitiu-se entrar na casa e, ao chegar ao dormitório principal, descobriu os corpos de um homem e uma mulher. Na mesma hora, pôs os clientes para fora e ligou para a polícia.

As duas vítimas estavam nuas. Metade do corpo de Sanchez estava dentro do closet, de bruços. O assassino havia coberto a cabeça dele com uma pilha de roupa que ele pegara na estante logo acima. Perto do corpo havia uma lanterna – as baterias tinham as digitais de Sanchez, indicando que era um objeto da casa.

Sanchez havia levado um tiro no rosto, provavelmente enquanto lutava ou resistia ao criminoso. Esse não era o ferimento que o matara, mas sim as 24 contusões por traumatismo, infligidas por um instrumento desconhecido. Cheri Domingo estava de barriga para baixo na cama, numa poça de sangue. Havia sido golpeada até a morte pelo mesmo instrumento. Estendida em cima dela havia uma colcha, que combinava com o papel de parede. As mãos dela estavam cruzadas atrás das costas, como se tivessem sido amarradas. As marcas de amarras em seus pulsos apoiavam essa tese.

Os investigadores encontraram uma pequena janela aberta no banheiro social do andar de baixo. A tela da janela havia sido removida e escondida nos arbustos atrás de um junípero. Embora a janela fosse pequena demais para que um adulto pudesse entrar por ela, eles deduziram que o criminoso se enfiara pela janela e abrira a porta do banheiro.

Os policiais que processaram a cena do crime notaram as silhuetas de duas ferramentas que haviam sido recentemente removidas de uma prateleira poeirenta de jardinagem, no corredor. Uma delas correspondia claramente a uma chave-inglesa. A ferramenta faltante que correspondia à outra silhueta foi mais tarde identificada pelo ex-marido de Cheri como sendo provavelmente um instrumento de jardinagem chamado reparador de grama. Nem reparador de grama nem a chave inglesa jamais foram localizados.

A polícia passou de porta em porta entrevistando a vizinhança. O vizinho do lado relatou ter sido acordado mais ou menos às 2h15 da manhã por cães latindo. Ele e a mulher olharam pela janela. Não viram nada de preocupante e voltaram para a cama.

Dois garotos de 13 anos de idade contaram à polícia que estavam andando pelo bairro por volta de 9h45 da noite quando viram alguém em pé atrás de uma grande árvore, a cerca de uma quadra da cena do crime. Disseram que o indivíduo devia ser um homem, mas não tinham certeza; na sombra, era apenas uma silhueta indefinida.

Len e Carol Goldschein* relataram ter saído para dar uma volta aquela noite, e que tiveram um encontro estranho. Mais ou menos às 10h30, quando iam no sentido oeste para a University Drive, notaram que um homem desconhecido parecia estar seguindo-os, e que se aproximava. Quando viraram na Berkeley Road, o sujeito atravessou a rua e continuou andando paralelo a eles.

O homem era branco, tinha perto de 20 anos de idade, um pouco menos um pouco mais, um metro e oitenta, com um corpo esbelto e um cabelo bem loiro, liso, até o pescoço. Estava bem barbeado. Usava uma camisa tipo Ocean Pacific, com calça azul, de veludo cotelê ou talvez de brim.

Por volta de 11 horas daquela mesma noite, Tammy Straub* e sua filha Carla* corriam pela Merida Way quando viram um jovem suspeito com um pastor-alemão, olhando fixo para a garagem de uma das casas. Ele ficou absolutamente quieto, de costas para as duas, como se estivesse congelado. Parecia ter uns vinte e tantos anos, ou trinta e poucos, um metro e oitenta e físico bem formado. Seu cabelo era loiro, e usava calções brancos ou beges e uma camiseta de cor clara. Mais tarde foi feito um retrato falado.

Os detetives ficaram sabendo que, na tarde anterior aos assassinatos, a corretora Cami Bardo* promovera uma visita, levando alguns possíveis compradores ao grande celeiro vermelho. Enquanto estava ocupada com outro grupo, um homem branco entre 35 e 40 anos de idade entrou e, sem dizer palavra, começou a explorar a casa. Antes que ela conseguisse se desvencilhar da conversa com o grupo, o homem foi embora.

Quando a visita terminou, Bardo inspecionou a casa e notou alguns fragmentos de metal na cozinha. Rememorando, percebeu que pareciam pertencer a um dispositivo de trava da porta de trás da casa.

---

* Pseudônimo.

Bardo descreveu o estranho visitante daquele dia como tendo olhos azul-claros e cabelo castanho-claro curto, crespo e com mechas de sol. Era bronzeado, 1,85 m, e usava uma camisa verde tipo Lacoste e uma calça Levi's desbotada. Ela fez uma sessão com o desenhista do Xerife de Santa Barbara, que produziu um retrato falado.

De início, a polícia considerou a possibilidade de traficantes de drogas terem invadido a casa e matado o casal, mas pessoas próximas das vítimas descartaram a ideia como absurda. Nenhum dos dois consumia drogas. Os detetives então focaram a atenção no ex-marido de Cheri. Depois de intenso interrogatório, foram investigar seu álibi. Conferia.

Com os anos, os habitantes locais apelidaram o fantasma responsável pelo ataque frustrado e pelo duplo homicídio de Assassino do Córrego ["Creek Killer"]. Como os três casais atacados não eram casados, alguns especularam que o assassino poderia ser um fanático religioso, que quisesse punir quem ousava viver em pecado. Enquanto isso, os investigadores de Santa Barbara continuavam convencidos de que o assassino era um encrenqueiro local chamado Brett Glasby.

Visado primeiramente pelos investigadores de Santa Barbara como potencial suspeito em 1980, Glasby era um valentão local, conhecido por sua perversidade e seu temperamento violento. Ninguém tinha nada de bom a dizer sobre ele. Um canalha, ladrão contumaz, Glasby tivera uma conexão tangencial com a vítima Robert Offerman: ele e alguns bandidos com quem andava foram os primeiros suspeitos do selvagem espancamento de um zelador que trabalhava no prédio de escritórios de Offerman. Glasby morava naquela área e também tivera acesso a um Smith & Wesson .38 – o mesmo tipo de arma usado nos homicídios Offerman/Manning. Mas testes de balística descartaram a arma, e nenhuma evidência física jamais ligou Glasby a qualquer dos crimes.

O próprio Brett Glasby foi assassinado, junto com o irmão, Brian, em 1982. Os dois estavam de férias no México, quando decidiram ir até a praia de San Juan de Alima, para o que julgavam ser uma transação com drogas. Uma vez lá, foram assaltados e mortos a bala – tratava-se de uma emboscada. O Departamento do Xerife de Santa Barbara continuou sustentando que Glasby poderia ser o responsável pelos duplos homicídios de Offerman/Manning e Sanchez/Domingo, e aferrou-se a essa conclusão mesmo depois que a unidade de casos não solucionados do Condado de Orange associou os crimes, por seus *modi operandi*, ao Original Night Stalker – cujo último crime conhecido havia sido cometido em 1986, quatro anos após a morte de Glasby.

Em 2011, anos após as fracassadas tentativas anteriores, um perfil de DNA foi desenvolvido com sucesso a partir de material genético degradado, recuperado de um cobertor na cena do crime de Sanchez/Domingo. Ele ligava conclusivamente os casos de Goleta ao Estuprador da Área Leste/Original Night Stalker.

Assim como Joe Alsip, Brett Glasby revelou ser apenas mais uma pista falsa.

———

Nunca ninguém contou a Debbi Domingo que o assassino de sua mãe poderia ter feito outras vítimas. Ela descobriu isso apenas no início da década de 2000, quando programas de tevê a cabo sobre crimes reais começaram a traçar o perfil dos casos do Original Night Stalker. Nessa época, Debbi trabalhava como guarda de prisão no Texas, e estava livre das drogas havia sete anos, depois de quase uma década de dependência de metanfetaminas. Sua vida descarrilhara completamente após o assassinato da mãe.

Naquele dia de julho, quando a garota Debbi de 15 anos de idade soube da morte da mãe, ligou para a avó e contou que a mãe havia morrido.

– Debbi – a avó respondeu –, não faça esse tipo de brincadeira.

Ela se mudou para San Diego quase imediatamente após a tragédia. O lado da mãe de sua família aos poucos foi se afastando de sua vida. Logo após a morte da mãe, ela entreouviu um diálogo da família que iria persegui-la. – Linda – disse a avó dela à tia de Debbi –, fiquei tão feliz de não ter sido você. Não sei o que seria de mim se tivesse sido você.

Ao longo dos anos, Debbi tem tentado contato com a avó e a tia, para refazer a conexão. Elas nunca responderam.

CONDADO DE ORANGE, 2000

OS VETERANOS DO DEPARTAMENTO DO XERIFE do condado de Orange certamente viam a testa franzida de Larry Pool, as fotos das vítimas grudadas no mural em seu cubículo, as pastas de arquivo empilhadas à sua volta como uma triste fortaleza.

– Ou o cara morreu – eles diziam a Pool em tom categórico, como se repetissem o placar do jogo de basquete da noite anterior –, ou pegou pena perpétua. Esses caras nunca param.

"Esses caras" eram psicopatas, assassinos em série, monstros. Como quer que fossem chamados, a sabedoria convencional era que criminosos extremamente violentos nunca paravam de matar, até que fossem obrigados a isso pela morte, por invalidez ou pelo aprisionamento. O alvo de Pool havia atacado pela última vez 1986. Estávamos no ano 2000.

– Então por que você se importa tanto? – os veteranos cutucavam Pool. Esse tipo de atitude exasperava-o. Desafiava sua integridade e o fazia apostar dobrado numa crença que ele mantinha apenas para si: iria pegar o cara.

Santa Barbara não tinha DNA ainda, mas o *modus operandi* era consistente o bastante para que Pool o incluísse na série de assassinatos junto com Cruz. De 1º de outubro de 1979 a 5 de maio de 1986. Dez corpos. Dois sobreviventes. A extensão do caso dava aos investigadores farto material para trabalhar. Decidiram suspender o contato com a mídia até que tivessem esgotado as pistas. Não queriam dar dicas ao assassino. Pool concordava com os veteranos que um cara com essa violência tão prolífica poderia já estar cumprindo pena em algum lugar por alguma acusação grave. Vasculhou registros de detenção. Voyeurs. Gatunos. Ladrões. Estupradores. Exumaram um corpo de um ex-detento em Baltimore. Zero. Nada.

Pool manteve o comando de busca vagando por seu cérebro. Um dia a mente dele viajou até a primeira autópsia que havia testemunhado, perto do final da sua formação na Academia de Polícia. O corpo foi removido do saco e deitado na mesa de aço. O homem morto tinha 1,85 m, cabelo escuro, musculoso. E tinha as mãos atadas aos pés. Calçava sapatos de mulher, meias e roupa de baixo e um sutiã com recheio. A causa da morte havia sido envenenamento por tolueno; ele cheirara cola de dentro de uma meia enquanto se entregava a algum tipo de experiência autoerótica. Pool pôde ver ejaculação na calcinha. A visão causou forte impressão no puritanismo de Pool. Olhando em retrospecto, ele imaginou que talvez o assassino deles às vezes experimentasse atar a si mesmo quando não tinha uma vítima à disposição. Repensou os fatos e viu que a autópsia era de outubro de 1986, cinco meses após o último assassinato.

Ele então desencavou o histórico do cara amarrado. Não tinha nenhum registro criminal; nenhum vínculo com os outros locais dos crimes. Havia sido cremado. Se fosse o nosso cara, Pool pensou, estávamos ferrados. Pool juntou relatórios de legistas de 5 de maio até 31 de dezembro de 1986, em todos os condados do sul da Califórnia e começou a peneirá-los. Não surgiram pistas. Depois de um tempo, procurar a mídia já não parecia tão ruim.

A edição de 1º de outubro de 2000 do *Orange County Register* publicou o primeiro artigo sobre o elo do DNA: "DNA pode apontar o assassino em série da área". Pool foi descrito como tendo 93 pastas de material sobre o caso em seu escritório.

– Nosso assassino é o "Night Stalker" original – disse Pool.

Sua intenção era apenas destacar que os crimes de seu assassino eram anteriores aos de Richard Ramirez, conhecido como Night Stalker, que aterrorizou o sul da Califórnia de 1984 a 1985; mas, para seu desgosto, o apelido confuso pegou. A partir de agora todos se refeririam a ele como o "Original Night Stalker".

O artigo começava com especulações sobre onde poderia estar o criminoso. Morto. Atrás das grades. Tramando o próximo assassinato. Não havia especulação sobre seu passado. Reservadamente, vários dos investigadores do Condado de Orange suspeitavam que o assassino viera de Goleta, já que havia sido lá que os assassinatos começaram. Um dos colegas de Pool, Larry Montgomery, chegou a ir até lá de carro e passou alguns dias perguntando a professores de escola primária, tanto ativos como aposentados, das vizinhanças do Córrego San Jose, se lembravam de algum garoto problemático que tivesse sido aluno deles em meados dos anos 1960, garotos que causassem preocupação, por exemplo por torturarem animais pequenos. Ele voltou com alguns poucos nomes, mas foram checados, e haviam se tornado adultos normais.

O ataque de 1º de outubro de 1979 de fato mostrava alguns elementos juvenis que sugeriam talvez um bandido local. O furto da bicicleta de dez marchas. A faca de carne tirada de dentro da casa. Mas, com o passar do tempo, outras pistas sugeriram que ele aprimorara sua experiência em outros lugares, não naquela névoa de maconha dos surfistas, que passavam mais tempo papeando do que gastando energia em contravenções, e sim no isolamento, solitário mas compulsivo – alienação canalizada em talento bruto para o crime. Ele não se contentou apenas em arrombar uma fechadura na casa do casal naquela noite. Arrancou o batente da porta e atirou-o por cima da cerca.

Havia também o fato de ter sido capaz, numa bicicleta de dez marchas, de escapar de um agente do FBI armado, que o perseguira de carro, com uma equipe de investigadores do xerife a caminho. Stan Los, o agente do FBI que o perseguiu, iria mais tarde ser duramente criticado pelos policiais locais, que perguntavam por que não havia atirado no cara. Los ficou furioso com a provocação, mas continuou defendendo firmemente sua decisão. Tudo o que ele tinha era uma mulher gritando e um homem branco comum, de bicicleta, que acelerava toda vez que Los gritava chamando-o ou buzinava. Faltava-lhe o necessário contexto para atirar.

Los não era adivinho. Não poderia ter previsto, quando o cara largou a bicicleta na calçada e disparou correndo entre as casas do 5417 e do 5423 da San Patricio Drive, pulando a cerca, que da próxima vez que ele aparecesse iria mostrar-se mais duro, seus nós mais apertados, sem precisar mais cantarolar algo para se animar; um rematado assassino. Na noite da perseguição, ele pedalara para fugir de Los, obviamente, mas estava também correndo ao encontro de outra coisa, um estado mental em que questões triviais do cotidiano desapareciam e as fantasias compulsivas, que se insinuavam pelas bordas de seus pensamentos, vinham à tona com toda força.

Los não poderia ter atirado. Não que ele às vezes não reconstrua os eventos daquela noite na sua cabeça, os segundos perdidos ligando o carro, a manobra em U, a figura em cima da bicicleta a uns cinquenta metros, fundindo-se à borda direita de suas luzes, os faróis agindo como uma espécie de comando. Bicicleta largada. Homem correndo. Se Los tivesse o poder de prever o que aquele homem iria se tornar, teria mirado com o seu .38 especial e derrubado o cara ali mesmo.

Todos concordavam que 1º de outubro de 1979 foi o precipício, a noite em que um futuro assassino passou para o outro lado.

O misterioso gatuno iria finalmente visar um bairro a nordeste, perto do cruzamento da Cathedral Oaks com a Patterson, ainda num raio de cinco quilômetros. Todos os três ataques em Santa Barbara seriam adjacentes ao Córrego San Jose, que começa nas montanhas cobertas de loureiros e desce sinuoso pelo lado leste de Goleta antes de desembocar no Pacífico. O trecho suburbano do córrego é como o cenário de um sonho de Huckleberry Finn, com rochas cobertas de musgo e balanços de corda e pontas de cigarro de delinquentes acobertados pela copa das árvores. Olhando os locais dos crimes num mapa de Goleta, Pool ficou impressionado ao ver como o assassino repetia seus ataques no córrego como se este fosse um cordão umbilical.

Os ataques de Goleta eram notáveis por outra razão. O controle era a linguagem que esse criminoso escolhera. Via-se isso nas amarras. Nos ataques tipo blitz. Podia ser um fracassado sem brilho durante o dia, mas mandava nas casas que invadia, uma máscara estática impondo terror. Às vezes deixava leite e pão expostos na cozinha, como o psicopata que comunica seu lazer autoconfiante.

No entanto, esse mestre do crime sempre perdera o controle em Goleta. Três vezes atacara ali; três vezes se frustrara. Nunca fora capaz ali de atacar sexualmente suas vítimas mulheres; no primeiro ataque, ela fugiu, e no segundo e no terceiro, os homens resistiram e foram mortos a tiros. Ele provavelmente tinha receio de que os disparos pudessem atrair a polícia, então rapidamente matara as vítimas mulheres e fugira.

Rastrear o desenvolvimento predatório do assassino era como assistir a um filme de terror de trás para a frente, mas esse rebobinar era importante. "Um criminoso é mais vulnerável em sua história do que em seu futuro", escreve David Canter, importante psicólogo britânico do crime, em seu livro *Criminal Shadows* ["Sombras criminosas"]. Canter acredita que a chave para resolver uma série de crimes é descobrir o que aconteceu antes do primeiro crime, mais do que estabelecer para onde o criminoso foi depois do seu crime mais recente. "Antes de cometer o crime, talvez ele não soubesse que seria capaz de fazer isso", escreve Canter, "portanto ele pode não ter sido tão cuidadoso antes como passaria a ser depois."

Que ele foi cuidadoso depois não há dúvida. Era um observador. Calculista. Pegue, por exemplo, Ventura. Ele atacou várias vezes em Santa Barbara e Orange, mas apenas uma vez em Ventura. Por quê? A detenção de Joe Alsip pelo assassinato dos Smith foi uma grande novidade. Por que arriscar cometer outro duplo homicídio em Ventura, colocando em dúvida a culpa de Alsip, quando o otário estava prestes a ser inculpado em seu lugar?

O fato de as três invasões de casas terem ocorrido em Goleta, um bairro na parte oeste de Santa Barbara, recém-urbanizado e menos refinado, não impediu que o Escritório do Xerife tentasse manter os crimes sob um véu de discrição. Como a maior parte das instituições tradicionais, o Escritório do Xerife de Santa Barbara desenvolvera uma cultura organizacional, e sua reputação era de optar por blindagem e discrição. Os pelos da nuca de um detetive podiam ficar eriçados pelo que ele tivesse visto numa cena de crime, mas sua função exigia que mantivesse uma expressão impassível diante do público. Certamente era essa a impressão que O. B. Thomas, detetive do Xerife, estava tentando passar na tarde de 31 de julho de 1981, quando começou a averiguar a vizinhança em volta do número 449 da Toltec Way, cinco dias depois de ter sido o primeiro policial a atender a um chamado de emergência. A averiguação consistia em bater à porta dos vizinhos e perguntar a respeito de qualquer avistamento ou incidente suspeitos. Não havia necessidade de despertar pânico na população. Thomas fazia as perguntas, mas revelava pouco a respeito do que havia acontecido. Pela cara dele, você não saberia o que havia visto de fato.

Linda vivia a apenas uma quadra da Toltec Way. Quando o detetive Thomas bateu à porta dela e pegou seu bloco de anotações, ele despertou-lhe uma memória. Ela lembrou do cão ferido, do gramado encharcado, e da curiosa ausência de qualquer objeto pontiagudo tanto no quintal dela quanto no do vizinho que pudessem ter ferido o animal. Contou ao detetive Thomas a história. Ele perguntou se ela lembrava da data do incidente. Linda rememorou, e então consultou seu diário. Sim, 24 de setembro de 1979, disse ela.

O significado da data ficou imediatamente claro para eles. Foi uma semana antes do primeiro ataque. Os detetives sabiam muito pouco sobre o suspeito que estavam procurando, exceto o que uma testemunha que o vislumbrara fugindo no escuro havia relatado: era um homem branco adulto. Não sabiam o que o teria atraído até aquele bolsão pacato de casas construídas em pequenos lotes iguais, mas sabiam algumas coisas. Ele portava uma faca – havia deixado cair uma ao fugir correndo da primeira cena. Era um gatuno noturno; haviam seguido as marcas de seus passos conforme se esgueirava de uma casa a outra procurando suas vítimas. E gostava do córrego. Talvez usasse os arbustos e a cobertura das árvores para se mover sem ser visto. Talvez tivesse alguma história ali, tivesse brincado ali de criança, entre as rochas cobertas de musgo e os balanços feitos de cordas. Qualquer que fosse a razão, as marcas de sapatos e as amarras pré-cortadas que largara ali sinalizavam sua presença. E todas as três casas que havia invadido compartilhavam uma característica: ficavam perto do córrego.

De onde estavam, Linda e o detetive Thomas podiam ver o emaranhado de árvores e a cerca baixa de madeira que corria junto ao córrego. Havia a passarela da qual Kimo surgira naquela noite, com seu radar alertado por algo que se movia no escuro e que não deveria estar ali. Ficava claro o que provavelmente acontecera em seguida. O cão entrara correndo entre as casas para farejar, e o gatuno, assustado e sem dúvida incomodado, passou-lhe a faca para que não atrapalhasse. Talvez o sangue de Kimo tivesse esguichado nele, e então usou a mangueira de Linda para lavá-lo. Havia sinais frequentes de sua presença no bairro antes do ataque, detalhes pequenos, inquietantes, que só era possível compreender em retrospecto.

Anos mais tarde, após a invenção do Google Earth, investigadores de casos não solucionados criaram um mapa digital e uma linha do tempo, detalhando a violenta trilha do suspeito pela Califórnia. Alfinetes de cabeça amarela dispostos ao longo do Córrego San Jose indicam os locais onde ele atacou na região nordeste de Goleta. O bairro mudou pouco em 35 anos. Fazendo um *zoom in* é possível ver o quintal dos fundos onde sua presença foi assinalada pela primeira vez pelo uivo de um cachorro à noite. A profundidade das marcas de seus sapatos mostra que ele costumava ficar numa mesma posição por um longo tempo, encostado numa parede ou agachado num jardim. É fácil imaginá-lo em pé no escuro do quintal dos fundos, quando Kimo sai ganindo para a parte da frente, enquanto seu dono tocava a campainha das casas e depois era levado de carro com o cão. A quietude instala-se de novo na noite. Ele se insinua entre as casas, abre a torneira da mangueira para limpar os respingos de sangue nos sapatos e vai embora sem ser visto, deixando para trás riozinhos de sangue aguado sumindo na grama.

CONTRA COSTA, 1997

– O QUE É EAL? – Paul Holes perguntou.

John Murdock foi pego de surpresa. Fazia anos que não ouvia a sigla.

– Por quê? – perguntou Murdock.

Estavam sentados na mesma fileira de um voo, cada um de um lado do corredor, indo a uma conferência da Associação de Criminalistas da Califórnia. Isso foi em 1997. Murdock aposentara-se recentemente como chefe do laboratório de criminalística do Xerife do Condado de Contra Costa. Sua especialidade eram armas de fogo e marcas de ferramentas. Holes, perto dos 30 anos, conseguira emprego como assistente criminalista do xerife, logo após se formar pela Universidade da Califórnia em Davis com especialização em bioquímica. Ele começou com toxicologia forense, mas logo percebeu que sua paixão era ICC ["Investigação de Cenas de Crime"]. Então, sua curiosidade foi além do microscópio. Começou a acompanhar os investigadores; era um investigador de casos não solucionados preso a um laboratório de criminalística. Adorava perambular pela Sala de Provas, abrindo caixas de antigos casos sem solução. O que descobria ali eram histórias. Depoimentos. Fotografias. Pensamentos incompletos rabiscados à margem por um investigador abstraído. Num laboratório não há ambiguidades. Em arquivos de casos antigos, elas transbordam. Os quebra-cabeças faziam-lhe sinais.

– Paul, isso não é trabalho seu – mais de um colega criminalista já o repreendera. Ele não ligava. Possuía aquele belo talento para chefe de escoteiros, de continuar sendo amável mas fazendo exatamente o que queria. O que queria, ele percebeu, era ser investigador. Aguardava apenas a oportunidade para entrar naquela divisão.

Apesar da diferença de idade entre eles, Murdock e Holes reconheciam ter algo em comum: eram excelentes em ciência, mas o que os atraía eram as histórias. Todo dia, depois de terminar o trabalho no laboratório, Holes sentava para examinar arquivos de casos antigos, consternado e fascinado pelos sombrios descaminhos do comportamento humano. Casos antigos não solucionados ficavam na sua mente. Era intolerante com a incerteza, como todo cientista. Depois de devorar caixas de velhos casos não resolvidos, notou um padrão; era sempre a mesma pessoa que assinava os relatórios mais meticulosos sobre cenas de crime: John Murdock.

– Eu vi a sigla EAL marcada com letras vermelhas grandes em algumas pastas separadas num arquivo – Holes explicou a Murdock. Holes ainda não se aprofundara naqueles arquivos, mas podia garantir que haviam sido separados, quase santificados, por alguma razão especial.

– EAL é a sigla do Estuprador da Área Leste – esclareceu Murdock. O nome estava claramente gravado na sua mente, e o tempo não diminuíra sua importância.

– Esse aí eu não conheço – disse Holes.

Durante o resto do voo, a nove mil metros do chão, Murdock contou a Holes a história.

Era um invasor de casas. Mal foi notado pelos policiais no início. Em meados de junho de 1976, apareceu no quarto de uma mulher jovem, na área leste de Sacramento, fazendo a "dança nudista", só de camiseta e mais nada. Uma faca na mão. Ameaças sussurradas. Saqueou coisas. Estuprou-a. Uma brutalidade, mas Sacramento em 1976 tinha muitos desses dementes predadores. Máscara de esqui e luvas sugeriam alguma inteligência, mas esses caras que ficam dançando sem calças geralmente são adolescentes chapados de bebida que as mães botam pra dentro de casa agarrados pelo colarinho.

Mas isso nunca aconteceu. Mais estupros, sim. Vinte e dois em onze meses. Seus métodos eram diferenciados e não mudavam. De início, usava o truque de se fazer passar por um mero ladrão, para garantir a submissão. Mulheres como objetos amordaçados, submetidas às suas instruções. Atadas e reatadas de mãos e pés, com frequência com cadarços de tênis. O estupro, que curiosamente evitava seios e beijos. O furto, como estimulação. Foi alegremente aumentando as apostas, à medida que o leste de Sacramento entrava em pânico total. Passou a atacar casais dormindo. Empilhava pratos nas costas do homem amarrado, ameaçando matar a mulher ou namorada dele se ouvisse os pratos caírem. O Estuprador da Área Leste era um bicho-papão dentro do quarto, o estranho que sabia demais – qual era o layout da casa, quantos filhos o casal tinha, os horários de trabalho. A máscara de esqui e a voz rouca, fingida, sugeriam um alter ego, mas alter ego de quem?

O Departamento do Xerife do Condado de Sacramento só batia de cara na parede. Batia forte. Os mesmos homens jovens eram barrados repetidas vezes. Quem precisava ser barrado, não. Ou talvez já tivesse sido. Era esse o problema. Cada um dos investigadores da força-tarefa do EAL tinha a própria imagem mental do rosto do suspeito, mas cada imagem era diferente da outra. Era um predador loiro de jaqueta do exército. Um mórmon de bicicleta. Um corretor de seguros esperto, de pele morena.

Carol Daly era a principal investigadora da força-tarefa. Na altura do vigésimo segundo estupro, depois de ir uma vez mais ao hospital às 3 horas da manhã acompanhar uma vítima abalada, ela se surpreendeu tendo um pensamento sombrio. Amo meu marido. Odeio os homens.

O que mantinha o investigador Richard Shelby acordado à noite eram os repetidos relatos confiáveis a respeito de um bisbilhoteiro suspeito que, uma vez localizado, ia embora caminhando "na maior tranquilidade".

O filho da puta do demente passeava calmamente.

A comunidade começou a vislumbrar o medo nos olhos dos policiais do xerife. O EAL estava espreitando suas cabeças. Todas as cabeças. O pôr do sol trazia com ele um medo coletivo. Parecia impossível que não conseguissem pegá-lo. A lei do acaso talvez acabasse pegando-o, mas quem queria bancar o otário e ficar esperando isso acontecer?

Então, do mesmo jeito misterioso que aparecera a leste de Sacramento, ele desapareceu, após um reinado de terror de dois anos, entre 1976 e 1978.

– Uau – disse Holes. – E o que aconteceu então?

Murdock lembrou que Holes, naquela época, era um garoto de 10 anos de idade, alheio à paralisação em massa que o caso provocou, às suas guinadas, falsas esperanças e becos sem saída. Sua conexão com o caso vinha apenas de ter localizado arquivos identificados com a sigla EAL em vermelho.

– Ele reapareceu em East Bay – disse Murdock. – Foi ele que veio até nós.

Holes começou a perguntar a amigos mais velhos sobre o EAL, e ficou surpreso ao ver o quanto o caso tivera difusão. Cada um tinha uma história para contar a respeito. O seu subdelegado lembrou do helicóptero pairando no alto, os holofotes varrendo aqueles pacatos loteamentos. Um professor da UC-Davis disse que um dos primeiros encontros com a sua esposa havia sido participando de uma daquelas patrulhas noturnas atrás do estuprador. Um de seus colegas de trabalho confidenciou reservadamente a Holes que sua irmã havia sido uma das vítimas.

Entre outubro de 1978 e julho de 1979, período após o qual ele sumiu do norte da Califórnia, houve 11 casos do EAL na área da grande East Bay, incluindo dois em San Jose e um em Fremont. Tentar algum avanço vinte anos mais tarde era desencorajador. Os departamentos de polícia locais lidaram com alguns dos casos. Todas as instâncias, incluindo o Condado de Sacramento, haviam destruído suas evidências. Era um procedimento de rotina em relação às Salas de Provas. Os casos haviam ultrapassado os limites de prescrição. Por sorte, o CCCSO (Contra Costa County Sheriff's Office), onde Holes trabalhava, preservara as evidências. Os arquivos EAL em vermelho, colocados à parte, não eram um feliz acaso; investigadores do CCCSO, que haviam ficado desmoralizados naquela época, deram um jeito de preservar os arquivos. Era o oposto de ostentar uma condecoração policial. O EAL era seu fracasso. Se o cérebro humano, como diziam os especialistas, é o melhor computador do mundo, a velha guarda queria que seus abundantes arquivos sobre o EAL seduzissem um daqueles jovens e curiosos computadores, com sua rapidez e profundidade. Às vezes os casos difíceis eram apenas uma corrida de revezamento.

– Otário a gente sempre pega – os policiais gostam de dizer. Eles podiam marcar 99 por cento das caixas com esse tipo de prisão. Mas não aquela única caixa desmarcada. Ela era um tormento e podia levá-los a uma morte precoce.

————

Em julho de 1997, Holes começou a tirar os kits de estupro do EAL da Sala de Provas e a examinar as evidências que poderiam ser extraídas deles. O laboratório de criminalística do CCCSO não era tão avançado como outros laboratórios da Califórnia. Seu programa de DNA era relativamente novo. Mesmo assim, três dos kits davam a impressão de poder fornecer material para traçar um perfil rudimentar. Holes imaginou que, embora o *modus operandi* do EAL fosse distinto e poucos duvidassem de que os ataques do norte da Califórnia estivessem vinculados, se ele pudesse concluir com certeza científica que um dos homens era responsável pelos três casos do CCCSO que incluíam o EAL como suspeito, isso poderia ressuscitar a investigação. Seria possível desencavar velhos suspeitos e colher material deles.

O processo de amplificação de DNA levou um tempo, mas quando os resultados foram revelados, confirmaram a compatibilidade. O mesmo homem, como previsto, era responsável pelos três casos do Condado de Contra Costa. Holes agora tinha um perfil básico de DNA do EAL, que seria aprimorado quando o laboratório adquirisse equipamento mais sofisticado. Ele começou a procurar dados nos próprios arquivos do caso, que havia deixado de lado ao se concentrar no aspecto científico. Ele se fixou nos padrões do EAL. Escolheu alguns vizinhos para colher informações. Telefonou para as vítimas. Preparou-se taticamente.

Holes compilou uma lista de nomes de velhos suspeitos e então localizou o detetive aposentado Larry Crompton. Crompton havia sido membro da Força Tarefa do EAL no CCCSO, no auge da série de ataques. Holes pôde confirmar que Crompton era de fato o líder pelo número de vezes que o nome dele aparecia nos relatórios. Ou tinha sido um trabalhador exemplar ou se envolvera pessoalmente no caso.

Ligar para detetives aposentados para tratar de um caso antigo é complicado. Alguns sentem-se lisonjeados. Muitos ficam ligeiramente incomodados. Estão na fila da farmácia para pegar seu remédio para o coração. Ou instalando plugues de drenagem no chão de seus barcos de pesca. O entusiasmo educado dele fazia com que perdessem minutos de seu dia.

Crompton atendeu a chamada de Holes como se estivesse exatamente naquela hora acabando de falar do EAL, ou como se viesse falando do EAL há anos, e aquela chamada inesperada e bem-vinda fosse uma continuação natural de uma conversa que estivesse acontecendo naquele momento na casa dele.

Crompton é da Nova Escócia, e parece aquele tipo de rancheiro alto e magro, com cara de honesto, que ganharia a confiança de John Wayne num de seus filmes de faroeste. Adquirira um jeito de falar um pouco estranho, meio sem fôlego; não era hesitante, mas as suas declarações, assertivas, eram curtas demais, e se beneficiariam de um pouco mais de ar.

Holes queria saber se Crompton lembrava de quaisquer velhos suspeitos mais destacados, que valesse a pena reexaminar. Sim, ele lembrava e, sem muito entusiasmo, passou alguns nomes a Holes. O verdadeiro desejo de Crompton, como se viu depois, era que Holes seguisse uma velha intuição dele, que seus chefes da época o impediram de levar adiante.

A cooperação entre as jurisdições é hoje pontual, na melhor das hipóteses, mas no final da década de 1970 era absolutamente deplorável. Os teletipos da polícia e a fábrica de fofocas eram as únicas vias pelas quais os policiais ficavam sabendo de casos de outros órgãos. O EAL desapareceu de East Bay no verão de 1979. Os chefes de Crompton quase dançaram de alívio. Crompton entrou em pânico. Ele via que o cara estava em ascensão, que buscava extrair mais terror dos olhos das suas vítimas para se satisfazer; suas ameaças de matar as vítimas, antes pronunciadas de maneira bombástica, eram agora mais graves, mas também mais desembaraçadas, como as de alguém que perde suas inibições. Crompton ficou preocupado. Perder as inibições era o que EAL menos precisava.

No início da década de 1980, Crompton recebeu uma ligação de Jim Bevins, um investigador do Xerife de Sacramento, do qual se aproximara por meio de seu trabalho na Força Tarefa do EAL. Bevins estava tentando saltar fora do caso. Sua dedicação a ele acabara com seu casamento. Mas ele queria falar com Crompton sobre os boatos de que Santa Barbara tinha uns dois casos, um deles de homicídio, com a cara do EAL. Crompton foi até lá.

Ficaram no impasse. – Não foi nada disso o que houve aqui – disseram-lhe.

Vários meses mais tarde, numa conferência estadual de treinamento, Crompton por acaso sentou perto de um investigador do Xerife do Condado de Santa Barbara. Começaram a conversar sobre trabalho. Crompton se fez de desentendido. Fingiu que tinha interesse genérico por aquele tipo de conversa.

– E aquele duplo homicídio que aconteceu não faz muito tempo? – perguntou.

Não deixou que sua expressão facial revelasse o arrepio que sentiu ao ouvir os detalhes.

– Ouça o que estou falando, Paul – disse Crompton. – Vá para o sul. Comece por Santa Barbara. Eu soube que foram algo como cinco corpos lá.

– Vou fazer isso – prometeu Holes.

– Eu *sei* que é ele – disse Crompton, e desligou.

Vinte anos mais tarde, Holes ligou para Santa Barbara e também encontrou a porta fechada. O Departamento do Xerife negou que tivesse quaisquer casos com alguma semelhança com aquilo que ele narrava. Mas perto do final da conversa, o detetive do outro lado lembrou de alguma coisa, ou então decidiu parar de colocar empecilhos.

– Tente Irvine – ele disse. – Acho que lá eles têm algo parecido com isso.

Os telefonemas de Holes para Irvine o levaram ao Departamento do Xerife do Condado de Orange, que o colocou em contato com a criminalista Mary Hong, no laboratório de criminalística local. Holes explicou que havia acabado de desenvolver um perfil de DNA para um homem branco conhecido como Estuprador da Área Leste, ou EAL, que havia cometido 15 estupros no norte da Califórnia de 1976 a 1979. Os investigadores do EAL sempre suspeitaram que ele fora para o sul para cometer mais crimes ali. Holes disparou uma rápida descrição de seu *modus operandi*. Casas térreas de classe média ou alta. Invasões noturnas. Casais dormindo. Amarras. Estupro da mulher. Roubo ocasional, em geral de joias personalizadas com algum valor sentimental para a vítima, mais do que itens de valor. Máscara de esqui tornando a identificação física difícil, mas as evidências indicavam calçado número 40, tipo sanguíneo A, não secretor.

– Bem parecido com os nossos casos – disse Hong. Na época em que Holes e Hong conversaram, seus laboratórios usavam técnicas diferentes de tipificação do DNA, e o Condado de Orange foi um dos primeiros a adotar o método STR. Eles conseguiram comparar um gene, DQA1, que se mostrou compatível, mas foi tudo o que puderam comparar. O laboratório de Contra Costa não era aceito pelo CODIS, o que significa que ainda não conseguia acessar a base de dados estadual ou nacional. Hong e Holes combinaram de ficar em contato e fazer as atualizações quando o laboratório de Contra Costa estivesse funcionando adequadamente.

———

Laboratórios de criminalística financiados pelo governo experimentam todas as usuais dificuldades econômicas que se poderia esperar. Políticos eleitos sabem que não é bem visto reduzir a força da polícia, por isso os cortes de pessoal geralmente afetam cargos de menor visibilidade, como os dos cientistas forenses. Equipamentos de laboratório não são baratos, e os diretores de laboratórios costumam ter que insistir muito nas solicitações para conseguir o que precisam.

Isso explica em parte por que o laboratório de Contra Costa, historicamente precário, precisou de quase um ano e meio para acertar o passo com o Condado de Orange. Em janeiro de 2001, quando Contra Costa conseguiu ter sua tipificação STR em funcionamento, Holes pediu a um de seus colegas, Dave Stockwell, que reprocessasse os extratos de DNA do caso EAL, para ver se os três casos ainda tinham o mesmo perfil do criminoso. Stockwell deu resposta afirmativa.

– Ligue para Mary Hong no Condado de Orange – Holes disse a Stockwell. – Agora temos a mesma tecnologia. Cheque esse resultado com ela.

Por telefone, Stockwell e Hong fizeram a leitura dos respectivos marcadores.

– Sim – respondeu Hong quando Stockwell leu um dos marcadores do EAL.

– Sim – disse Stockwell em resposta ao que foi lido por ela.

Stockwell veio até o escritório de Holes.

– Os dois batem perfeitamente.

A notícia chegou à mídia em 4 de abril de 2001. "DNA LIGA ESTUPROS DA DÉCADA DE 70 A CASOS DE ASSASSINATO EM SÉRIE" dizia a manchete do *San Francisco Chronicle*. Ninguém havia avisado as vítimas sobreviventes de estupro que a história começava a ser revelada, por isso muitas delas tiveram um choque ao ler os jornais do dia no café da manhã. Lá estava na primeira página do *Sacramento Bee*: "ENCONTRADA NOVA PISTA DOS ESTUPROS EM SÉRIE: APÓS DÉCADAS, DNA LIGA O ESTUPRADOR DA ÁREA LESTE A CRIMES NO CONDADO DE ORANGE".

Mais irreal ainda para muitas delas era a visão dos detetives na primeira página do *Bee*. Richard Shelby e Jim Bevins. Shelby, alto, desengonçado, tosco, o cara de memória impecável e precário no contato social, que os colegas policiais tentavam evitar de pôr em contato com pessoas. E Jim Bevins – o "Olhos de Pudim", como seus colegas policiais o chamavam para provocá-lo. Ninguém era mais querido do que Bevins. Mesmo quando vinha andando na sua direção a uns cinquenta metros, você podia ver que era o cara enviado para acalmar e pôr as coisas no lugar.

E lá estavam eles na primeira página, homens velhos agora. Vinte e cinco anos é um longo tempo para um policial. A quilometragem alta era visível. Suas expressões davam indícios de algo. Acanhamento? Vergonha? As especulações eram sobre o que seu nêmesis estaria fazendo agora. Shelby apostava que devia estar em algum hospício. O palpite de Bevins é que ele já estava morto.

Holes atendeu ligações de repórteres e curtiu a agitação por alguns dias. Mas embora ainda achasse reservadamente que o trabalho de investigação era sua vocação, havia sido promovido agora a criminalista supervisor. Os compromissos pessoais também pesavam. Estava casado e com dois filhos pequenos. Não tinha tempo para se dedicar às dez mil páginas de arquivo do caso que a nova conexão com o DNA permitira reunir. Era uma quantidade de evidência inédita. O otimismo foi às alturas entre aqueles que trabalhavam no caso. Perfil de DNA? Sessenta casos abrangendo todo o estado da Califórnia? Eles até já discutiam quem deveria interrogá-lo primeiro quando o enfiassem na sala.

Larry Pool, no Condado de Orange, foi o homem designado como batedor. Para Pool, a notícia da conexão do DNA era excelente mas assustadora, como se ele próprio tivesse passado os últimos dois anos numa sala pequena, familiar, e descobrisse agora que ela era na verdade apenas um anexo de um grande armazém.

Ele continuou tendo que conviver com o desdém de policiais calejados, que insistiam em afirmar que o monstro estava morto. Assassinos em série com motivação sexual não param de matar, a não ser que alguém os detenha; talvez o dono de alguma casa mais justiceiro já o tivesse abatido a tiros durante um roubo. Não perca seu tempo, diziam eles.

Sete meses mais tarde, uma notícia do Pacífico Noroeste iria dar razão a Pool. Em novembro de 2001, a atenção da mídia voltou-se para outro assassino em série não identificado, que ficara inativo quase duas décadas e que alguns imaginavam morto: O Green River Killer, de Washington. Como se descobriu, este prolífico assassino de prostitutas estava vivíssimo e muito bem, morando nos subúrbios de Seattle. Sua razão para ter desacelerado? Havia se casado.

"Foi a tecnologia que conseguiu me pegar", Gary Ridgway disse aos policiais – o equivalente verbal de exibir-lhes o dedo médio voltado para cima. Ele estava certo. Enganou os investigadores por muitos anos ao abrandar a expressão do rosto e reduzir o brilho de seus olhos. É impossível que esse cara meio estúpido seja um diabólico assassino em série, pensavam eles, e sempre acabavam soltando-o, apesar das evidências que se acumulavam.

Em 6 de abril de 2001, dois dias depois que a mídia noticiou a ligação entre o Estuprador da Área Leste e o Original Night Stalker, o telefone tocou numa casa da Thornwood Drive, a leste de Sacramento.

Uma mulher de sessenta e poucos anos atendeu. Fazia uns trinta anos que morava na casa, embora seu segundo sobrenome tivesse mudado. – Alô? – A voz falava baixo, devagar. Ela o reconheceu pela voz, na mesma hora. – Lembra quando a gente brincou?

Manuela Witthuhn, assassinada
em 5 de fevereiro de 1981,
em Irvine, Califórnia.

Classmates.com

Keith e Patrice Harrington, assassinados em Dana Point, Califórnia, em 19 de agosto
de 1981. Os dois estavam casados havia três meses quando o pai de Keith descobriu os
corpos na casa onde eles moravam.

Departamento do Xerife do Condado de Orange

A vítima do Assassino do Golden State Janelle Cruz em épocas mais felizes, no acampamento da YMCA, em Bluff Lake (por volta de 1981).

Cortesia de Michelle White.

Charlene e Lyman Smith, assassinados em 13 de março de 1980, em sua casa em Ventura.

Classmates.com

Debra Alexandria Manning,
assassinada ao lado de Robert Offerman
em um condomínio em Goleta em
30 de dezembro de 1979.

Escritório do Xerife do Condado de Santa Barbara
Departamento do Xerife do Condado de Orange

Foto sem data do cirurgião
osteopata Robert Offerman, morto a
tiros em 30 de dezembro de 1979.

Escritório do Xerife do Condado de Santa Barbara
Departamento do Xerife do Condado de Orange

Cheri Domingo e Gregory Sanchez,
assassinados por um invasor em 27 de
julho de 1981, em Goleta.

Cortesia de Debbi Domingo

Debbi Domingo, filha da vítima
Cheri Domingo, tinha fugido de casa;
a última vez em que ela falou com a
mãe foi por telefone, no dia anterior
ao assassinato. As últimas palavras que
Debbi disse a ela foram: "Por que você
não some da minha vida?!".

Cortesia de Debbi Domingo

Uma faixa de "cena do crime"
isola a Toltec Way, a tranquila
rua sem saída de Santa Barbara
onde Cheri Domingo e Gregory
Sanchez foram assassinados.
Trinta anos mais tarde, DNA
da cena do crime conectou o
homicídio duplo ao Assassino
do Golden State.

*Escritório do Xerife do Condado de
Santa Barbara | Departamento do Xerife do
Condado de Orange*

Brian Maggiore e a esposa, Katie, foram mortos a tiros por um agressor desconhecido enquanto passeavam com o cachorro em Rancho Cordova, em 2 de fevereiro de 1978. Atualmente suspeita-se de que o crime tenha sido cometido pelo Assassino do Golden State.

Classmates.com

Investigadores processam o quintal de Rancho Cordova onde Brian e Katie Maggiore foram encontrados mortos a tiros após tentarem fugir de seu agressor.

Escritório do Xerife do Condado de Santa Barbara | Departamento do Xerife do Condado de Orange

Mad is the word, the word that reminds me of 6th grade. I hated that year and why.

I wish I had knew what was going to be going on during my 6th grade year, the last and worst year of elementary school. Mad is the word that remains in my head about to my awful year as a 6th grader. My madness was one that was caused by disappointments that hurt me very much. Disappointment from my teacher, such as field trips that were planned, then canceled. My 6th grade teacher gave me a lot of disappointments which made me very mad and made me built a state of hate in my heart, no one ever let me down that hard before and I never hated anyone as much as I did him. Disappointment wasn't the only reason that made me mad in my 6th grade class, another was getting in trouble at school especially talking thats what really bugged me was writing sentences, those awful sentance that my teacher made

me write, hours and hours I'd sit
and write 50-100-150 sentence
day and night I write those dreadful
Paragraphs which embarrased me and
more important it made me ashamed
of myself which in turn; deepdown
inside made me realize that writing
sentence wasn't fair it wasn't fair
to make me suffer like that, it
just wasn't fair to make me sit and
write until my bones ached, until
my hand felt every horrid pain it
ever had and as I wrote, I got
madder and madder until I cried,
I cried because I was ashamed,
I cried because I was disgusted,
I cried because I was mad, and
I cried for myself, but who kept on
having to write those blame
sentences. My agryness from
sixth grade will scar my memory
for life and I will be ashamed
for my sixth grade year forever

"Louco é a palavra." Um pedaço de papel arrancado de um caderno de espiral foi
encontrado após um ataque do Estuprador da Área Leste (EAL) nas proximidades.
Estava embrulhado junto a outros materiais descobertos no rastro encontrado por cães
farejadores ao longo de uma ferrovia em Danville, Califórnia. O conteúdo manuscrito
parece ser uma entrada de diário em que o autor desabafa sobre um professor
disciplinador da sexta série.

Escritório do Xerife do Condado de Contra Costa

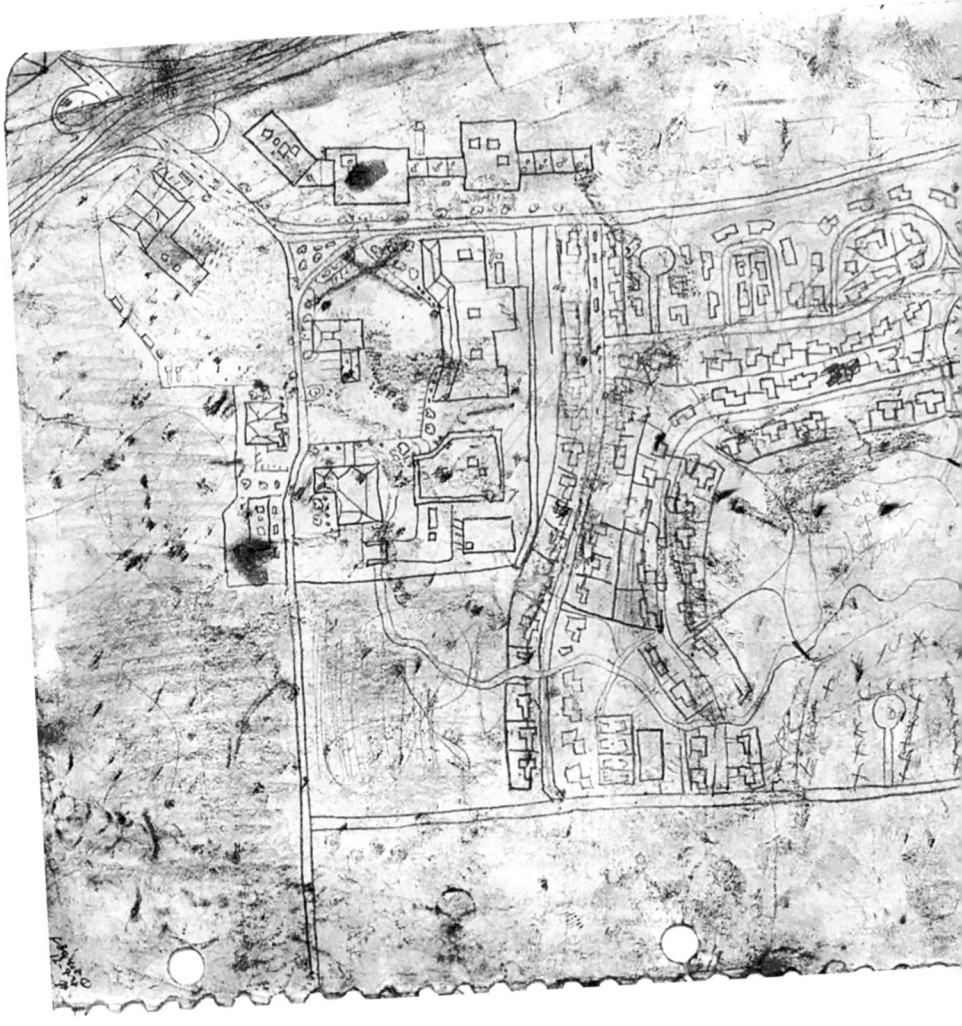

Um mapa desenhado à mão encontrado junto com a entrada de diário "Louco é a palavra". A área representada não está clara, mas o criminalista de Contra Costa Paul Holes acredita que o mapa exibe a sofisticação de alguém que trabalha próximo ou em uma área de paisagismo ou construção. No verso do mapa encontram-se rabiscos, incluindo a palavra "punição", rabiscada com intensidade.

Escritório do Xerife do Condado de Contra Costa

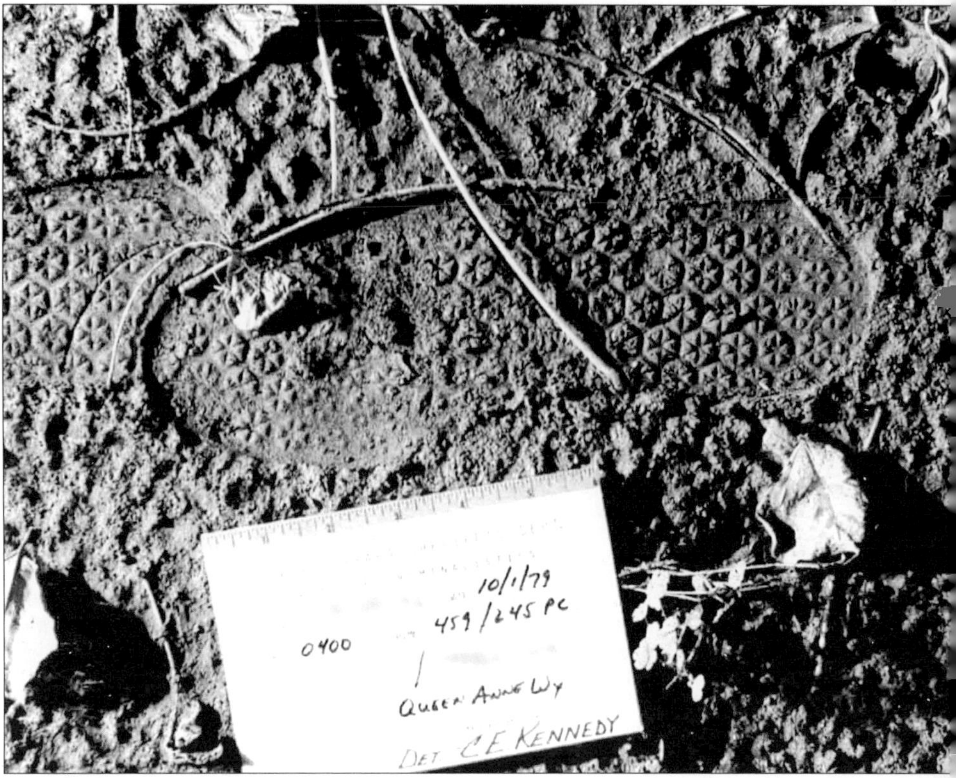

Uma pegada encontrada por detetives que investigavam o
ataque de 1º de outubro de 1979, em Goleta.

Escritório do Xerife do Condado de Santa Barbara | Departamento do Xerife do Condado de Orange

Um esboço representando um
ladrão mascarado, que se acreditava ser
o Estuprador da Área Leste, afugentado
por um residente de Danville
de sono leve em 5 de julho de 1979.

Tom Macris | Escritório do Xerife do Condado de Contra Costa

Um esboço de um espreitador e possível invasor, flagrado por uma adolescente enquanto tentava entrar na casa dela, em San Ramon, quando a jovem estava sozinha, em 8 de agosto de 1979. O incidente aconteceu a menos de 240 metros do local de um ataque anterior do Estuprador da Área Leste. Quando ele percebeu que estava sendo observado, o espreitador fugiu pela mesma plantação de pinheiros usada como rota de fuga no seu ataque anterior.

Tom Macris | Escritório do Xerife do Condado de Contra Costa

Composição facial do espreitador suspeito de atirar em Douglas Moore* em 16 de fevereiro de 1977.

Departamento do Xerife do Condado de Sacramento

* Pseudônimo

SACRAMENTO COUNTY SHERIFF'S DEPARTMENT
DUANE LOWE, SHERIFF
CONTINUATION REPORT

REPORT NUMBER

☐ ORIGINAL REPORT   ☐ SUPPLEMENTARY   ■ FOLLOW-UP

AUTHORITY - SECTION NUMBER				AUTHORITY - SECTION NUMBER			
1 PC		X	F	DET. DIV.			
CCCEB			G				
RPD			H	COPIES MADE			
ALLIED			I				

VICTIM ONLY IF MORE THAN ONE | ADDRESS

DEVELOP YOUR INVESTIGATION IN THE SEQUENCE OF TIME AND DATE OCCURRED; I.E. SIGNIFICANT EVENTS AT OR IN THE IMMEDIATE AREA
OF THE SCENE. PERTINENT OBSERVATIONS, FINDING OF EVIDENCE, ADVISEMENTS AND OR REQUESTS FOR ASSISTANCE, TRANSPORTATIONS.
WITNESS CONTACTS. REPORT INFORMATION IN THE CHRONOLOGICAL ORDER IT OCCURRED.

Contacted victim ▮▮▮▮ at her residence for the purpose of
asking a series of questions pertaining to the attack on the
victim on 10/5/76.

1. Victim received 2 suspicious phone calls (no answer when
   victim answered phone) about 2 weeks prior to the attack.
   She further stated that she was the victim of a Burglary 2
   weeks prior to the attack.
2. Victim stated that the house accross the street from her
   residence was for sale at the time of the attack. The house
   was listed by Century 21 ▮▮▮▮▮▮▮▮▮▮▮▮ and the
   house has no swimming pool.
3. ▮▮▮▮ stated that she did not notice any unusual actions on
   the part of the suspect as she was blindfolded immediately.
4. The victim has no idea if the suspect was Right or Left hand
5. The victim cannot recall if she made any purchases or gave he
   name, address and phone number to anyone just prior to the a
6. The victim owns a ▮▮▮▮▮▮▮▮▮▮▮ and a ▮▮▮▮▮▮▮
7. Her phone was listed under the name of ▮▮▮▮▮▮▮.
8. The only contact with door to door salesmen was the Fuller
   Brush man but he is an elderly man.
9. The victim has a personal checking account with her name,
   address and phone number printed on the checks.

End of interview.

OFFICER(S)	BADGE	DIV	HAS THIS PAGE BEEN CODED?	APPROVING SUPERVISOR	PAGE
BEVINS	31	Det	☐ YES ☒ NO		

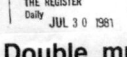

Recortes de jornais arquivados pelo Departamento do Xerife do Condado de Orange. Apesar de a possibilidade de uma ligação entre alguns dos crimes ter sido considerada na época, a presença de um assassino em série na região passou largamente despercebida.

Anaheim Bulletin | Departamento do Xerife do Condado de Orange; Registro do Condado de Orange | Departamento do Xerife do Condado de Orange; Registro do Condado de Orange | Los Angeles Times | Departamento do Xerife do Condado de Orange

À ESQUERDA: Uma página típica do extenso corpo de documentação do Condado de Sacramento sobre os crimes do Estuprador da Área Leste.

Departamento do Xerife do Condado de Sacramento

O Departamento do Xerife do Condado de Sacramento organizou uma assembleia comunitária focada no Estuprador da Área Leste, em 8 de novembro de 1977, na Mira Loma High School, em Sacramento, na qual moradores assustados expressaram suas preocupações.

Departamento do Xerife do Condado de Sacramento

O sargento Larry Crompton
da força-tarefa do EAL no
Condado de Contra Costa,
aplicando gesso para criar
o molde de uma pegada.

Cortesia de Larry Crompton

Paul Holes, no início de sua carreira
como criminalista no Escritório do Xerife do
Condado de Contra Costa.

Cortesia de Paul Holes

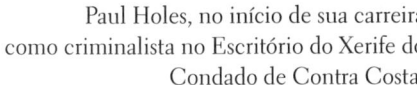

O detetive Richard Shelby, primeiro
investigador principal da série do
EAL, datilografa um relatório no
Departamento do Xerife do Condado
de Sacramento.

Cortesia de Richard Shelby

Detetive William
McGowen,
Departamento de
Polícia de Visalia.

Cortesia de Mary Lou McGowen

Larry Pool, em uma fotografia tirada durante seu
juramento como investigador sênior na Promotoria do
Condado de Riverside em agosto de 2017.

Cortesia de Larry Pool

Michelle McNamara, pesquisando para *Eu terei sumido na escuridão*. No sofá também está a filha de Michelle, Alice, "conferindo" o trabalho da mãe.

Cortesia de Patton Oswalt

Michelle McNamara trabalhando duro em seu ambiente de escrita preferido.

Cortesia de Patton Oswalt

PARTE DOIS

SACRAMENTO, 2012

[NOTA DO EDITOR: *A seção a seguir é um trecho de um antigo esboço para o artigo de Michelle "In the Footsteps of a Killer."*]

A MULHER QUE SENTOU À MINHA FRENTE no escritório lotado de uma movimentada escola secundária na área leste de Sacramento era uma estranha. Mas não daria para ninguém concluir isso do diálogo taquigráfico que usamos desde a hora em que começamos a falar – uma versão klingon [a língua de *Jornada nas Estrelas*] do fórum online sobre o East Area Rapist/Original Night Stalker.

– Roubo com cachorro agredido em 74? – perguntei.

A mulher – eu a chamo de Assistente Social – ajeitou melhor a farto rabo de cavalo e deu um gole de uma latinha de cerveja Rockstar. Ela é "quase sessentona", olhos verdes grandes, penetrantes e voz de quem fuma. Ela me cumprimentou no estacionamento agitando os braços como uma louca. Gostei dela na hora.

– Não acho que tenha a ver – disse a mulher.

O roubo de 1974 em Rancho Cordova é um incidente recém-descoberto pelos membros do "mural" – isto é, o mural de mensagens sobre a série de tevê a cabo *Cold Case Files*, da rede A&E, dentro do fórum EAR/ONS, do qual a Assistente Social é uma das líderes de fato – e gerou uma febre de comentários. Eu passei a valorizar o grau de minúcia com que o caso é discutido, mas de início fiquei simplesmente assustada. São mais de mil tópicos e vinte mil posts.

Acabei entrando no fórum mais ou menos um ano e meio atrás, depois de devorar praticamente numa sentada o livro de Larry Crompton, *Sudden Terror* ["Terror repentino"], que é uma avalanche de detalhes de casos policiais, sem meias-tintas, cheia de colocações politicamente incorretas próprias da década de 1970, e estranhamente comovente na sua descrição do pungente arrependimento de um policial objetivo e realista. A abundância de informações disponíveis sobre o caso me impressionou. Existem mais de dez livros dedicados à noite de 25 de dezembro de 1996, em que JonBenét Ramsey foi assassinada. Mas e sobre o EAR/ONS? Um caso que se estendeu por uma década, abrangendo um estado inteiro, que mudou a lei sobre o DNA na Califórnia*, acumulou sessenta vítimas, reuniu uma coleção de estranhas manifestações verbais do suspeito nas cenas do crime ("Vou matá-la como fiz com algumas pessoas em Bakersfield"), um poema que ele supostamente escreveu ("Excitement's Crave"), até mesmo sua voz gravada em fita (uma breve provocação, cochichada, gravada por um dispositivo que a polícia instalou no telefone de uma vítima), e que, no entanto, contava apenas com um livro escrito sobre o tema, de publicação independente e difícil de encontrar.

Quando fiz o login pela primeira vez no fórum EAR/ONS, fiquei na hora impressionada com o competente e exaustivo *crowdsourcing*** feito ali. Sim, existe gente maluca no meio, como um cara bem-intencionado que insiste que Ted Kaczynski, o Unabomber, é o EAR/ONS (não é). Mas a maior parte das análises é de alto nível. Um que faz frequentes postagens, por exemplo, que tem como pseudônimo PortofLeith, ajudou a revelar o fato de que o calendário acadêmico da Califórnia State University-Sacramento, dos anos em que o EAL era ativo ali, tem correlação com seus crimes. Há mapas feitos pelos membros do fórum sobre tudo, desde locais das cenas de crimes a avistamentos de testemunhas, até o local onde ele deixou cair uma luva de moto ensanguentada em Dana Point. Centenas

---

* Este caso inspirou a Emenda 69, da Califórnia, aprovada em 2004, que exigiu a coleta de DNA de todos os criminosos, e de adultos e jovens acusados de determinados crimes (como agressões sexuais, assassinatos e incêndios criminosos). O irmão de Keith Harrington, Bruce, patrocinou a campanha, contribuindo com quase $2 milhões de dólares para financiá-la.

** *Crowdsourcing* (de *crowd* , "multidão", e *outsourcing*, "terceirização") pode ser traduzido como "colaboração coletiva" ou "fonte de informações". Refere-se a maneiras de obter serviços, ideias ou conteúdos pela reunião de pequenas contribuições individuais de um grande número de pessoas, em geral pela internet. É aplicado a várias atividades, como colher informações sobre assuntos variados, como no caso de fóruns e da própria Wikipedia, ou para obter contribuições (*crowdfunding*). [N.T.]

de posts dissecam suas possíveis conexões com as forças armadas, com imobiliárias e com a esfera da medicina.

Os detetives do EAR/ONS têm vários talentos, e fazem uso deles com seriedade, para tentar pegá-lo. Encontrei-me com um estudante de pós-graduação em ciência da computação num Starbucks de Los Angeles para falar de uma pessoa que despertara seu interesse. Antes de nosso encontro, recebi dele um dossiê de sete páginas, com notas de rodapé, mapas e fotos de anuários do suspeito. Concordei que o suspeito parecia promissor. Um detalhe que o estudante desconhecia e que lhe causou grande incômodo era a divergência sobre o número de sapato de seu suspeito (o pé do EAR/ONS, que calça 39 e meio, 40, é um pouco menor do que a média, para pessoas da sua altura).

Os membros de um fórum de mensagens tendem a ser um bando de paranoicos, abusam de pseudônimos, e talvez sejam inclinados a conflitos de personalidades, o que não surpreende em se tratando de pessoas que passam muito tempo na internet discutindo assassinatos em série. A Assistente Social atua como uma espécie de guardiã do portal entre os investigadores de Sacramento e a comunidade do fórum. Isso irrita muitos dos participantes, que a acusam de sugerir que está de posse de informações confidenciais, mas se recusar depois a compartilhá-las.

Que ela, de vez em quando, traz novas informações é indiscutível. Em 2 de julho de 2011, a Assistente Social postou um desenho de um adesivo que ela disse ter sido visto num veículo suspeito, perto da cena de um dos estupros de Sacramento.

– Possivelmente é da NAS [Naval Air Station] de North Island, mas não foi confirmado e não há registro. Alguém do fórum reconhece? Espero que a gente descubra de onde é.

A *gente, nós.* A curiosa mas inequívoca presença de oficiais da lei tornou-se aparente à medida que eu era sugada para dentro do fórum. Os detetives da internet, sentindo-se atraídos, por razões particulares e idiossincráticas, a tentar desvendar casos não solucionados havia décadas, eram os que caçavam o assassino com seus laptops, mas estavam sendo sutilmente direcionados pelos investigadores.

A Assistente Social me levou em um passeio de carro pelos pontos críticos do EAL, o labirinto de casas de chácara modestas em torno da velha Base da Força Aérea de Mather, e os bairros maiores e mais arborizados de Arden-Arcade e Del Dayo. Contou que começara a trabalhar informalmente com os investigadores de Sacramento havia cerca de cinco anos.

– Eu morava aqui no auge da coisa toda – disse ela. Era uma mãe jovem na época e lembra que o terror chegou a um pico quase paralisante por volta do décimo quinto estupro.

Os bairros do leste de Sacramento predados pelo EAR/ONS não haviam sido construídos para agito. Contei uma quadra inteira de casas pintadas de bege. A cautela e a reclusão não dão ideia das coisas terríveis que aconteceram aqui. Viramos na Malaga Way, onde, em 29 de agosto de 1976, o retinir de sinos de vento e o cheiro forte de loção pós-barba acordaram uma garota de 12 anos de idade. Um homem mascarado estava em pé junto à janela de seu quarto, espiando pelo canto superior esquerdo da tela, com uma faca na mão.

– De fato é um lugar sombrio, se formos pensar nessas coisas – disse a Assistente Social. Então por que fora levada a isso?

Uma noite, anos atrás, ela estava na cama vendo televisão, surfando pelos canais, quando parou na última parte de um episódio da série *Cold Case Files*. Ela sentou na cama horrorizada ao reconhecer alguém. Ah, meu Deus, ela pensou, o cara virou um assassino.

Uma memória desconfortável daquele período viera importuná-la, e ela procurou então um detetive do Departamento de Polícia de Sacramento para ver se não era só coisa da cabeça dela. Não era. Ele confirmou que, antes que houvesse divulgação pela mídia do prazer do EAL em ligar previamente para as vítimas, ela registrara três boletins de ocorrência sobre um homem que ligava, um espreitador que, segundo ela declarou, "sabia tudo a meu respeito". Ela agora acredita que esse homem era o EAR/ONS.

O Rio American cintilava azul à distância. Ela se sente "espiritualmente" chamada, contou-me a Assistente Social, a ajudar a resolver o caso.

– Mas aprendi que você precisa prestar atenção, precisa se cuidar. Se não a coisa pode consumi-la.

Pode? Nós duas tínhamos passado as últimas quatro horas falando só do EAR/ONS. O marido dela, quando, num jantar com amigos, sente que ela está se encaminhando para o assunto, dá um cutucão nela por baixo da mesa e cochicha "Não comece". Eu uma vez passei uma tarde rastreando cada detalhe que conseguia levantar sobre um membro do time de polo aquático de 1972 da Escola Secundária Rio American porque na foto do anuário escolar ele aparecia magro e com panturrilhas grossas (o que a certa altura foi considerado um suposto traço do EAR/ONS). Ela uma vez jantou com um suspeito e deu um jeito de enfiar a garrafa de água dele na mochila para um teste de DNA. Nos arquivos da polícia, os nomes dos suspeitos costumam ser acessados pelo último sobrenome, e quando cheguei ao meu pior ponto de confusão, comecei a pesquisar um tal de "Lary Burg", até que meus olhos e meu cérebro entraram em acordo e percebi que o que estava escrito era "Burglary" ["Roubo"].

Tenho um grito permanentemente preso na minha garganta agora. Uma noite, quando meu marido, tentando não me acordar, entrou no quarto na ponta dos pés, dei um pulo da cama, agarrei minha luminária do criado mudo e atirei na cabeça dele. Por sorte, errei. Quando vi a luminária derrubada no chão do quarto na manhã seguinte, lembrei do que tinha feito e estremeci. Então tateei as cobertas para ver onde havia deixado meu laptop e retomei meu estudo talmúdico dos relatórios policiais.

No entanto, eu não ri com desdém da gentil advertência da Assistente Social sobre não ficar obcecada. Assenti. Estamos rodeando uma toca de coelho, concordei em fingir, mas ainda não caímos dentro.

Juntando-se a nós dentro da toca do coelho há um rapaz de 30 anos do sul da Flórida, que eu aqui vou chamar de Kid. Kid formou-se em Cinema, e ao que parece tem um relacionamento bastante conturbado com a família. Dá muita importância a detalhes. Há pouco tempo parou de assistir a um programa da tevê a cabo chamado *Dirty Harry* porque "logo após os créditos de abertura passava de [uma proporção de tela] de 2.35:1 para 1.78:1". Ele é inteligente, meticuloso e às vezes brusco. É também, na minha opinião, a maior esperança amadora para a solução do caso.

A maioria das pessoas familiarizadas com o caso EAR/ONS concorda que uma das melhores pistas está em sua trilha geográfica. O problema é que há muitos homens brancos nascidos digamos entre 1943 e 1959 que viveram ou trabalharam em Sacramento, Condado de Santa Barbara e Condado de Orange, entre 1976 e 1986.

Mas só Kid gastou quase quatro mil horas garimpando dados sobre as possibilidades, procurando calmamente em todos os lugares, de Ancestry.com (site de pesquisa genealógica) a USSearch.com (banco de dados gerais de cidadãos americanos). Ele tem, graças ao eBay, uma cópia do *R. L. Polk 1977 Sacramento Suburban Directory*, uma lista telefônica da época. Tem também o guia telefônico de 1983 do Condado de Orange digitalizado no seu disco rígido.

A minha primeira impressão de que o trabalho de Kid era de alta qualidade veio no início do meu interesse pelo caso, quando, depois de notar por seus posts no fórum que ele parecia bem versado, mandei-lhe um e-mail falando de um possível suspeito que eu havia descoberto. Eu agora cheguei à conclusão de que ficar animado a respeito de um suspeito é mais ou menos como aquele primeiro surto de amor insensato no relacionamento, quando, apesar de ouvir vagamente sinos de alerta, você segue em frente com a convicção de ter encontrado o grande amor da sua vida.

Eu já tinha meu suspeito praticamente algemado. Mas Kid já estava um ano de pesquisas e vários bancos de dados à minha frente. "Não fiz nada com esse nome nos últimos tempos", escreveu ele de volta. Anexado ao e-mail havia a imagem de um nerd sério, de pulôver sem mangas, isto é, a foto do meu suspeito no segundo ano da faculdade. "Não está nas minhas prioridades", escreveu Kid.

Ele mais tarde ressaltou como essa avaliação dos suspeitos é enganosa, apontando que, com base apenas no histórico geográfico e na descrição física, um bom suspeito de ser o EAR/ONS seria o Tom Hanks (que, vale a pena enfatizar, pode ser descartado só pelo extenso cronograma de filmagens da série *Bosom Buddies*).

Na última primavera eu estava de férias na Flórida com minha família e arrumei um jeito de me encontrar pessoalmente com Kid numa cafeteria. Ele é atraente, bem arrumado, cabelo castanho, fala articulada, um candidato totalmente improvável a garimpeiro compulsivo de dados sobre casos policiais sem solução com os quais não tenha conexão. Não quis café, mas fumou Camel Lights um atrás do outro. Conversamos um pouco sobre a Califórnia e a indústria do cinema; ele me contou que viajara uma vez até Los Angeles só para assistir à versão do diretor de seu filme favorito, *Até o fim do mundo*, de Wim Wenders.

A maior parte do tempo falamos da nossa obsessão comum. O caso é tão complexo e difícil de destilar para as pessoas que eu sempre sinto uma espécie de alívio na presença de alguém que já conhece o resumo da história. Nós dois parecíamos estar um pouco desconcertados e embaraçados com essa nossa preocupação. Numa festa de casamento, recentemente, o noivo interrompeu uma conversa da mãe dele com Kid, que é um velho amigo seu. – Fale pra minha mãe do seu assassino em série! – sugeriu o noivo para Kid antes de se afastar.

Uma coisa que sempre me vem à mente, eu disse a Kid, são aqueles experimentos que mostram que animais em cativeiro preferem ir buscar a própria comida, e não que lhes seja dada. Procurar, ir atrás, é a alavanca que faz brotar nosso fluxo de dopamina. O que eu não mencionei é a incômoda percepção que tive, de que nossa busca frenética é um espelho do comportamento compulsivo – os canteiros pisados, as marcas arranhadas nas telas de janelas, as ligações telefônicas bizarras – daquele que perseguimos.

Um comentário despretensioso feito por Jeff Klapakis, detetive do Departamento do Xerife do Condado de Santa Barbara, fez-me sentir menos estranha a respeito desse meu fascínio. Estávamos sentados na "sala de guerra" ao EAR/ONS, ocupada por ele e seu parceiro, um escritório dos fundos cheio de caixas de plástico com pilhas de velhas pastas de arquivo. Acima do seu ombro direito estava dependurado um mapa do Google Earth, do tamanho de um pôster, com os locais dos duplos homicídios marcados, 19 meses de distância entre eles, mas a apenas um quilômetro um do outro. O Córrego San Jose serpenteava pelo meio do mapa, com suas robustas e frondosas árvores oferecendo cobertura ao EAR/ONS.

Perguntei a Klapakis o que o fizera voltar da aposentadoria para trabalhar de novo no caso. Ele deu de ombros.

– Adoro quebra-cabeças – respondeu.

Kid estava chegando à mesma conclusão quando escreveu uma breve explicação, para dar a qualquer investigador que fosse deparar com sua pesquisa. O interesse dele, escreveu, usando a terceira pessoa, é "impossível de explicar em poucas palavras, mas basta dizer que se trata de uma grande pergunta com uma resposta simples, e que ele se sente compelido a saber a resposta".

Kid acabou compartilhando comigo sua *pièce de résistance*, que ele chama de "A Lista Máster", um documento de 118 páginas com cerca de duzentos nomes de homens, com as respectivas informações, incluindo datas de nascimento, histórico de endereços, antecedentes criminais e até fotos, quando disponíveis. Seu esmero – tinha até um índice – me deixou boquiaberta. Há anotações sob alguns dos nomes ("ativo defensor do ciclismo" e "Parente: Bonnie") que parecem absurdas a não ser que saibamos, como é o nosso caso, muita coisa a respeito de um assassino em série possivelmente morto, que foi ativo pela última vez quando Reagan era presidente.

"Em alguma hora, vou ter que cair fora disso tudo e tocar minha vida adiante", escreveu o Kid num e-mail. "A ironia tem sido que, quanto mais tempo e dinheiro eu invisto nesse esforço sem nenhuma praticidade (e para a maioria, inexplicável), mais competente eu me torno para continuar nele, e talvez identificar esse filho da puta e justificar meu investimento."

Nem todo mundo admira os detetives do fórum ou seus esforços. Um agitador interveio há pouco tempo, reclamando do que ele caracterizou como pretensos policiais com uma obsessão distorcida e patética. Acusou-os de intrometidos destreinados, com um doentio interesse por estupro e morte.

"DETETIVE WALTER MITTY"*, escreveu ele.

Àquela altura, eu estava convencida de que um daqueles Mittys provavelmente iria resolver o caso.

---

* Walter Mitty é o personagem do filme *A vida secreta de Walter Mitty* (2013), dirigido e estrelado por Ben Stiller, sobre as peripécias e aventuras de um homem comum que se torna detetive. [N.T.]

LESTE DE SACRAMENTO, 2012

AS COISAS QUE ELES VEEM: faróis de carro num terreno baldio atrás da casa deles, onde nunca há carro nenhum. Um homem de camisa branca e calça escura enfiando-se por um buraco na cerca do vizinho, às 3 da manhã. Portas forçadas. Um facho de lanterna pela janela do seu dormitório. Um homem saindo de uma vala de drenagem e espreitando o quintal dos fundos do vizinho do lado. Portões que estavam fechados, agora abertos. Um homem de cabelo escuro, terno azul esporte, em pé, sob uma árvore do outro lado da rua, olhando fixo para eles. Pegadas misteriosas no quintal. Um homem saindo às pressas dos arbustos e montando numa bicicleta. Mais fachos de lanterna pelas janelas dos quartos. A metade de baixo de um homem de calça de veludo cotelê marrom e tênis, correndo pela lateral da casa e escondendo-se atrás de um vaso. Um funcionário do censo na porta da frente da casa, querendo saber quantas pessoas moram nela, num ano em que não havia censo. O vizinho deles, um cara de 34 anos de idade, tropeçando para fora da casa de cueca, braços e pernas amarrados, gritando por socorro às 2 da manhã.

As coisas que eles ouvem: Cães latindo. Passos barulhentos no caminho de cascalho. Alguém cortando a tela da janela. Um tranco no aparelho de ar condicionado. Alguém mexendo na porta de vidro corrediça. Barulho de alguém arranhando alguma coisa do lado de fora da casa. Um pedido de ajuda. Uma discussão. Tiros. Um grito longo de mulher.

Ninguém chama a polícia.

As averiguações da polícia recolhem essas observações após o incidente. Às vezes, quando param nas casas de vizinhos para fazer perguntas, os policiais são levados para ver telas partidas ou luzes da varanda vandalizadas. Ao ler com atenção os relatórios policiais, de início achei peculiar essa falta de ação dos vizinhos. Depois, isso acabou causando em mim uma obsessão transtornada. Alguns desses comportamentos suspeitos não relatados ocorreram no auge do pânico gerado pelo Estuprador da Área Leste em Sacramento.

– Ele ficava espreitando esses bairros sempre. Por que as pessoas em geral não ligavam? – perguntei a Richard Shelby. À primeira vista, Shelby tem uma aparência tosca, como seria de esperar num policial aposentado, de setenta e tantos anos, morando nos cafundós do Condado de Placer ("A gente mora tão afastado que guarda a gasolina em latões" ele me contou). Um homem alto, cauteloso. Tem um nariz como o do W. C. Fields e, é claro, não tem metade do dedo anular esquerdo, aquele detalhe que quase o impediu de entrar na polícia. Mas há uma delicadeza nele, na camisa azul claro, na sua voz extremamente suave que eu mal conseguia escutar, e no seu jeito, quando a garçonete no almoço disse que tinha acabado a limonada, e ele, em vez de fazer cara feia, sorriu com doçura, e murmurou "Chá gelado, então". Shelby, que como ele mesmo admite teve uma carreira acidentada no Departamento do Xerife de Sacramento, entrou no caso cedo, no outono de 1976, e foi dos primeiros a fazer a conexão de que tinham nas mãos um estuprador em série.

– Mas ligar pra dizer o quê? – Shelby retrucou. – É de noite. O cara está todo de preto. Espreitando pelos arbustos. O que é que você pode ver?

– Eu falo das coisas que apareceram na averiguação da polícia. Aquilo que os vizinhos admitiram abertamente ter visto e ouvido – disse eu.

Um trecho anotado durante uma averiguação da polícia na área em torno da Malaga Road e de El Caprice, em Rancho Cordova, em 1º de setembro de 1976, após o terceiro estupro, me intrigou particularmente. "Vários vizinhos declararam ter ouvido o grito, mas não foram olhar lá fora."

Em janeiro de 1977, um homem que vivia logo ao sul do Rio American, e cuja casa havia sido recentemente roubada, vislumbrou um cara jovem espiando pela janela do seu vizinho do lado. Ele deu uma tossida para indicar ao bisbilhoteiro que alguém o flagrara; o estranho fugiu correndo. O gesto parece quase educado. Uma semana mais tarde, uma mulher de 25 anos que morava uma quadra ao norte tornou-se a décima primeira vítima. Estava grávida de cinco meses na época.

Talvez a relutância em comunicar à polícia fosse emblemática dos anos 1970, sugeri a Shelby. Comecei a argumentar falando algo sobre a instabilidade pós-Vietnã, mas Shelby balançou a cabeça. Ele não tinha uma resposta, mas não era isso. Para ele, a passividade dos vizinhos era apenas uma das falhas num caso cheio delas, desde superiores preocupados com a politicagem da época até um par de manobras cruciais equivocadas que ele admite ter feito em sua viatura policial, até a instrução de um agente a uma família que ligara a respeito de uma mochila que haviam encontrado escondida em seus arbustos, com uma lanterna, uma máscara de esqui e luvas: "Joguem isso fora".

Shelby mora agora uns cinquenta quilômetros ao norte de Sacramento, no interior, onde ele pode fazer, como diz, "trabalhos viris de agricultor". Mas o encontro para almoçar foi no lugar por onde ele andou muito, o bairro onde 36 anos atrás ele patrulhava as ruas cheias de curvas junto ao rio, com as luzes do painel apagadas, guiado apenas pelas falas entre-cortadas do rádio e pela esperança de que iria dobrar na direção certa na próxima esquina e que seus faróis iriam pousar num jovem de um metro e oitenta, com máscara de esqui. Shelby nunca enfrentou outro criminoso como o Estuprador da Área Leste na sua carreira. Em cima de telhados, as pessoas continuaram achando pequenos itens que ele havia roubado das vítimas. Por alguma razão, ele os atirava lá em cima. Então, depois que muitas pessoas comunicaram estranhos barulhos em seus telhados, Shelby achou que os itens roubados não estavam sendo jogados ali, e sim que caíam do bolso dele, que se arrastava lá por cima.

Shelby é uma daquelas pessoas que se orgulham de ser simples e diretas, que desviam rapidamente o olhar um instante antes de dizer algo mais duro, o que revela que têm no fundo uma delicadeza mal disfarçada. Foi ele que escolheu o lugar do nosso almoço, mas pude ver que, para ele, aquele bairro seria sempre o lugar onde ele havia sido frustrado pelos passos hesitantes de seu oponente, "aquele canalha psicopata", cuja toca de voyeur, delatada por uma pilha de bitucas de cigarro e por vestígios de pegadas em ziguezague, ele descobrira uma vez sob uma densa árvore junto à Northwood Drive. Mais uma vaga presença notada pelos vizinhos, mas nunca comunicada.

– As pessoas dizem que ele era muito esperto – Shelby lembra. Seus olhos desviam rapidamente. – A verdade é que ele nem sempre precisava ser esperto.

No início do meu trabalho para uma história sobre o EAR/ONS que eu mandei para a revista *Los Angeles*, enquanto estava em Sacramento consegui um pendrive com mais de quatro mil páginas de antigos relatórios policiais digitalizados. Eu adquiri o pendrive num tipo de transação à moda antiga, em que nenhuma das partes confia de fato na outra, e então, braços estendidos e olho no olho, concordamos em ceder nossos bens ao mesmo tempo para que o outro pegasse. Eu tinha comigo um disco pouco visto, com o vídeo de uma entrevista de duas horas com uma pessoa periférica mas importante, ligada a um dos homicídios do sul da Califórnia. Abri mão dele sem pensar duas vezes; tinha cópia em casa.

Essas transações por baixo do pano, resultado de alianças furtivas forjadas a partir de uma obsessão compartilhada por um assassino em série sem rosto, eram comuns. Detetives online, detetives aposentados e detetives na ativa – todos participavam. Recebi mais de um e-mail com a linha do assunto dizendo "quid pro quo". Eu acreditava, como todos os demais, que eu e somente eu iria conseguir ver o que ninguém mais conseguia. A fim de conseguir isso, eu precisava ver tudo.

Essa grandiloquente buscadora em mim mal podia esperar para espetar o pendrive no meu laptop ao voltar para o hotel. A cada semáforo, eu encostava a mão no bolso superior da minha mochila para me certificar de que o pequeno retângulo ainda estava ali. Fiquei hospedada no Citizen Hotel, na J Street, no centro. As fotos que eu vira pela internet, de janelas com esquadrias de chumbo e papel de parede listrado cor mostarda, haviam me agradado. A área do check-in tinha prateleiras de livros embutidas em vez de paredes. O balcão da frente era enfeitado e pintado de vermelho-china.

– Como é que vocês descreveriam esse seu estilo? – perguntei ao funcionário do balcão de recepção enquanto fazia o check-in.

– Mistura de Biblioteca de Direito com bordel – disse ele.

Mais tarde descobri que o arquiteto do edifício, George Sellon, havia projetado também a penitenciária estadual San Quentin, na Califórnia.

Uma vez no meu quarto, troquei de roupa imediatamente e vesti o robe de banho do hotel, de um branco impecável. Baixei as persianas e desliguei o celular. Despejei um saquinho de balas de goma do frigobar num copo e coloquei-o do meu lado na cama, onde sentei de pernas cruzadas na frente do laptop. Tinha pela frente um raro período de 24 horas sem interferências ou dispersões – nada de mãozinhas sujas de tinta pedindo para eu lavar, nada de marido faminto entrando preocupado na cozinha perguntando o que tínhamos para jantar. Inseri o pendrive. Com a minha mente no modo triagem de correspondência, meu indicador na seta para baixo, comecei não exatamente a ler, mas a devorar.

Os relatórios policiais parecem histórias contadas por robôs. São concisos e restritos, com pouco espaço para julgamentos ou emoções. De início, esse caráter esparso me agradou. Livre de detalhes irrelevantes, tinha certeza de que o nome dele iria brilhar alguma hora. Avaliei mal. O formato enxuto dos relatórios é enganoso. Absorvidos cumulativamente, mesmo os detalhes mais sucintos começam a se amontoar numa massa indistinta. Em alguns momentos, separavam-se do pacote, e produziam fortes impactos emocionais, muitas vezes inesperados – como a recém-separada mãe de 38 anos de idade que rasteja pelo chão no escuro procurando uma serrinha de brinquedo do filho para tentar cortar as amarras de suas mãos inchadas; a garota de 13 anos amarrada em cima da cama que pergunta ao seu cachorro, depois que o estuprador sai do quarto, "Você, seu tonto, por que não faz alguma coisa? – O cão dá um empurrãozinho nela com o nariz. Ela manda-o deitar e dormir. Ele obedece.

As horas passam. As balas de goma já acabaram. Meu quarto fica no décimo andar, logo acima de uma cobertura tipo tenda onde rola uma festa de casamento. Ao entrar no hotel, eu já tivera que driblar as damas de honra de verde-espuma do mar, posando para fotos no saguão do hotel, e agora começava a música. Alto demais. Peguei o telefone para ligar para a recepção. Eu ia dizer o quê? "Reprimam um pouco essa alegria toda"? Desliguei. A verdade era que estava nervosa de tanto açúcar, com fome, e tendo passado tempo demais sozinha no escuro, absorvendo uma história de horror em cinquenta capítulos, narrada naquele tom de voz meio morto das atendentes do departamento de trânsito da Califórnia. Meus olhos estavam arrasados pelo brilho da tela do computador e secos como se tivessem sido aspirados por uma toalete de avião. "Celebration", do Kool and the Gang's, realmente não era a trilha ideal para o meu estado de espírito.

A cidade de Sacramento fica no extremo norte do Vale Central da Califórnia, na confluência do Rio Sacramento com o Rio American, e foi projetada tendo em mente a drenagem. A ideia é que o excesso de água, aquela que rola das montanhas ou a água de chuva, possa escoar pelo rio em direção ao delta da Califórnia e então para o oceano. Sei disso porque as valas de drenagem e os canais revestidos de cimento aparecem com frequência nos relatórios policiais. Fica claro desde o início, a partir das pegadas, das evidências, dos avistamentos suspeitos, e até do fato de ter levado uma vítima até lá, que o Estuprador da Área Leste se deslocava dessa forma, que ficava como uma criatura subterrânea, aguardando abaixo do nível do solo até escurecer. Lembrei de uma cena marcante do filme *O Monstro da Lagoa Negra*, quando a bióloga marinha Kay, interpretada pela linda atriz Julie Adams, mergulha do navio da expedição na lagoa negra, e de um ponto de vista de debaixo d'água vemos como a terrível criatura humanoide emerge do emaranhado de algas para deslizar por baixo dela, copiando seus movimentos, magnetizada. Você fica torcendo para que ela veja o monstro, e entra em pânico, mas ele segue em frente sem ser detectado, a não ser na hora em que resvala uma garra cheia de escamas no pé dela, e ela então tem um tremor de aflição.

O Estuprador da Área Leste espreitava indivíduos, mas fica claro depois de ler os relatórios policiais que ele também espreitava bairros, com frequência atravessando o labirinto de canais subterrâneos e valas de drenagem de Sacramento. Preferia casas térreas, em geral a segunda a partir da esquina, perto de alguma área do cinturão verde – um terreno baldio, um parque. Antes de algum ataque, havia evidência de sua atividade espreitando e invadindo casas em volta da casa da vítima. Itens pequenos, baratos, às vezes pessoais, desapareciam. Incidentes de chamadas telefônicas encerradas abruptamente aumentavam muito de frequência num raio de quatro ou cinco quadras, pouco antes de um ataque. Ele fazia reconhecimentos. Estudava as pessoas, descobria quando estavam em casa. A impressão era de que seu método consistia em escolher um bairro, visar uma meia dúzia de possíveis vítimas, e talvez até definisse prioridades. Maximizava opções e lançava alicerces; desse modo, quando a noite da missão chegava, sua compulsão nunca deixava de se cumprir.

Isso significa que havia mulheres que, por causa de alguma mudança de horário, ou por sorte, nunca eram vítimas, mas, igual ao belo objeto de desejo da Criatura da lagoa, sentiam que algo terrível roçava a pele delas.

Os vizinhos, nas escassas cinco ou seis linhas que lhes eram reservadas nos relatórios de averiguação, oferecem haikais evocativos de um certo tempo e lugar. Eram questionados quando estavam voltando de alguma discoteca, ou de uma sessão dupla de cinema com *Terremoto* e *Aeroporto 77* no drive-in, ou voltando da Academia Jack LaLanne. Relatam o sumiço de duas jaquetas de mulher tamanho 40, uma de veludo marrom, a outra de couro. Uma garota viu um homem suspeito, com o jeitão do DJ dos anos 1960 "Wolfman Jack". Vendedores de porta em porta – oferecendo irrigadores de gramados, produtos de limpeza e cuidados pessoais da Fuller Brush, fotos da família, pintura da casa – eram uma presença constante naquela época. Num dos bairros, todos pareciam sair para o trabalho às 5 horas da manhã. Essas pessoas costumavam prestar mais atenção a modelos de carro novos, "reluzentes". Em outros bairros, principalmente ao norte do Rio American, a única pessoa em casa que podia responder às questões do policial talvez fosse a babá da casa, que dormia no emprego. Esses vizinhos suspeitavam de carros "sujos", amassados na lateral, chamados de "lata velha" ou de carros "detonados".

Em abril de 1977, um menino pôs sua irmã mais nova nos ombros, de cavalinho. Do seu ponto privilegiado, ela de repente viu alguém espreitando no quintal da vizinha, um homem branco de roupa escura, agachado nos arbustos. Quando o bisbilhoteiro notou que havia sido visto, fugiu correndo e saltou várias cercas. Um mês depois, essa vizinha, uma jovem garçonete, acordou o marido às 4 da manhã. "Ouvi um barulho. Ouvi um barulho", disse ela. Uma lanterna iluminou o corredor que dava para o quarto. Ela mais tarde contou à polícia que acreditou no EAL quando ele ameaçou matá-la, e que ficara lá deitada, amarrada no escuro, imaginando qual seria a sensação de ter uma bala atravessando seu corpo.

———

Ao ler os relatórios de sacramento, você consegue acompanhar a evolução da consciência da população de que havia um estuprador em série à solta. Ela vai de zero a incipiente nos primeiros doze ataques; depois, a mídia divulga a notícia, e o falatório e a paranoia aumentam. Um ano após os primeiros ataques, as vítimas relatam que ao serem acordadas por uma lanterna pensavam "Merda! É ele". Elas se comportavam de determinadas maneiras, segundo o que relataram aos investigadores, a partir das fofocas que ouviam a respeito do Estuprador da Área Leste – por exemplo, encolhendo-se de medo, porque tinham ouvido dizer que ele gostava de ver suas vítimas aterrorizadas. Depois de certo tempo, o motivo da falta de ação dos vizinhos não era mais a falta de consciência ou a inércia, e sim uma mentalidade do tipo fortaleza. Eles viam alguma coisa, e então trancavam suas portas, apagavam as luzes, e se fechavam no quarto, na esperança de que não fossem eles os escolhidos. "Eu tinha medo", uma mulher admitiu. Então por que não chamava a polícia? Minha imaginação borbulhava com essas alternativas possíveis.

As pessoas não pensavam em seus vizinhos, mas ele sim. Acredito que para ele, parte do prazer do jogo era o quebra-cabeça do tipo "junte os pontos" que ele fazia com as pessoas. Roubava dois maços de cigarros Winston da primeira vítima, por exemplo, e então deixava-os do lado de fora da casa da quarta vítima. Bijuteria roubada de um vizinho duas semanas antes era colocada na casa da quinta vítima. A vítima 21 vivia bem perto de uma estação de tratamento de água; um funcionário dela, que morava a 15 quilômetros dali, virou sua próxima vítima. Comprimidos e drágeas roubados de uma vítima iriam aparecer mais tarde no quintal de algum vizinho. Algumas vítimas tinham os mesmos sobrenomes ou o mesmo tipo de emprego.

Era um jogo de poder, um sinal de ubiquidade. Eu estou em lugar nenhum e em toda parte. Vocês podem achar que não têm nada em comum com seus vizinhos, mas têm: Eu. Eu sou a presença quase despercebida, o cara de cabelo escuro, o de cabelo loiro, parrudo, franzino, visto de costas, vislumbrado por um fio à meia-luz, que continuará a conectar vocês mesmo quando deixam de cuidar uns dos outros.

Saí de Sacramento com um humor péssimo. Não dormira direito. O que havia restado da festa de casamento da noite anterior atravancava agora a entrada do hotel, enquanto eu tentava sair de lá. No aeroporto, passei por uma escultura gigante de um coelho vermelho, que eu nem percebera ao chegar, de tão preocupada que devia estar. Não sei como pude passar por ela sem vê-la. É um coelho de alumínio de 17 metros de comprimento, pesando quatro toneladas e meia, suspenso por cabos e que parece mergulhar na área de retirada de bagagens. Fiz uma busca no meu iPhone digitando "coelho do aeroporto de Sacramento", enquanto esperava embarcar no meu avião. Um artigo da Associated Press dizia que o artista Lawrence Argent havia recebido a encomenda de criar uma peça icônica para o novo terminal, inaugurado em outubro de 2011.

– Eu quis brincar com a ideia de que algo vindo de fora saltara para dentro do edifício – declarou Argent.

A CODA DAS ABOTOADURAS

[NOTA DO EDITOR: *A seção seguinte é um trecho de um antigo esboço do artigo de Michelle "In the Footsteps of a Killer".*]

NO DIA SEGUINTE AO MEU PEDIDO DAS ABOTOADURAS, liguei para Kid. Contei para ele que elas seriam despachadas em 24 horas.

– Para uma caixa postal? – o Kid perguntou. Bem, não, eu admiti. Um cenário ridículo passou pela minha mente: o EAR/ONS revendendo as abotoaduras para a loja onde ele por acaso trabalhava, e anotando os endereços dos clientes; ele sem dúvida iria suspeitar de alguém que pagara quarenta dólares para receber já no dia seguinte suas abotoaduras de oito dólares.

A melhor coisa a fazer, eu sabia, era entregar as abotoaduras aos investigadores do EAR/ONS. O risco é que eles ficassem furiosos por eu ter tomado esse tipo de iniciativa sem autorização. Coincidentemente, eu acabara de marcar minha primeira entrevista com Larry Pool no Condado de Orange. Decidi que se eu sentisse que a entrevista corria bem, contaria a história e lhe entregaria as pequenas abotoaduras de ouro, no saquinho quadrado de Ziploc.

O problema era a entrevista com Pool, que de todos os investigadores era o que mais me intimidava. Ele me fora descrito como inacessível e um pouco arrogante. Eu sabia que ele vinha trabalhando no caso nos últimos 14 anos. Havia sido decisivo, junto com o advogado Bruce, irmão da vítima Keith Harrington, para que fosse aprovada a Emenda 69 – a Lei de Impressão de DNA, Crimes Não Solucionados e Proteção à Inocência, que em 2004 estabeleceu a criação de um banco de dados com o DNA de todos os criminosos da Califórnia. O Departamento de Justiça da Califórnia tinha agora o maior banco de dados operacional de DNA do país.

Pool e Harrington achavam que ao expandir o banco de dados de DNA com certeza pegariam o EAR/ONS. A decepção quando isso não aconteceu, me disseram, foi imensa. Eu imaginara Larry Pool como um policial durão, impassível, isolado numa sala mal iluminada, as paredes todas cheias de retratos falados do EAR/ONS.

Um homem afável, embora um pouco formal, de óculos de aro e camisa xadrez vermelha cumprimentou-me no saguão do Laboratório Regional de Computação Forense do Condado de Orange. Sentamos numa sala de reuniões. Ele era o oficial de plantão naquele dia no laboratório de computação, e quando algum colega enfiava a cabeça dentro e dizia alguma coisa, Pool respondia com um sucinto "Positivo".

Achei-o um interlocutor ponderado, contido, o tipo de pessoa cujo exterior estoico esconde o quanto está sendo generosa com seus pensamentos. Quando conheci Larry Crompton, ficou claro que o detetive aposentado tomara pessoalmente seu fracasso em resolver o caso. Isso o mantinha às vezes acordado à noite, confessou Crompton, e ele sempre se perguntava "Onde será que eu falhei?".

Pool não demonstrava o mesmo tipo de ansiedade. De início, interpretei isso como presunção. Mais tarde, vi que se tratava de esperança. Ele ainda não desistira.

Estávamos já encerrando nossa conversa. Eu senti que ele é alguém que valoriza acima de tudo os procedimentos, e achei que não iria gostar da história das abotoaduras. Mas bem no final de tudo, eu desmontei; não sei por quê. Comecei a falar meio rápido demais e a remexer na minha mochila. Pool ouvia, mas seu rosto não revelava nada. Eu empurrei as abotoaduras pela mesa de reunião até ele. Ele pegou o saquinho de plástico e examinou-o atentamente.

– Pra mim? – ele perguntou, rosto sério.

– Sim – disse eu.

Ele se permitiu o mais leve indício de um sorriso.

– Acho que amo você – disse ele.

———

Mais ou menos na hora em que cheguei em casa em Los Angeles, Pool já havia rastreado as vítimas e enviado a elas por e-mail uma imagem de alta resolução das abotoaduras. Elas haviam pertencido originalmente a um membro falecido da família, e as vítimas ficaram de posse delas por um tempo muito curto, antes que fossem roubadas. As vítimas disseram que as abotoaduras eram parecidas, mas foram cautelosas, evitando meramente "querer que fossem de fato as mesmas abotoaduras". Entraram em contato com outro membro da família, mais familiarizado com a joia. Dois dias depois, Pool ligou para mim com a notícia: não eram as mesmas.

Fiquei desapontada; Pool pareceu inabalável. – Não fico mais excitado como costumava ficar – já me dissera antes. Há uma década, quando o impacto da compatibilidade entre os DNAs do EAL e do ONS ainda estava fresco, ele tivera à sua disposição todos os recursos de investigação. Um helicóptero do Departamento do Xerife do Condado de Orange uma vez voou até Santa Barbara só para recolher o cotonete com um esfregaço de DNA de um suspeito. O suspeito estava sob severa vigilância na época. Pool também viajara para Baltimore para exumar um corpo. Isso foi antes do 11 de Setembro, e ele lembra que partes do suspeito vieram embaladas em sua bagagem de mão.

Com o tempo, a verba para casos não solucionados foi minguando. Os investigadores foram realocados. E Pool foi ficando menos envolvido emocionalmente a cada novo desdobramento. Mesmo o retrato falado do EAR/ONS que está dependurado atrás da mesa de Pool é propositalmente realista – mostra o suspeito com máscara de esqui.

– Tem algum valor? – disse Pool. – Não. Mas sabemos que era esse seu aspecto.

Ele me mostrou a pilha de cartas que continua recebendo com dicas do público, como um pedaço de papel, com uma fotocópia da carteira de motorista de um homem e as palavras "Esse é o EAR/ONS" (O homem é jovem demais para ser um suspeito viável).

Ao longo dos anos foram examinados oito mil suspeitos, avalia Pool; várias centenas tiveram seu DNA processado. Eles realizaram o teste de DNA duas vezes num suspeito do sul do estado, por não terem ficado satisfeitos com a qualidade do primeiro teste. Quando Pool depara com um suspeito especialmente intrigante, sua reação curta e grossa é sempre a mesma.

– Precisamos descartá-lo.

Apesar de suas reservas, Pool tem motivos para ser otimista em relação ao caso; na realidade, todo mundo que está calejado em relação aos altos e baixos do mistério do EAR/ONS concorda que o pêndulo atualmente está numa direção ascendente.

LOS ANGELES, 2012

FIQUEI EM PÂNICO. Estávamos hospedando, como era habitual, cerca de doze adultos e quatro crianças com menos de dez anos, e o segundo esboço da minha história de sete mil palavras tinha que ser entregue na terça-feira. Poucos dias antes, eu enviara e-mails de SOS, com pedidos de ajuda curtos e sinceros, que esperava que fossem compreendidos. "Pãezinhos de leite. Manteiga."* O Dia de Ação de Graças sempre desperta minha saudade do meio-oeste. Mas o dia estava ensolarado e surpreendentemente fresco, o tipo de tarde de outono da Califórnia em que, se você se concentra no cardigã cinza da sua amiga e na garfada de torta de abóbora na sua boca e nos fragmentos de comentários da NFL rolando ao fundo, consegue esquecer buganvílias e maiôs de banho molhados secando nas cadeiras no quintal; consegue imaginar que vive num lugar onde as estações do ano realmente mudam. Mas não estava sendo eu mesma. A impaciência me corroía. Criei o maior caso porque Patton comprara um peru menor do que eu achava que deveria ser. Quando nos reunimos em volta da mesa e dissemos quais eram nossos motivos de agradecimento, esqueci o feriado por um momento, fechei os olhos e pensei num desejo. Depois do jantar, as crianças se amontoaram no sofá para assistir a O Mágico de Oz. Não fiquei na sala. Crianças pequenas têm emoções fortes, e as minhas precisavam ficar sob controle.

Naquele sábado, Patton ficou o dia inteiro cuidando de Alice, e me aboletei no meu escritório no andar de cima para revisar e escrever. Lá pelas 4 da tarde, toca a campainha. Tínhamos um monte de entregas, e eu na realidade já descera duas vezes para atender a porta e assinar e receber

---

* Os pãezinhos de leite com manteiga (*dinner rolls*) são uma entrada tradicional no jantar do *Thanksgiving Day*, o Dia de Ação de Graça, nos Estados Unidos. [N.T.]

198

os pacotes. Fiquei irritada com mais essa interrupção. Normalmente, eu ignoro, e eles deixam o pacote na porta. Em geral, para garantir, vou até a janela do quarto e dou uma espiada, e, sim, vejo as costas do entregador da FedEx, acabando de sair e fechar o nosso portão.

Não tenho certeza do que me fez levantar dessa vez, mas desci alguns degraus da nossa escada em curva e gritei "Quem é?" Ninguém respondeu. Fui até a janela do nosso quarto e espiei. Um jovem magrinho, afro-americano, de camisa cor de rosa e gravata, estava saindo da nossa casa. Tive a forte sensação de que era um adolescente; talvez o tenha visto de perfil por um momento. Meu palpite foi que era um vendedor de assinaturas de revista de porta em porta, e abaixei a cortina de novo. Voltei ao trabalho e não pensei mais no assunto.

Uns 45 minutos depois, levantei e peguei as chaves do carro. Tinha combinado de encontrar Patton e Alice para jantar mais cedo num dos nossos restaurantes favoritos do bairro. Verifiquei se todas as portas estavam bem trancadas e saí para pegar o carro, estacionado na rua. Quando estava na metade da nossa calçada, vi pelo canto do olho a figura de um jovem à minha esquerda, andando bem devagar, de costas para mim, entrando na casa do meu vizinho do lado.

Não sei se teria reparado nele se sua linguagem corporal não fosse tão incomum. Ele congelou completamente quando saí de casa. Era um garoto afro-americano, não o mesmo que tocara a nossa campainha, mas vestido de jeito parecido, camisa azul-claro e gravata. Ele manteve o corpo parado e foi girando o pescoço bem devagar na minha direção. Hesitei. Pensei de novo em adolescentes vendendo assinaturas de revistas, e achei que ele talvez estivesse me vendo como uma possível cliente. Mas intuí que era algo mais estranho do que isso. A linguagem corporal dele era muito fora do padrão. Entrei no carro e fui embora, mas na mesma hora peguei o celular e liguei para a polícia. Teclei 9 e 1. Mas eu ia dizer o quê? Um garotinho negro suspeito? Isso soava racista e como uma reação exagerada. Cancelei a chamada. Eles não estavam fazendo nada abertamente transgressivo. Mesmo assim, freei e virei a direção para a esquerda, manobrando de volta para casa. Não haviam passado mais do que 45 segundos, mas nenhum dos garotos estava mais na rua. Começava a escurecer e era difícil enxergar. Imaginei que tivessem tocado a campainha de alguma casa, começado a falar da assinatura e sido convidados a entrar. Fui para o restaurante.

Na noite seguinte, estava no andar de cima quando ouvi a campainha tocar e Patton receber alguém na porta da frente. – Michelle! – ele chamou. Desci. Era nosso vizinho do lado, o Tony.

Tony foi o primeiro vizinho que conhecemos quando compramos nossa casa, fazia dois anos e meio. Ainda não tínhamos mudado, e eu estava na casa com nosso empreiteiro, tratando de algumas reformas, quando um homem atraente, nos seus 40 anos, foi entrando pela porta da frente e se apresentou. Minha memória é que me pareceu sociável e relativamente discreto. O proprietário anterior era alguém muito recluso, e Tony nunca tinha visto o interior da casa. Estava curioso para conhecer. Eu disse a ele, tudo bem, pode circular e ver à vontade. Pelo modo extrovertido dele, achei que acabaríamos sendo amigos, do jeito que você imagina as coisas quando tenta traçar um retrato de como será sua vida num novo espaço. Ele contou que tinha se divorciado havia pouco tempo, e que sua filha adolescente iria morar com ele e frequentar a escola católica local, só para moças. Estava alugando a casa do lado.

Mas nossa relação, embora sempre amistosa, nunca evoluiu para uma verdadeira amizade. A gente se cumprimentava e de vez em quando trocava algumas palavras. Assim que mudamos, Patton e eu conversamos sobre fazer uma reunião no quintal dos fundos, convidando todos os vizinhos. Nossa intenção era boa. Continuamos falando a respeito, mas depois a ideia não vingou. A casa estava sempre com alguma pequena reforma, ou então um de nós estava viajando. Mas quando a bola da Alice caía por cima da cerca no quintal deles, Tony e a filha sempre devolviam com a maior boa vontade. Uma vez, quando achei um filhotinho de pombo na sarjeta diante da casa deles e fiz um ninho com uma cestinha de vime e folhas, e amarrei num galho da árvore, Tony saiu e sorriu pra mim. – Você é uma boa pessoa – comentou. Gostei dele. Mas nossas interações ficavam restritas às entradas e saídas de casa, àquelas horas entre levar o cachorro para passear e cuidar de filhos.

Meu escritório do segundo andar fica defronte à casa deles; uma distância de uns cinco metros nos separam. Já me acostumei ao ritmo de vida deles. Nos fins de tarde, ouço bater a porta da frente deles, e a filha do Tony, que tem uma voz muito bonita, começa a cantar. Eu sempre penso em dizer a ela que tem uma voz linda. Sempre esqueço.

Tony estava na porta da frente da nossa casa para contar que no dia anterior eles haviam sido roubados.

– Acho que sei o que aconteceu – eu disse, e indiquei para ele sentar no sofá da nossa sala. Falei da campainha, de eu não ter atendido, e do que tinha visto. Ele assentiu; o casal idoso, vizinho do outro lado de Tony, tinha visto os mesmos dois garotos tirando sacos da casa dele. Entraram pela janela da cozinha e saquearam o lugar. Os policiais disseram que era um golpe comum, perpetrado por bandos de pequenos ladrões nos fins de semana prolongados. Tocam a campainha e veem se tem alguém na casa; se não houver ninguém, invadem.

– Foram só os iPads e os computadores – disse Tony. – Mas eu fico pensando, e se a minha filha estivesse em casa sozinha? O que poderia ter acontecido?

Quando disse "filha" a voz dele vacilou. Os olhos arregalaram. Os meus também.

– Não precisa explicar – eu disse. – Conheço esse tipo de violência. – Estendi minha mão e coloquei em cima da mão dele.

– Michelle escreve sobre crimes – Patton disse.

Tony olhou surpreso.

– Eu sequer sabia o que você fazia – disse ele.

A partir de agora, combinamos os três, vamos cuidar um do outro. Vamos avisar quando formos sair da cidade. Seremos vizinhos melhores, foi nossa promessa.

Mais tarde naquela noite, fiquei repassando na mente os acontecimentos daqueles últimos dias. Pensei na intimidade daquele momento na sala, no inesperado surto de emoção que compartilhamos com o Tony.

– A gente sequer sabe o sobrenome dele – comentei com Patton.

––––––––

Eu tenho um ritual noturno com a Alice, que tem problemas de sono e sonha coisas terríveis. Toda noite antes de adormecer, ela me chama para que eu fique com ela no quarto.

– Não quero ter sonhos – ela diz. Eu afasto o cabelo loiro dela para trás, coloco minha mão na sua testa, e olho bem nos seus grandes olhos castanhos.

– Você não vai ter nenhum sonho ruim – eu digo a ela, pronunciando isso de modo claro, com convicção. O corpo dela relaxa, e ela dorme. Eu saio do quarto, esperando que se concretize aquilo que prometi, mas sobre o que não tenho controle.

É o que fazemos sempre. Todos nós. Fazemos promessas bem-intencionadas de proteção que nem sempre conseguimos cumprir.

Vou cuidar de você.

Mas aí você ouve um grito e decide achar que são alguns adolescentes brincando. Um jovem pulando uma cerca é apenas alguém tomando um atalho. O tiro às 3 horas da manhã é só um rojão ou um carro com o motor desregulado. Você senta na cama por um momento, assustado. Mas o que o aguarda é o piso frio e duro, e uma conversa que pode não levar a nada; então você desaba no seu travesseiro quentinho, e volta a dormir.

Mais tarde é acordado por sirenes.

Vi o Tony passeando com o cachorro branco enorme dele essa tarde e acenei, em pé do lado de fora do meu carro, enquanto fuçava a bolsa procurando a chave e lembrava de alguma coisa que eu precisava fazer.

Ainda não sei o sobrenome dele.

CONTRA COSTA, 2013

CONCORD

A HISTÓRIA DE CONCORD, CALIFÓRNIA, envolve Satã e uma série de mal-entendidos. Diz a lenda que, em 1805, soldados espanhóis perseguindo um bando rebelde de nativos americanos missionarizados encurralaram sua presa perto de uma mata de salgueiros, no que é a atual Concord. Os nativos esconderam-se no denso bosque de árvores, mas quando os soldados invadiram para pegá-los, os nativos haviam desaparecido. Os espanhóis, assustados, apelidaram a área de *Monte del Diablo* – bosque do diabo –, com a definição arcaica da palavra "monte" sendo traduzida aproximadamente como "bosque". Ao longo dos anos, o sentido do termo foi mudando para o mais convencional de "montanha" ou "monte", e os recém-chegados de língua inglesa transferiram o nome para o pico de 1.172 metros que se ergue na paisagem de East Bay, que passou a ser o "Mount Diablo". A Montanha do Diabo. Em 2009, um homem local, chamado Arthur Mijares, entrou com documentação junto ao governo federal para mudar o nome para Mount Reagan. Achava ofensivo o nome Diabo.

"Sou apenas um homem comum, temente a Deus", declarou ao *Los Angeles Times*. Mijares não foi bem-sucedido, mas tampouco precisou se preocupar. Concord fica cinquenta quilômetros a leste de São Francisco, e todos esses quilômetros têm a cara da cidade grande. Qualquer trecho sinistro que tenha existido já foi aterrado e substituído por núcleos comerciais insossos, apresentados de maneira bombástica. Em frente ao hotel onde estou fica o Willows Shopping Center, uma extensão de lojas de franquia e restaurantes com uma procura preocupantemente baixa: Old

Navy, Pier One Imports e Fuddruckers. Praticamente todo mundo a quem peço opinião sobre Concord menciona a praticidade de sua estação BART, o sistema de metrô de East Bay. – Vinte minutos até Berkeley – dizem eles.

Paul Holes e eu combinamos que virá me buscar aqui na frente do hotel, às 9 da manhã. Ele vai me levar para um tour pelas cenas de crime do Condado de Contra Costa. De manhã, a temperatura já bate nos 28 graus, um dia quente, daquele que será o mês mais quente do ano em East Bay. Um Taurus prateado chega bem na hora, e um homem em boa forma, bem vestido, cabelo loiro cortado curto e um discreto bronzeado de verão, sai do carro e chama meu nome. Nunca havia encontrado Holes pessoalmente. Na nossa última conversa por telefone, ele bem-humoradamente queixara-se de que o filhote de golden retriever da sua família não o deixava dormir à noite, mas o aspecto dele é de quem nunca teve uma preocupação na vida. Está na casa dos 40 anos e tem um rosto calmo, afável e um andar atlético. Ele sorri calorosamente e me dá um aperto de mão firme. Vamos passar as próximas oito horas falando de estupros e assassinatos.

Claro, Holes não é tecnicamente um policial; é um criminalista, chefe do laboratório de criminalística do Xerife do Condado, mas eu tenho tido muito contato com policiais, e ele me faz lembrar deles. Quando digo policiais, refiro-me especificamente a detetives. Depois de passar muitas horas com eles, tenho reparado em algumas coisas. Todos têm vagamente um cheiro de sabonete. Nunca encontrei um detetive com cabelo ensebado. São ótimos em contato visual e têm uma postura invejável. A ironia não é um recurso que apreciem. Ficam desconfortáveis com jogos de palavras. Os que são realmente bons criam longas lacunas na conversa, que você automaticamente preenche, uma estratégia de interrogatório que me mostrou, por meio da minha lamentável tagarelice, o quanto é fácil obter confissões. Falta-lhes elasticidade facial; ou melhor, eles a reprimem. Nunca encontrei um detetive que faça caretas. Nunca expressam horror ou arregalam os olhos. Eu sou careteira. Casei com um comediante. Muitos amigos meus são do mundo do espetáculo. Vivo rodeada de gente com expressões enfáticas, e é por isso que percebi imediatamente a falta delas nos detetives. Eles mantêm uma fisionomia neutra, agradável mas vigorosa, que eu admiro. Tentei imitá-los, mas não consigo. Acabei identificando na neutralidade deles alguns toques sutis, mas perceptíveis – semicerrar um pouco os olhos, contrair de leve o queixo, em geral como reação a ouvir alguma tese que já tinham abandonado havia muito tempo. É como se descesse um véu. Mas nunca entregam o jogo. Nunca chegam pra você e dizem "Já examinamos isso por esse ângulo há muito tempo". Em vez disso, simplesmente absorvem seu comentário e reagem com um educado "H-hmm".

Por seu jeito reservado e por uma série de outras coisas, detetives diferem do pessoal do showbiz. Detetives ouvem. Eles estão fazendo uma leitura. O pessoal do entretenimento só procura fazer uma leitura para avaliar sua receptividade na plateia. Detetives lidam com tarefas concretas. Uma vez, passei uma hora ouvindo uma amiga atriz analisando uma fala de três linhas que feria seus sentimentos. Às vezes, vejo rachaduras no verniz de um detetive, mas num primeiro momento a companhia deles é um alívio inesperado, como se conseguisse fugir de uma festa de elenco de atrizes e atores, cheia de luzes e de gente falando alto em conversas competitivas, e fosse para uma reunião de escoteiros compenetrados, que aguardam o próximo desafio. Não era uma nativa naquela terra de gente de mente literal, mas curti bons momentos com eles.

O primeiro ataque do EAL em East Bay teve lugar em Concord, e o local fica a apenas dez minutos de carro do meu hotel. Holes e eu abrimos mão das conversas fúteis e mergulhamos de cabeça na discussão do caso. A primeira questão mais óbvia é o que o trouxe até aqui? Por que parou de atacar Sacramento, em outubro de 1978, e embarcou numa farra de quase um ano em East Bay? Eu conheço a teoria mais comum. Holes também. Ele não compra a ideia.

– Não acho que ele saiu de Sacramento por ter ficado assustado – diz ele.

Os defensores da tese de que "fugiu assustado" destacam que, em 6 de abril de 1978, dois dias após o EAL ter atacado uma babysitter de 15 anos de idade em Sacramento, a polícia divulgou retratos falados aprimorados de dois possíveis suspeitos do homicídio Maggiore – um caso não solucionado no qual um jovem casal foi misteriosamente morto a tiros enquanto passeava o cachorro. Depois que os retratos falados foram divulgados, o EAL parou de atacar em Sacramento; apenas mais um estupro no Condado de Sacramento seria atribuído a ele, e aconteceu um ano mais tarde. Um desses retratos falados do caso Maggiore, é o que se supõe, deve ter ficado desconfortavelmente preciso.

Holes não está convencido disso. Ele tem estudado e é muito versado em perfil geográfico, um tipo de mapeamento analítico do crime que tenta determinar a área mais provável de residência de um criminoso. No final dos anos 1970, os policiais ficavam em volta de um mapa cheio de alfinetes coloridos espetados, fazendo vagas especulações. Hoje, o perfil geográfico é uma especialidade em si, com seus algoritmos e software. Em crimes predatórios, costuma haver uma "zona-tampão" em torno da residência de um criminoso; os alvos que ficam dentro dessa zona são menos desejáveis, devido à percepção que o criminoso tem do nível de risco associado ao fato de operar perto demais de casa. Em crimes em série, os especialistas em perfis geográficos analisam os locais dos ataques para tentar definir a zona-tampão, o anel em volta da "mosca do alvo", onde o criminoso mora – pois os criminosos, como qualquer outra pessoa, movem-se de maneiras previsíveis e rotineiras.

– Li muitos estudos sobre como os criminosos em série escolhem suas vítimas – diz Holes. – É no decorrer do curso normal da sua vida. Digamos que você é um ladrão em série e está indo de carro para o trabalho, como uma pessoa comum faz todo dia. Você tem um ponto de ancoragem na sua casa e um ponto de ancoragem no trabalho. Mas eles ficam prestando atenção. Ficam sentados, do jeito que nós dois estamos aqui – Holes faz um gesto apontando para o cruzamento onde paramos – e, sabe como é, eles notam, por exemplo, que há um bom conjunto de apartamentos lá adiante.

A distribuição geográfica dos ataques em Sacramento segue um padrão totalmente diferente daquele de East Bay, diz Holes, e isso é importante.

– Em Sacramento, ele fica indo e voltando, mas permanece dentro dessa área nordeste, leste, dos subúrbios. Os técnicos em perfis geográficos chamam-no de "rondador". Vai de um ponto de ancoragem a outro. Mas na hora que vem para cá, ele vira um viajante. É óbvio que está transitando para cima e para baixo pelo corredor da 680.

A Interstate 680 é uma rodovia norte-sul de 1.200 quilômetros de extensão, que passa pelo meio do Condado de Contra Costa. A maioria dos ataques do EAL em East Bay ocorreu perto da I-680, metade deles a um quilômetro e meio ou menos de alguma saída. Num geoperfil preparado por um profissional, vi que ele representou os casos de East Bay por uma série de pequenos círculos vermelhos, quase todos bem em cima ou a leste da 680, gotas vermelhas grudadas a uma veia amarela.

– Você vai sentir isso conforme a gente for dirigindo para cima e para baixo pela 680 – diz Holes. – Acho que ele se ramificou porque teve uma mudança nas circunstâncias de vida. Não me surpreenderia se estiver ainda morando em Sacramento, só que agora viajando até o trabalho e tirando partido de estar fora de sua jurisdição e atacando.

Ao ouvir a palavra "trabalho" meu interesse aumenta. Senti na nossa recente troca de e-mails que Holes descobrira algo em relação ao possível tipo de trabalho do EAL, mas ele se manteve reticente quanto aos detalhes. Mesmo agora, ele me mantém à distância, prevendo minha pergunta.

– Vamos chegar lá.

Holes não foi criado aqui. Era só um garotinho em 1978. Mas faz 23 anos que trabalha no Escritório do Xerife do Condado de Contra Costa, e tem visitado as cenas dos crimes inúmeras vezes. Ele também sabe qual era o aspecto da área na época. Examinou alvarás. Estudou fotografias aéreas. Conversou com as pessoas. Ele tem na cabeça um mapa da área da época de outubro de 1978, que ele sobrepõe ao atual enquanto seguimos de carro. Ele reduz a velocidade e aponta para um beco. As casas ficam logo atrás da casa onde o EAL fez seu primeiro ataque a Concord.

– Essas casas ainda não estavam aqui na época – diz Holes. – Era um terreno baldio.

A gente para e estaciona junto a uma casa de esquina, num bairro residencial tranquilo. Uma foto anexada ao primeiro arquivo de East Bay mostra um casal bonito, com sua filha de 1 ano de idade; a garotinha está com um chapeuzinho de aniversário de bolinhas e um vestidinho de verão, e os pais seguram uma bola na frente dela, talvez um presente, e cada um coloca uma mão sobre a bola. O bebê sorri para o fotógrafo, os pais para a câmera. Um mês e meio depois que a foto foi tirada, em 7 de outubro de 1978, o marido foi acordado por algo tocando seus pés. Abriu os olhos e levou um susto ao ver uma figura com máscara de esqui escura erguendo-se acima dele.

– Só quero dinheiro e comida, só isso. Vou matá-lo se não fizer o que eu mandar. – O invasor segurava uma lanterna na mão esquerda e um revólver na direita.

Holes aponta para a janela da sala de jantar, por onde 35 anos atrás o EAL enfiou-se dentro da casa e chegou aos pés da cama do casal. A garotinha não foi incomodada e dormiu durante o suplício inteiro.

A casa foi construída em 1972. É uma casa térrea, em L, ocupando mais ou menos os mesmos mil metros quadrados que as demais casas da quadra. Fico impressionada ao ver como a casa se parece com os outros locais de cenas de crime que tenho visto. Você poderia pegá-la e colocá-la em qualquer um dos demais bairros.

– Sem dúvida, o tipo de casa é o mesmo – digo eu. Holes assente.

– Muito poucos bairros que ele atacou tinham casas de dois andares – diz Holes. – Faz muito sentido, se você vai atacar vítimas que estão dormindo. Em casas de dois andares, há apenas um acesso para subir e um acesso para descer. É mais provável que você possa ficar encurralado nessa situação. Também é mais fácil descobrir o que está acontecendo dentro de uma casa térrea, indo de janela em janela. E se você está espreitando, pulando cercas e atravessando quintais, alguém num segundo andar terá uma posição mais privilegiada para vê-lo do que numa casa térrea.

O marido, sob hipnose, lembrou que quando ele e a esposa chegaram, por volta das 11h15 na noite do ataque, viram um jovem perto de uma van estacionada na travessa mais próxima da casa deles. Era uma van tipo caixote e pintada em duas cores, branco sobre verde-água. O homem parecia ter uns 20 anos e era branco, cabelo escuro, estatura e peso medianos, e estava em pé perto do canto direito de trás da van, agachado, como quem confere um pneu. Um fragmento de imagem, um entre centenas de fragmentos absorvidos do modo parcial, perifericamente, todos os dias. Imagino o marido numa cadeira, invocando e interpretando um retrato instantâneo, que retrospectivamente mostra-se crucial. Ou não. Essa era a loucura do caso: a incerteza sobre o valor de cada pista.

– Neste caso, o que impressiona é a sofisticação da sua maneira de invadir – diz Holes. – Parece que ele tentou entrar pela porta lateral. Ele tenta forçar a maçaneta. Abandona esse esforço por alguma razão. Vem para a frente da casa. Há uma janela na sala de jantar. Ele faz um pequeno buraco na janela para poder empurrar o trinco e então entra desse jeito.

– Não entendo nada de roubos. Ele era bom nisso?

– Ele era bom – diz Holes.

Continuamos sentados dentro do carro quente e listamos as maneiras pelas quais ele era estrategicamente bom. Os cães farejadores, as pegadas de sapatos e as marcas de pneus mostraram aos investigadores que ele era astuto no que se refere às rotas escolhidas. Se houvesse um local em construção por perto, ele estacionava ali, pois a grande quantidade de veículos em trânsito permitia-lhe ficar dissimulado, mesmo à vista de todos; as pessoas achariam que ele tinha alguma ligação com o trabalho. Ele chegava a uma casa por um caminho, mas fugia tomando outro diferente, para não ser visto indo e voltando, e reduzindo assim a probabilidade de ser lembrado.

Cães que normalmente latiam não latiam para ele, o que sugere que devia tê-los pré-condicionado com comida. Tinha o hábito incomum de usar um cobertor para cobrir uma tevê ligada sem som ou uma luminária ao trazer a vítima mulher para a sala, o que lhe permitia ter luz suficiente para enxergar, mas não tanta que pudesse ser notado do lado de fora. E o seu pré-planejamento. O casal da casa de esquina disse que quando voltaram para casa, notaram que a porta do escritório do marido estava fechada, o que não era comum, e que a porta da frente não estava trancada, como acreditavam tê-la deixado. Acharam que talvez ele já estivesse na casa naquele momento, quem sabe escondido entre os casacos no closet, esperando que o murmúrio da conversa deles diminuísse e que a linha de luz aos pés dele se apagasse.

Há uma pausa na minha conversa com Holes, uma pausa que eu já aprendi a prever nas discussões sobre o caso. É a hora do nocaute. A guinada verbal é mais ou menos como aquela hora em que você já falou demais sobre seu ex, e então se dá conta e interrompe sua fala, e com isso enfatiza que o ex em questão, claro, é um bosta que não vale nada.

– Ele é muito bom cometendo *esse* crime – diz Holes –, mas não é como se fosse alguém capaz de descer de rapel pela lateral de um edifício. Não está fazendo nada que sugira que tem algum tipo de treinamento especializado.

Os pais de Holes são de Minnesota, e ele conserva na fala um pouco daquele ritmo animado do pessoal do meio-oeste, mas quando diz que o EAL não era particularmente habilidoso, sua voz perde o pique, e ele soa menos convincente e menos convicto daquilo que diz. E chega então o estágio seguinte reconhecível da análise do caso: o debate consigo mesmo.

– Ele é atrevido. O EAL. É esse o ponto – diz Holes, apertando os dentes, o que não é comum nele. – O que o distingue de outros criminosos é que ele entra nas casas. O do Zodíaco, por exemplo. Sob muitos aspectos, os crimes dele tinham um aspecto de covardia. Escolhia locais meio ermos, onde casais iam namorar. Algo à distância. Você sobe um degrau quando entra na casa de alguém. Sobe outro degrau quando há um homem nessa casa.

Falamos sobre como as vítimas homens são negligenciadas. Ele me conta uma história, de uma vez em que ele precisou interrogar uma vítima em Stockton, estuprada com o marido presente. Holes decidiu contatar primeiro o marido, achando que ele seria mais capaz de lidar com aquela ligação de surpresa. O marido educadamente disse a Holes que não acreditava que a mulher quisesse falar sobre o ataque. Ela enterrara o assunto. Não queria revisitar a experiência; mesmo assim, o marido, embora relutante, disse que iria passar as perguntas de Holes à mulher. Holes não botou fé nisso. Achou que era uma causa perdida. Vários meses depois, porém, a esposa finalmente entrou em contato. Ela respondeu às perguntas de Holes. Estava disposta a ajudá-lo, disse ela. Estava disposta a relembrar. Era o marido que não estava.

– É ele que está tendo problemas – confidenciou.

As vítimas masculinas eram homens nascidos nas décadas de 1940 e 1950, uma geração para a qual a terapia quase sempre soava como uma ideia estranha. Nos arquivos policiais, os papéis dos gêneros são rígidos e sem ambiguidades. Detetives perguntavam às mulheres onde elas faziam compras e perguntavam aos homens sobre as fechaduras e travas das portas e janelas. Eles colocavam um cobertor nos ombros das mulheres e as levavam de carro até o hospital. Aos homens, perguntavam o que tinham visto, não como haviam se sentido. Muitos dos homens vitimados tinham experiência militar. Prezavam seus galpões de ferramentas. Eram realizadores e protetores que haviam sido despojados de sua capacidade de realizar e de proteger. Sua raiva é visível nos detalhes: um marido, por exemplo, arrancou as amarras dos pés da mulher mordendo-as.

– Muitos traumas persistem até hoje – diz Holes, dando partida no carro. Ele se afasta da guia. A casa de esquina recua da minha visão. Há um pequeno bilhete no arquivo, escrito pela vítima mulher, a linda jovem mãe da encantadora mininha da foto de aniversário, e dirigido ao detetive-chefe, datado de cinco meses após o ataque.

Rod,
Em anexo você encontrará
a. a lista das coisas que sumiram
b. a lista dos cheques emitidos em julho-agosto.
Todas as joias foram levadas ou da gaveta da cômoda do nosso quarto ou da gaveta de cima da penteadeira. Outros itens estão devidamente indicados.
Espero que isso seja todo o necessário, já que estamos tentando desesperadamente fazer nossa vida voltar ao normal.

Tenho certeza de que ambos saberemos compreender a posição um do outro.

Boa sorte ao juntar os pedaços!

O tom era razoável, direto e saudável. Até otimista. Achei extraordinário. Algumas pessoas, pensei ao ler o bilhete, são capazes de suportar coisas horríveis, traumáticas, e seguir em frente. Algumas páginas adiante no arquivo, há outro bilhete curto, escrito por um policial da delegacia. Essa família não mora mais no Condado de Contra Costa, diz o bilhete. Mudaram-se para uma cidade a centenas de quilômetros daqui.

Boa sorte ao juntar os pedaços!

Eu interpretara o ponto de exclamação como otimismo. Mas o que ele significava era um adeus.

Fomos para o leste. O segundo ataque em Concord ocorreu uma semana após o primeiro, a menos de um quilômetro de distância. Holes reduz a velocidade ao ver uma placa de "PARE". Ele aponta para a rua perpendicular à nossa, baseando-se de novo em seu mapa mental de outubro de 1978. – Bem nessa área havia uma nova construção em andamento. Então, pessoas, peões de construção, caminhões de entrega, todos passavam por essa rua – ele indica a rua onde estamos – ou por essa outra, a fim de chegar na construção.

E, sobre essas duas principais vias de acesso para se chegar à construção em outubro de 1978, Holes diz que uma delas passa pelo local do primeiro ataque, e a outra pelo local do segundo. Lembro de Holes ter dito que o EAL vinha para a área para trabalhar.

– Construção? Empreiteiras? – perguntei.

– É essa a trilha que estou seguindo – disse ele.

Noto que ele diz "a" trilha, e não "uma".

– Você lembra qual era a empreiteira dessa construção?

Ele não responde, mas sua expressão diz que sabe qual era.

Chegamos à segunda cena do crime em Concord, outra casa térrea, em L, esta pintada de cor creme, com acabamento em verde. Um carvalho gigante destaca-se no pequeno gramado da frente. Nada no bairro sugere que as pessoas daqui tenham muito tempo de lazer nos dias de semana. Não há ninguém levando o cachorro para passear. Ninguém fazendo caminhadas com iPod e fone de ouvido. Poucos carros passando.

Neste caso em especial, o EAL vislumbrou uma possibilidade, uma que aparece de modo intrigante por toda a série, um punhado de vezes. Era sexta-feira 13, 4h30 da manhã. O roteiro psicossexual que o EAL impunha às suas vítimas, com sua lanterna e ameaças entredentes, estava a essa altura no seu trigésimo nono ataque, tão bem estabelecido que, lendo os relatórios policiais, é perdoável que alguém não detecte a pista, a crucial mudança de uma única palavra: de "eu" para "nós".

– Tudo o que nós queremos é comida e dinheiro, e então a gente cai fora – dizia bem alto para o casal desorientado. – Eu só quero comida e dinheiro pra minha namorada e pra mim.

Assim que o casal foi amarrado e submetido, ele começou seu saque frenético, batendo forte as portas dos armários da cozinha, remexendo gavetas. A vítima mulher foi levada até o dormitório principal. Ele deitou-a no chão.

– Você quer continuar viva? – perguntou a ela.

– Quero – disse ela.

Ele colocou-lhe uma venda, com uma toalha de banheiro.

– É bom que essa seja a melhor trepada da minha vida, se não vou matar você.

Ela contou aos investigadores que o tempo todo passavam pela cabeça dela imagens de A sangue-frio, que conta a história de uma família aniquilada no meio da noite por assassinos desequilibrados.

No entanto, o que se seguiu, embora aterrorizante para a vítima, pareceu algo estranhamente juvenil e pouco estimulante para o seu agressor. Ele ficou passando a mão nas coxas dela, de um jeito meio apressado e superficial; ela pôde sentir que ele usava luvas grossas de couro. Ele obrigou-a a masturbá-lo por um minuto, depois penetrou-a e gozou em trinta segundos. Ficou em pé e começou a saquear de novo. A impressão é que saquear a casa era mais estimulante para ele do que o sexo.

Uma porta foi aberta e ela sentiu uma lufada de vento; ele estava na garagem conjugada à casa. Um saco plástico de lixo farfalhou. Parecia que ele ia e vinha, da casa para a garagem. Ouviu-o dizer algo, mas não dirigido a ela.

– Aqui, ponha isso no carro – ele sussurrou.

Não houve resposta; ela não ouviu passos. Não ouviu nenhum carro dando a partida. Ela nunca soube como ou quando ele foi embora, apenas que, a certa altura, ele não estava mais lá.

Não foi a primeira vez que o EAL sugeriu ter um cúmplice. A primeira vítima ouviu o que pensou ser duas vozes distintas na sala de estar dela, cochichando irritadas, trocando ameaças. "Cale a boca", seguido logo após por "Falei pra você calar a boca".

Outra vítima ouviu um carro buzinar quatro vezes lá fora, e então alguém começou a tocar a campainha. Houve batidas na janela da frente. Ela ouviu vozes abafadas, talvez de uma mulher. Não soube dizer se uma das vozes era do EAL. Ele foi embora, e as vozes cessaram, mas a vítima, amarrada de cara no chão na sua sala de estar, não soube dizer se tais coisas ocorreram ao mesmo tempo, ou se tinham alguma relação entre si.

– Meu amigo está lá fora no carro esperando – ele disse uma vez.

Talvez fosse mentira, quem sabe uma tática de estímulo quando ele psicologicamente sentia necessidade de apoio. Uma tentativa de despistar a polícia? A maioria dos investigadores acha que é blefe. Holes não tem tanta certeza.

– Será que ele tinha alguém que o ajudava às vezes? Nas agressões sexuais, não, mas e na questão dos roubos? Quem pode saber? Acontece tantas vezes ao longo da série que você acaba pensando "Talvez". Talvez seja o caso de considerar essa possibilidade.

Holes acha que muito do que o EAL dizia servia para desviar a atenção e despistar. Ele reclamava que morava num trailer ou num camping junto ao rio, mas raramente exalava o tipo de cheiro de corpo de alguém com moradia provisória. Inventava conexões com suas vítimas. "Eu sabia, quando te vi no baile de formatura, que um dia eu ia te comer – ele cochichou a uma adolescente vendada, mas ela acabara de ouvir o som de fita adesiva sendo puxada da parede do quarto dela – a sua foto de formatura sendo arrancada. – Andei vendo você no lago – ele disse a uma mulher que tinha uma lancha na entrada da garagem.

Algumas das mentiras – a respeito de ter matado gente em Bakersfield, de ter sido expulso do exército – provavelmente serviam para alimentar a imagem de cara durão que ele queria passar. As falsas conexões com as vítimas eram possivelmente parte de sua fantasia ou uma tentativa de desconcertá-las com uma obscura familiaridade. Holes e eu especulamos a respeito de outros comportamentos dele, como as respirações ofegantes. Eram descritas como imensas aspirações de ar, beirando a hiperventilação. Um especialista em perfis criminais, que examinou o caso nos anos 1970, achou que as respirações eram uma tática para assustar, uma maneira de levar as vítimas a pensar que se tratava de um lunático capaz de qualquer coisa. Holes diz que um colega investigador, que sofre de asma, levantou a hipótese de que poderia ser um desconforto respiratório genuíno; a adrenalina às vezes dispara um ataque.

O EAL é uma carta virada sobre a mesa. Nossa especulação é um beco sem saída. Andamos em círculos.

– San Ramon? – sugere Holes.

SAN RAMON

Pegamos a 680, que irá nos levar 28 quilômetros ao sul até o próximo ataque, o terceiro daquele mês. Outubro de 1978. Carter era presidente. *Grease* ["Nos tempos da brilhantina"] havia sido o grande filme do verão, e a música "Summer Nights" de John Travolta e Olivia Newton-John ainda tocava direto no rádio, embora "Who Are You", do The Who, viesse subindo nas paradas. O rosto sem maquiagem e o olhar fixo de Brooke Shields, 13 anos de idade, estampavam a capa da revista *Seventeen*. Os Yankees ganharam dos Dodgers a fase final do campeonato de beisebol. A namorada de Sid Vicious, Nancy Spungen, sangrou até a morte pelo ferimento produzido por uma facada, no chão do banheiro do Chelsea Hotel. João Paulo II era o novo papa. Três dias antes do ataque de San Ramon, era lançado o filme *Halloween* ["Halloween: A Noite do Terror"].

– E quanto ao choro? Você acha que era de verdade? – pergunto a Holes.

Quase uma dúzia das vítimas relatou que ele chorava. Ele soluçava, diziam elas. Andava trôpego, parecia perdido. Choramingava num tom de voz agudo, como uma criança. – Desculpe, mãe – ele dizia chorando. – Mãe, por favor me ajude. Eu não quero fazer isso, mãe.

– Acho que era de verdade – diz Holes. – As mulheres têm uma boa percepção do comportamento masculino. Algumas vezes, as vítimas diziam que a raiva dele era uma farsa, que ele representava, mas outras vezes, quando ficava num canto soluçando descontrolado, parecia real para elas. Ele está em conflito. O choro é sempre depois da agressão sexual. É aí que ele chora de soluçar.

Há uma exceção entre as vítimas que acreditavam que as lágrimas eram reais. A mulher de Stockton, aquela cujo marido estava tendo dificuldades em aceitar o ataque que haviam sofrido, não acreditou na história do choro, segundo Holes me conta.

– Ela ouvia aqueles sons. Mas não achou que fosse choro – diz Holes.

– Achou que fosse o quê? – pergunto.

– Uma histeria estridente – diz Holes. – Como uma risada.

Passaram-se anos sem que alguém percebesse que o telefone de emergência 911 não funcionava na excluída San Ramon – embora a companhia telefônica cobrasse os residentes pelo serviço. Uma mulher que morava no final de uma rua tranquila sem saída descobriu essa irregularidade. O ruído dissonante que seu aparelho emitiu, indicando uma chamada não completada, foi um golpe que ela não precisaria ter recebido depois de duas horas de violência sexual nas mãos de um estranho. A mulher, com o pseudônimo de Kathy, é citada num artigo do *Oakland Tribune* de 10 de dezembro de 1978, seis semanas após seu ataque. Quando Kathy acordou na noite em que foi estuprada, seus olhos freneticamente tentaram se ajustar à escuridão. Ela só conseguiu perceber uma coisa naquele escuro total: um olhar insano, abstraído de qualquer corpo, "olhos pequenos, apenas olhando fixo".

"Eu simplesmente odeio muito esse cara", Kathy diz no artigo, sem meias-palavras, referindo-se ao seu estuprador não identificado. Ela explica que também tem raiva da companhia telefônica por não prover um serviço de emergência e dizer que faz isso. Quanto a esse ultraje, conta Kathy ao repórter, ela conseguiu alguma justiça quantificável: mandou retirar a cobrança do 911 da sua conta, poupando 28 centavos por mês.

A ajuda veio depois que Kathy ligou diretamente para o Escritório do Xerife do Condado de Contra Costa.

Após os dois estupros em Concord, o Escritório do Xerife expediu um alerta aos seus policiais. A advertência de Sacramento mostrara-se presciente: O EAL estava pressionando sua máscara de esqui agora contra as vidraças da cidade. Um destacamento começou a identificar bairros onde o EAL poderia atacar. Placas de veículos estacionados perto de espaços abertos, ou que de qualquer outro modo parecessem suspeitos, estavam tendo seus números anotados.

Ficar atento e de olhos bem abertos não era o clima usual de San Ramon. De 1970 a 1980, a população da cidade mais do que quadruplicara, mas era, como ainda é, um lugar rodeado de prados ondulantes cravejados de carvalhos, vastas extensões sem construção alguma, sugerindo amplidão e transmitindo tranquilidade. O rádio da polícia ficava longos períodos em silêncio. Os faróis dos veículos de patrulha varriam sempre as mesmas garagens, as mesmas janelas escuras de casas de campo ocupadas por jovens famílias. Figuras suspeitas raramente surgiam na invariável silhueta de San Ramon; as linhas das cercas estavam sempre intactas, os arbustos nunca se mexiam. Os policiais eram treinados para a ação, mas acostumados à quietude.

Isso mudou em 28 de outubro, logo após as 5 horas da manhã, quando uma mensagem que estava sendo enviada ao cemitério sofreu a interferência de uma rajada de estática seguida por detalhes sucintos, mas alarmantes. Estupro com invasão de domicílio e roubo. Montclair Place. Uma unidade de um homem foi a primeira a chegar ao local. As vítimas, Kathy e seu marido David*, calmamente receberam o policial na porta da frente. Depois de confirmar que o casal não precisava de atendimento médico imediato, o interesse do policial foi despertado pela estranha cena diante dele. A casa estava quase totalmente vazia. As gavetas dos poucos móveis estavam abertas ao acaso, vazias. As portas dos armários abertas, mostrando cabides e mais nada. Será que o intruso levara tudo embora? Não, Kathy e David explicaram que já estavam no meio do processo de mudança.

Ele chegara para atacá-los quando passavam suas últimas horas na casa.

De novo aparecia o aspecto imobiliário. E o *timing* perspicaz, que sugeria alguma informação privilegiada. Kathy e David tinham um filho de 3 anos de idade; eles disseram aos investigadores que o EAL em nenhuma hora abriu o quarto do filho, sequer chegou perto. Outras vítimas que tinham crianças pequenas observaram a mesma coisa. A maneira pela qual ele elegia suas vítimas e obtinha conhecimento de suas vidas e dos arranjos de suas casas era tema de infindáveis especulações.

Gary Ridgway, o Assassino de Green River, chamava esse tempo em que estudava as vítimas de "patrulhamento". Sua camuflagem era a banalidade. Ele estacionava seu caminhão de ré numa 7-Eleven da Pacific Highway South, o rude trecho em volta do aeroporto Seattle-Tacoma, conhecido pela prostituição. Às vezes, levantava o capô. Quem olhava, via apenas um homem magro, rosto descolorido, preocupado com algum problema no motor. Sua presença nunca era notada. Era absorvido tranquilamente pela paisagem cinzenta. Apenas um observador mais detido, mais paciente, poderia captar o

---

* Pseudônimos.

detalhe que indicava que algo ali estava errado: o homem não se preocupava com o passar do tempo. Suas pupilas moviam-se em pêndulo, fixando-se em tudo menos no motor, em avaliações ávidas, rápidas, rastreando tudo com o ímpeto do indicador de um tabuleiro mediúnico Ouija.

Clank. Era um som tão rotineiro que se perdia no meio do ruído urbano, misturado aos sons de pneus molhados sibilando na chuva fina e de sinos das portas da loja de conveniência. Era o som mais assustador dentre aqueles que ninguém ouvia – o de Ridgway fechando o capô. O patrulhamento estava encerrado; uma nova fase começava.

De início, achei que o EAL, como Ridgway, ficava escondido à vista de todos. Parecia estar de posse de informações que só podiam ser obtidas a partir de uma observação cuidadosa e prolongada. Mas, é claro, ele não era um espreitador ostensivo: das milhares de páginas de relatórios policiais, incluindo declarações de vítimas e entrevistas com vizinhos, não emerge nenhuma descrição física consistente do suspeito. Ao longo de cinquenta estupros, algum rosto deveria começar a ganhar coerência, pensei eu, no mínimo uma cor de cabelo que gerasse consenso. Mas não. Aí estava o quebra-cabeça. Se o acaso acaba uma hora prevalecendo, se não é possível confiar sempre na sorte, então como ele conseguia vistoriar tanto sem ser vistoriado?

Minha mente trazia de volta de modo recorrente a imagem de um homem de uniforme, um funcionário da companhia telefônica ou do correio, um trabalhador comum saído de um dos livros da *Busytown**, de Richard Scarry, o tipo de pessoa cuja presença é uma indicação de que tudo está correndo normalmente. Ninguém se detinha nele. Estava num estado de perene diluição. O que as pessoas deixavam passar batido, o que não reparavam naquele borrão bege indefinido era a força devoradora de seus olhos irados.

Um investigador aposentado que trabalhou nos homicídios de Irvine tentou dissuadir-me dessa imagem, de algum mestre em ações de reconhecimento. Na sua opinião, os ataques não exigiam tanto planejamento prévio ou informações privilegiadas. Ele e seu parceiro realizaram um experimento uma noite, quando estavam trabalhando no caso.

---

* *Busytown* é uma cidade ficcional criada pelo escritor de livros infantis Richard Scarry na década de 1990, habitada por vários animais antropomorfizados, e com enredos que destacavam situações de mistério. Deu origem também a uma série de televisão [N.T.]

Vestiram-se todo de preto, calçaram sapatos de solado macio e ficaram rondando os bairros de Irvine, pelos caminhos que acreditavam que o assassino tomava. Rastejaram junto a muros de blocos de concreto, espreitaram atrás de cercas em quintais dos fundos, e esconderam-se atrás de troncos de árvores no escuro.

Retângulos de luz faziam com que se aproximassem. Janelas dos fundos ofereciam acesso à vida de dezenas de pessoas. Às vezes havia apenas uma fresta numa cortina, suficiente para revelar o rosto indiferente de uma mulher enxaguando várias vezes um copo na pia da cozinha. Em geral era silencioso, mas de vez em quando ouvia-se uma cascata de risadas vindo de algum programa de tevê. Os ombros de uma adolescente ergueram-se até suas orelhas enquanto seu namorado levantava a saia dela.

O investigador sacudiu a cabeça ao relembrar essa cena.

– Você ficaria impressionada com as coisas que dava para ver – disse ele. Na verdade, eu perguntei a todos os investigadores com quem falei a respeito dessa ação de espreitar, e ouvia sempre a mesma resposta, uma sucessão de sacudidas de cabeça e de expressões que em resumo diziam que espreitar os outros era a coisa mais fácil do mundo.

Um espreitador compulsivo é alguém ligado em linguagem corporal, em ver como uma mulher que está sozinha em casa dá uma espiada para fora da janela do fundo da sala antes de apagar a luz, ou como uma adolescente se move mais lentamente quando os pais estão dormindo. Depois de um tempo, vira mero reconhecimento de padrões. O tempo da operação fica consideravelmente reduzido.

Pergunto a Holes o quanto ele achava o EAL metódico na sua seleção de vítimas.

– Acho que há evidências dos dois lados. Em algumas ocasiões, acho que ele faz muita observação. Ele vê alguém. Fica focado na pessoa. Ele a segue. E outras vezes ele ataca assim que vê a pessoa pela primeira vez.

Ninguém sabe por quanto tempo ele ficou observando Kathy, mas eles têm uma boa ideia do local onde ficou observando. Os fundos da casa davam para uma plantação de pinheiros para árvore de Natal. O criminalista detectou marcas "em ziguezague de tênis de corrida", junto à cerca de tábuas do quintal dos fundos.

Holes agora vira para a direita e aponta para onde ficava a plantação de pinheiros, atrás da casa. Andamos mais um quarteirão ou dois e ele dobra de novo à direita, até a quadra 7400 da Sedgefield Avenue.

– No dia seguinte, havia um veículo estacionado aqui. E com sangue no interior.

O carro era um Ford Galaxie 500. Um carro roubado.

– Sem dúvida, era de alguém que estava sangrando, provavelmente pelo nariz. Então você vê a trilha de sangue, estendendo-se conforme a pessoa ia embora. A evidência disso já desapareceu há muito tempo, mas fiquei especulando: se alguém foge por uma plantação de pinheiros de Natal no meio da noite, qual seria a probabilidade de que enfiasse a cara numa árvore? E que aí entrasse nesse carro roubado e depois abandonado? Tive um caso em que alguém vinha fugindo de um tiroteio e bateu num poste de telefone. Deixou uma trilha de sangue exatamente como essa.

A trilha de sangue havia seguido para leste e cruzado o meio-fio. Alguns lenços de papel estavam amassados na sarjeta. As gotas de sangue ficaram menores e desapareceram. Como todas as pistas do caso, esta também acabou levando a uma série de paredes em branco. Nunca alguma coisa levou até uma porta. Todo objeto encontrado numa busca podia ser dele ou não, e sempre carecia de uma informação firme, rastreável. Era um caso cujas engrenagens giravam cheias de possibilidades, sem parar.

– Tudo é uma pista pela metade – diz Holes.

– E aquela construção da época em San Ramon? – pergunto.

Holes me conta que Kathy forneceu a eles informações úteis.

– Ela foi capaz de relatar vários locais de construção na época, novos loteamentos que estavam sendo lançados no bairro quando ela sofreu o ataque.

Eu demoro um tempo para me dar conta de que é isso mesmo que ele está dizendo, que chegou a conversar com Kathy pessoalmente.

– Você conversou com ela?

Ele sabe por que fiquei chocada.

No seu livro sobre o caso, *Sudden Terror* ["Terror repentino"], Larry Crompton deprecia Kathy. Ele descreve a atitude dela no depoimento à polícia dizendo que parecia que estava relembrando "a última vez que ficara excitada". Ele revela detalhes nada lisonjeiros da vida dela após o ataque. Afirma que sente muito pelo marido dela e pelo filho. Gosto de Crompton, mas acho que ele errou aqui. Errou feio. Ele até avalia os dotes físicos de Kathy em comparação com os de outras vítimas – favoravelmente, mas mesmo assim isso está errado. O tratamento que dispensa a Kathy é na melhor das hipóteses totalmente desprovido de sensibilidade, e na pior das hipóteses peca por colocar a culpa na vítima. O retrato que ele faz pressupõe que existe apenas uma maneira de reagir a um ataque sexual violento. Falta compaixão e compreensão. Por exemplo, Crompton debocha do fato de ela ter contado à polícia que, quando o EAL mandou que fizesse sexo oral nele, ela pediu que lhe trouxesse antes um copo d'água, mas parece esquecer que, para uma vítima aterrorizada, um pedido de água pode ser uma tática de protelação. E o pseudônimo que Crompton escolheu para ela, "Sunny", embora talvez não tenha sido propositalmente malicioso, acabou parecendo uma escolha particularmente cruel, tendo em conta a luz sob a qual ele a retratou.

Logo após a publicação do livro de Crompton, o Escritório do Xerife recebeu um e-mail de Kathy. Estava furiosa com a maneira como havia sido retratada. Eles não tinham autoridade para colocá-la em contato com Crompton, que estava aposentado, mas Holes e uma colega convidaram Kathy para se encontrar com os dois pessoalmente na delegacia.

– Ela tremia como vara verde – lembra Holes, num tom de voz de quem não a culpa por isso. Kathy mal olhou nos olhos dele na reunião, algo que Holes atribuiu ao trauma residual. A relação entre vítimas e investigadores de casos não solucionados é uma estranha combinação de intimidade e distanciamento. Holes tinha 10 anos de idade quando um homem mascarado colocou uma faca no pescoço de Kathy e a fez deitar no linóleo do piso da cozinha. Dezenove anos depois, Holes pegou da Sala de Provas um saquinho Ziploc com seu número de caso e tirou de dentro uma raspagem de cotonete, guardada num tubo de plástico. Kathy era uma estranha para ele. Ele estudou as células do esperma de seu estuprador ao microscópio, mas nunca a olhou nos olhos ou apertou sua mão.

Ele fez bem poucas perguntas durante a reunião e deixou que sua colega mulher assumisse o comando. Então Kathy disse algo que chamou sua atenção.

Ela e o marido, David, já tinham se divorciado havia muito tempo. Como muitos casais vítimas do EAL, seu relacionamento não sobreviveu. Kathy disse que David lhe contou após o ataque que tinha a impressão de ter reconhecido a voz do EAL, mas não conseguia situá-la exatamente.

O que Kathy revelou era importante por duas razões. Primeiro, ela nunca havia visto o geoperfil. Assim, não sabia que, embora o Condado de Contra Costa não oferecesse obviamente o mesmo padrão de vida que Sacramento, o técnico em perfil geográfico havia determinado que a área mais provável de residência do criminoso era de qualquer modo ali mesmo: San Ramon. Era um local centralizado dentro da série de East Bay, e um dos poucos lugares que ele atacara apenas uma vez. Conforme a distância da residência de um criminoso aumenta, cresce também o número de alvos potenciais. Mas, às vezes, um criminoso predador, seja por ter se sentido atraído por uma vítima em particular ou por confiar que não será pego, ataca mais perto de sua casa.

No mapa do perfil geográfico, uma faixa em vermelho, indicando a área mais provável de residência do EAL, corre de leste para oeste, logo ao norte da casa de Kathy.

Kathy também não sabia que uma técnica em perfis do FBI apresentara novos achados numa recente reunião da Força-Tarefa do EAL. Algo que a técnica afirmou impressionou Holes. Ela disse que deviam levar em conta que, em alguns casos, o alvo havia sido a vítima homem. Em certas situações, o EAL talvez tivesse perpetrado uma vingança contra o homem, por algum mal que este tivesse lhe causado.

O que Kathy havia contado levantou a possibilidade de algum vínculo, algum grau de proximidade não considerado até então, e que poderia levar ao suspeito. Muitos casos conhecidos de criminosos em série revelam pelo menos uma dessas conexões. Uma antiga colega de quarto de Lynda Healy, uma das vítimas de Ted Bundy, era prima de Ted, e os investigadores mais tarde desencavaram listas de presença que mostravam que Ted e Lynda haviam compartilhado pelo menos três aulas. Dennis Rader, o assassino BTK[*], vivia seis casas depois de Marine Hedge, sua oitava vítima. John Wayne Gacy[**] conversou publicamente numa loja com Robert Piest, oferecendo-lhe emprego na construção, pouco antes do desaparecimento de Piest.

O EAL ia a extremos para esconder sua identidade. Cobria o rosto e disfarçava a voz. Ofuscava suas vítimas com o facho de uma lanterna

---

[*] BTK é o assassino em série americano que matou dez pessoas no Condado de Sedgwick entre 1974 e 1991. Foi preso em 2005. BTK significa *"Bind, Torture, Kill"* (isto é "Amarrar-Torturar-Matar"), que era seu padrão de atuação criminosa. [N.T.]

[**] John Wayne Gacy (1942-1994) foi um um assassino em série americano, conhecido como o "Palhaço Assassino". Acusado de matar pelo menos 29 garotos, recebeu condenações de 21 prisões perpétuas e 12 penas de morte. Muitos dos corpos foram encontrados enterrados e concretados em sua própria casa. [N.T.]

e ameaçava matá-las se olhassem para ele. Mas também era atrevido. Cães latindo não o intimidavam. Duas pessoas praticando corrida, um irmão e irmã, ambos em idade de cursar faculdade, estavam correndo pela rua numa noite enevoada, em dezembro de 1977, quando viram um homem com uma máscara escura de esqui saindo da cerca-viva lateral de uma casa, na quadra 3200 da American River Drive. O homem parou de repente ao ver os dois correndo. Eles continuaram sua corrida. Olharam para trás e viram-no entrar numa caminhonete de modelo antigo. Alguma coisa no jeito do homem parar e depois entrar rápido na caminhonete fez os dois correrem mais rápido. Ouviram o ronco barulhento do motor da caminhonete e viram que acelerava na direção deles. Correram ainda mais ao dobrar a esquina; o veículo então freou, cantando pneu, e voltou atabalhoadamente para onde eles estavam. Correram então até uma casa qualquer e se esconderam, vendo a caminhonete continuar a rondar pela rua, até que o homem desistiu e foi embora a toda velocidade.

O EAL tinha muita cautela com a autopreservação, mas o sucesso e a arrogância que ele gera abrem brechas em seus planos. Cochicham ao seu ouvido persuasões grandiloquentes. Ele já derrotara uma série de barreiras mentais que teriam refreado a maioria de nós: estupro, invadir casas de estranhos, subjugar um casal em vez de uma mulher apenas. Após dezenas de sucessos seguidos, sua autoconfiança pode ter-lhe insuflado adrenalina a ponto de fazê-lo quebrar a própria regra de visar apenas vítimas com as quais não tinha conexão. Um sussurro gutural, ouvido no meio da noite 36 anos atrás, pode ser a chave.

Depois de San Ramon, o EAL atacou duas vezes em San Jose, 65 quilômetros ao sul. Holes e eu decidimos pular San Jose para poupar tempo.

– Quero que você conheça o Davis – diz ele. – Acho o Davis importante.

Mas primeiro fizemos duas outras paradas. Depois de San Jose, o EAL voltou ao Condado de Contra Costa e fez o primeiro de seus três ataques em Danville. Holes e eu seguimos para o norte pela 680 em direção a Danville, ao local do ataque de 9 de dezembro de 1978, que deu a Holes sua pista mais promissora.

***

DANVILLE

Há cem anos, o barulho constante dos trens a vapor era o som da prosperidade da época, no verde vale junto a Mount Diablo. A partir de 1891, a Southern Pacific Railroad levou passageiros para cima e para baixo por um trajeto de trinta e poucos quilômetros, de San Ramon até logo ao norte de Concord. Empresários em visita desembarcavam, com projetos e sonhos. A terra era abundante. Começava a tarefa de dividir e lotear. A invenção do automóvel decretou o fim do serviço de passageiros, mas o Ramal de San Ramon continuou transportando carga – peras Bartlett, cascalho, carneiros. A ferrovia continuava como parte da paisagem. Apitos de trem marcavam a hora. Os armazéns eram todos da mesma cor, amarelo dente-de-leão, com enfeites em marrom. Os trilhos passavam pela Escola Primária Murwood em Walnut Creek, e no recreio as crianças, ao ouvirem o ribombar da composição e sentirem o chão vibrar, paravam de jogar amarelinha ou queimada e acenavam para os tripulantes que passavam, e que em resposta faziam o trem apitar.

A Southern Pacific ajudou a transformar o vale rural, mas não de uma forma que mantivesse seus trens em operação. Os núcleos industriais nunca se materializaram. Em vez disso, surgiram casas de família. A parte central do Condado de Contra Costa tornou-se "a periferia de East Bay". A conclusão da rodovia I-680 em 1964 era sinônimo de velocidade, eficiência e da morte da ferrovia. Transportar carga de caminhão era mais barato. O número de vagões dos trens diminuiu. E continuou diminuindo. Não havia mais pomares extensos, e uma multidão de telhados avançou de ambos os lados dos trilhos. A Southern Pacific finalmente solicitou à Comissão Interestadual de Comércio autorização para abandonar aquela linha. Em setembro de 1978, quase um século após a colocação dos primeiros trilhos, a linha foi fechada de vez.

Seguiu-se então um debate sobre o que fazer com aquele caminho ferroviário. Até se chegar a uma conclusão, aquela faixa de terreno de seis metros de largura continuou vazia, um corredor de sombra separando os bairros de casas bem iluminadas. A zona morta não inspirava medo, e sim indiferença. Isso era especialmente verdadeiro em relação ao trecho de oito quilômetros que passava por Danville, a cidade logo ao norte de San Ramon. Os lotes em Danville eram maiores, as casas mais antigas, seus moradores mais ricos e silenciosos. Os trilhos ociosos continuavam atrás de quintais bem cercados. As cercas eram essencialmente anteparos. Destituído de sua utilidade, o velho caminho do trem foi tampado e esquecido. Nada se movia por ali. Nada mais era ouvido. Isto é, até uma manhã de dezembro, quando um barulho peculiar perturbou o silêncio. Quem por acaso ouvisse, talvez de início não percebesse. Um som constante, ritmado, que para o sensível EAL sinalizava algo de evidente urgência: um cão de caça galopando, empenhado em algum propósito.

No início de dezembro de 1978, havia entre os moradores do Condado de Contra Costa a sensação esperançosa, mas em geral tácita, de que talvez pudessem relaxar. Em outubro, o Estuprador da Área Leste não só tinha aparecido na área; havia-lhes infligido algo que, com sua rapidez e capacidade de chocar, pareceu uma orgia: três ataques em 21 dias. Após o terceiro ataque, as pessoas passaram as noites trancadas em suas casas muito bem iluminadas, perdendo o sono e piscando os olhos diante de indistintas visões de máscaras de esqui. Mas as semanas passavam sem incidentes. Novos horrores desviavam a atenção. Os âncoras dos noticiários interromperam a programação normal em 18 de novembro para anunciar que mais de novecentos americanos, um terço deles crianças, jaziam mortos numa comunidade na selva da Guiana depois de tomarem suco em pó misturado com cianeto, seguindo ordens de Jim Jones, o líder de um culto. O Templo do Povo, assim se chamava a igreja de Jones, teve sua sede em São Francisco antes de se mudar para a Guiana. Entre os mortos estava o congressista do norte da Califórnia, Leo Ryan, que voara para lá a fim de investigar supostos abusos, e foi morto a tiros numa pista de pouso, pouco antes de decolar. O Massacre de Jonestown absorveu muito da atenção horrorizada do país, e talvez do mundo, mas abalou particularmente a Bay Area.

O fim de semana do *Thanksgiving* chegou e foi embora pacificamente. Uma lua nova escureceu o céu na noite de 30 de novembro, extinguindo qualquer luz que pudesse brilhar mesmo nos mais desolados pontos de esconderijo. Para quem estivesse determinado a ficar oculto, eram as condições ideais. Mas dezembro começou sem notícias de um novo ataque do EAL. Não que as pessoas já se mostrassem negligentes em deixar de trancar tudo muito bem, mas aqueles reflexos automáticos de quem antevê alguma situação de pânico começaram pouco a pouco a relaxar.

Provavelmente não foi por acaso que o EAL roubou rádios-relógios de cinco casas, mesmo havendo ali itens mais valiosos. O tempo era importante para ele – controlá-lo, manipulá-lo. Possuía uma sinistra intuição sobre quanto tempo deveria transcorrer até que as precauções afrouxassem. Manter as comunidades e as vítimas de modo que não tivessem como prever sua presença dava-lhe uma vantagem estratégica, é claro. A vítima vendada, amarrada no escuro, desenvolve os sentidos selvagens de um animal da savana. A porta de vidro corrediça sendo fechada silenciosamente é captada como um clique mecânico bem audível. A vítima calcula a distância daqueles passos que se tornavam cada vez menos perceptíveis. Um fio de esperança. Quieta, ela aguardava. O tempo passava, em tensa percepção. Ela se esforçava para tentar ouvir uma respiração além da própria. Quinze minutos já haviam passado. Aquela assustadora sensação de estar sendo observada, de estar sendo alvo de um olhar controlador que ela não conseguia ver, desaparecera. Trinta minutos. Quarenta e cinco. Ela permitia que seu corpo relaxasse de modo quase imperceptível. Seus ombros se distendiam. E nessa hora, no precipício de uma exalação, o pesadelo entrava em cena de novo – a faca deslizava em sua pele, e a respiração forçada voltava, chegava mais perto, até que ela sentia ele se instalar perto dela, um animal aguardando pacientemente que sua presa moribunda ficasse quieta.

Criar a ilusão de que havia ido embora era um truque cruel e eficaz. A vítima na qual esse truque era aplicado esperaria mais tempo ainda da próxima vez que imaginasse que o EAL tinha ido embora; algumas vítimas, catatônicas de pavor, esperavam horas, até que os pássaros cantassem e a luz do sol começasse a brilhar pelas frestas de suas vendas. Esse tempo adicional antes que a polícia fosse avisada permitia que o EAL ganhasse boa distância entre ele e a cena do crime.

No início de dezembro, fazia seis semanas desde que o EAL atacara o Condado de Contra Costa. A comunidade era o equivalente a uma vítima cautelosamente esperançosa, que acreditava que ele já havia saído da casa. Ninguém de Sacramento ou de East Bay, nem o público em geral, nem os investigadores, sabia na época que durante a ausência do EAL da sua área ele cometera dois estupros 65 quilômetros ao sul, em San Jose, um no início de novembro, outro em 2 de dezembro. Mesmo que tivessem sabido dos estupros em San Jose, a rota do EAL poderia tê-los deixado aliviados. Ele parecia estar seguindo um curso constante para o sul: primeiro Concord, depois uns trinta quilômetros mais pela I-680 até San Ramon, e em seguida San Jose, já em outro condado.

À medida que a noite caiu no dia 8 de dezembro, uma sexta-feira, os moradores das comunidades-dormitório aninhadas ao pé do Mount Diablo – cidades da periferia de East Bay como Concord, Walnut Creek, Danville e San Ramon – foram para a cama sentindo-se poupados. O senso comum sugeria que ele estava indo para o sul e iria atacar em Santa Cruz ou Monterey. Achavam que no retrovisor dele seriam vistos como alvos cada vez mais distantes. O pior já teria passado.

O tempo andou, meia-noite virou 1 da manhã. Os motores das geladeiras roncavam baixinho nas casas escuras. Um carro às vezes passava perto, pontuando o silêncio. O ritmo circadiano coletivo estava no modo descanso.

Não em toda parte. Em Danville, logo a leste dos trilhos de trem abandonados, uma cerca de madeira de um metro e oitenta, escondida por grandes árvores, inclinou-se sob o peso de alguém que a escalava.

Nenhuma luz externa iluminava a residência estilo casa de campo situada depois da cerca. O horário noturno era ideal para o saltador de cercas. Locais acobertados o atraíam. Seguia de roupa escura, sempre buscando os pontos mais escuros daquelas casas iluminadas. Suas pupilas negras buscavam sombras.

Cruzou o quintal dos fundos até o pátio. Não havia luzes no interior. Uma bolsa de mulher descansava sobre a bancada da cozinha. Entrar pelas portas de vidro corrediças exigia apenas uma pequena pressão e produzia pouco ruído. Pôs os pés na cozinha. Em algum lugar, um rádio tocava baixinho. A casa de duzentos metros quadrados estava quase desprovida de móveis ou objetos pessoais – estava à venda. Nos últimos meses, corretores cordiais recebiam estranhos que vinham visitar a casa. Seria ele um daqueles curiosos facilmente esquecidos? Se falou algo, deve ter sido apenas um murmúrio. Se outros compradores potenciais faziam perguntas, indicando interesse, ele deve ter parecido um pouco crítico, sugerindo talvez que não aprovava o imóvel. Na verdade, memorizava-o, e isso talvez era interpretado como uma avaliação.

Ele passou pelos quartos de portas fechadas e foi direto até o dormitório principal, no canto noroeste da casa. Em pé no corredor, ficou a uma distância de uns três metros da cama. Uma mulher estava deitada lá, sozinha. Dormia, de barriga para baixo, o rosto no travesseiro, o tipo de sono de quem foi "atirado pelo precipício da consciência", e fica como ancorado no sono em vez de ser levado por ele. Quem era a mulher um momento antes de ele arrancá-la de seu sono inocente? Esther McDonald* era baixinha, o que a geração da época em que seu nome era popular talvez chamasse de "um tiquinho de gente". No seu frio estado natal do meio-oeste, seu casamento aos 19 anos de idade havia durado uma década, sem filhos e sem muito motivo para continuar nele. De repente, tinha 30 anos, uma idade considerada mais avançada no meio do país do que nos seus litorais. "California Dreamin'" não era uma canção, mas um canto de sereia pedindo um futuro mais ensolarado. Ela e uma amiga mudaram-se para São Francisco. O Verão do Amor já havia passado, mas a Bay Area mantinha a reputação de improvisação, um lugar onde você podia se livrar do seu passado e iniciar uma nova vida.

Conseguira empregos: num atacadista de flores e numa companhia de reparos de motores elétricos. Um dono de casa de penhores, vinte anos mais velho que ela, cortejou-a com joias e convidou-a a morar com ele em Danville. A casa ficava a oito quilômetros da Falha de Calaveras, uma das principais ramificações da Falha de San Andreas. Seis meses mais tarde, os dois se separaram amigavelmente. Ele saiu da casa, que colocou à venda, e disse que ela poderia ficar até que fosse vendida. Um romance já começara a borbulhar com um colega de trabalho; o penhorista ainda estava na história. As questões do coração aconteciam de ambos os lados, e não se resolviam.

Assim se poderia resumir quem era aquela que dormia por volta de 2 da manhã numa noite fria de dezembro: uma mulher recomeçando a vida num estado onde as carroças cobertas haviam parado e lendárias reinvenções haviam tido início, uma mulher navegando por uma vida amorosa complicada mas comum, uma mulher prestes a ser transformada de maneira irreversível. Qual é o dano permanente para quem passa a achar que o lugar quente onde dorme será seu túmulo? O tempo pode aparar as arestas das lesões, mas elas nunca deixam de pesar. Uma síndrome sem nome circula sem pausa pelo seu corpo, às vezes em longa dormência, outras vezes irradiando poderosas ondas de dor e medo.

Uma mão agarrou seu pescoço. Uma arma de ponta cega foi encostada à garganta dela. Pelo menos uma dezena de investigadores no

---

* Pseudônimo.

norte da Califórnia teria adivinhado as primeiras palavras cochichadas no escuro.

– Não se mexa.

– Não grite.

Ele estava de volta. Ou, mais precisamente, ele voltara pela segunda vez. A incerteza sobre sua trajetória, o caráter aleatório de seus ataques, faziam dele uma força obscura imprevisível, uma onda criminosa formada por um só homem.

Os primeiros policiais alertados pelo rádio chegaram às 5h19 da manhã. A tensão se acumulava a cada sinal revelador. Cadarços brancos com nós. Tiras rasgadas de uma toalha cor laranja. Linhas de telefone cortadas. A casa estava gelada. Ele havia desligado o aquecedor, e o rádio também, provavelmente para poder ouvir melhor outros ruídos. Começaram as chamadas pelo rádio. Telefones tocando. Pessoas chegando ao local sob a tênue luz azulada da alvorada. O investigador de cenas de crime Larry Crompton apareceu. O seu foco em detectar detalhes significativos deixava-o alerta, apesar de ser muito cedo. Notou a placa da imobiliária no jardim da frente, a casa vizinha vaga e os trilhos de trem nos fundos – condições ideais e que incitaram as compulsões do EAL e fizeram suas rondas concentrar-se num único alvo.

Dali a algumas semanas, Crompton seria promovido a sargento e se juntaria à Força-Tarefa do EAL, formada com urgência. Não sabia, ao entrar na casa e fechar a porta, que esse seria o caso que carregaria pelo resto da vida. Viraria aquele jogo da forca, que ele se recusaria a perder, apesar de todos os palpites errados e do desenho esquemático de um homem quase enforcado; Crompton manteve em aberto o último lance, protelando a derrota na esperança de que ele, ou um de seus sucessores, pudesse reverter o jogo e conseguisse preencher os espaços vazios. Só então, com a última letra certa, é que a longa e trágica caçada no escuro terminaria com o prêmio, o mais simples e procurado há mais tempo: o nome de um homem.

O primeiro dos três cães farejadores, Pita, chegou. A cadela na mesma hora ficou excitada, seu nariz vasculhando o ar. Quem pode saber o que passa pela mente de um cão farejador, ou se eles chegam a absorver as esperanças das pessoas sóbrias que estão à volta deles. A tarefa de Pita era invejavelmente bem definida. Encontre o cheiro e siga-o. Um pequeno grupo de treinadores e de policiais, entre eles Crompton, viram Pita sair da casa pelo pátio dos fundos e se dirigir decidida até o canto sudoeste do quintal dos fundos. Ela se agitou junto à cerca, querendo pular. Foi levada para fora do quintal, dando a volta até o outro lado da cerca, onde ficavam os trilhos abandonados. Ela levantou o nariz.

Estavam todos de novo vasculhando os destroços recentes do destruidor sem rosto. A espuma ainda estava grudada numa garrafa de cerveja *Schlitz Malt Liquor* que ele tirara da geladeira e largara no quintal dos fundos. Marcas de pés arrastados junto à cerca foram fotografadas. O grupo ficou reunido nos trilhos de trem daquela manhã fria, esperando que Pita fizesse seu próximo movimento. A esperança estava nas narinas de um cão que buscavam conectar-se a uma molécula.

De repente, um espasmo de movimento. Pita captara o cheiro; sentira o cheiro dele. Ela avançou a galope na direção sul pelo lado esquerdo dos trilhos. Estava, como dizem as unidades caninas da polícia, "no cheiro". Seu passo era controlado, mas ela acelerava, movida pelo impulso incontido de seu dom genético. Estava, em todos os sentidos do termo, à solta. Crompton e os treinadores de Pita correram atrás dela. Aquela repentina comoção junto aos trilhos, com seu ar de perigo e intranquilidade, era incomum para uma manhã de domingo em Danville. Uma perturbação indesejada, que se repetiria nos meses seguintes.

Pita parou de repente a menos de um quilômetro de onde havia partido, no ponto em que os trilhos cruzavam com uma rua residencial. Dois outros cães, Betsey e Eli, haviam também sido trazidos à cena do crime. A treinadora de Pita, Judy Robb, observou mais tarde no seu relatório que mudanças às vezes de minutos na velocidade do vento podiam alterar os rastros de cheiros. Mas os três treinadores estavam de acordo em vários pontos. Os cães haviam farejado muitas cercas, e em vários quintais haviam saído em disparada. Seu comportamento sugeriu que o suspeito passara muito tempo rondando a área. Entrara no quintal dos fundos da vítima pela cerca face norte. Saíra pelo canto sudoeste da cerca de trás, indo para o sul pelos trilhos até a rua transversal, onde provavelmente entrou num veículo.

A vítima foi levada ao hospital por um sargento. Ele a trouxe de volta para casa depois de concluído o exame, mas quando estacionou seu veículo oficial do lado de fora da casa, ela não se mexeu. Uma aflição em estado bruto prendia-a ao assento. A luz do dia não trouxera nenhum conforto. Ela não quis entrar de novo na casa. Uma situação delicada. Os investigadores entendiam, mas precisavam dela. Com jeito, ressaltaram que era importante ela voltar à cena do crime junto com eles. Ela concordou em dar uma volta rápida pelo local e depois foi embora. Amigos dela vieram mais tarde e recolheram seus pertences. Ela nunca mais entrou na casa.

Existe sempre a questão de como se referir a um criminoso desconhecido no relatório policial. A escolha costuma ser "o suspeito", às vezes "o criminoso" ou ainda simplesmente "o homem". Quem quer que tenha escrito os relatórios de Danville escolheu usar um termo que era perfeito e sem ambiguidades em sua carga de sentido, e em seu tom de reprovação, como um dedo apontado saindo da própria página. O termo me tocou na mesma hora em que o li. Virou minha abreviatura privada para o EAL, o termo simples para o qual eu voltava quando ficava acordada às 3 da manhã, percorrendo a coleção de meias-pistas nebulosas e traços faciais indistintos. Eu admirava a franqueza e o tom firmemente assertivo.

O responsável.

––––––––––

Holes estaciona numa rua residencial em Danville, junto à Iron Horse Regional Trail ["Trilha Regional do Cavalo de Ferro"], uma trilha para ciclistas, cavalos e trilheiros que segue por 65 quilômetros pelo centro de Contra Costa: o caminho da velha Southern Pacific Railroad, agora pavimentado como área de pedestres.

– Vamos descer aqui e seguir a pé – diz ele.

Vamos pela trilha, sentido sul. Tínhamos andado apenas três metros quando Holes chamou minha atenção para um quintal dos fundos.

– Os cachorros seguiram a fuga do EAL até o canto do quintal da vítima – diz ele. Ele dá um passo adiante. Uma fileira de plantas de agave cobre a parte de trás da cerca, dificultando qualquer tentativa de aproximação.

– Ele salta a cerca aqui – diz Holes, apontando. Ele fica um longo momento olhando para as folhas densas em forma de espada das plantas.

– Aposto que o dono dessa casa ficou tão assustado com o ataque que plantou esses cactos – diz ele.

Continuamos andando. Estamos seguindo o caminho que o criminalista John Patty fez 35 anos antes, quando vasculhou a área buscando evidências, depois que os cães definiram a rota de fuga do EAL. Patty encontrou algo em sua busca. Etiquetou seu achado e lacrou os itens num saco plástico; o saco foi parar numa caixa, levada até a Sala de Provas e enfiada bem apertado entre centenas de caixas idênticas, numa prateleira de aço. Ali ficou intocada por 35 anos. Em 31 de março de 2011, Holes ligou para a Sala de Provas atrás do boné de esqui de alguém suspeito de ser o EAL da década de 1970, que ele agora estava ressuscitando. O diretor da seção de Provas já tinha separado a caixa quando Holes chegou. O boné de esqui estava lá. Então Holes viu um saco Ziploc com uma etiqueta em que estava escrito "Recolhido no Caminho da Ferrovia". O que ele achou dentro mudou o curso da investigação.

A coleta de provas, como todo trabalho policial, requer um registro por escrito. O formulário de Inventário de Provas da Cena de John Patty foi preenchido à mão, e as respostas são breves – "1 a) 2 folhas de espiral, folhas de fichário de 3 furos com escritos a lápis; b) 1 folha de espiral, folhas de fichário de 3 furos com um mapa desenhado a lápis; c) 1 pedaço de fio roxo com 106 centímetros de comprimento; d) um pedaço de papel com algo datilografado".

Os itens foram encontrados todos juntos? Espalhados pelo chão? Não havia nenhuma foto ou esboço da cena para orientar Holes. Patty deixou uma breve anotação explicando em que ponto dos trilhos havia encontrado as evidências. E mais nada. Holes pode agora submeter o papel à tecnologia de toque de DNA e a um scanner de alta resolução, recorrer a uma série de especialistas para que avaliem e analisem cada aspecto do mapa, mas não tem mais acesso à autoridade crucial que poderia lhe fornecer o contexto: John Patty. Ele morreu de câncer em 1991. Esta é a maldição dos casos não solucionados: informações descartadas como irrelevantes, e que mais tarde se mostram essenciais, morrem com quem as detinha.

No início, Holes não sabia o que fazer com aquela "evidência de lição de casa". Uma das páginas parecia ser o começo de uma redação de escola muito mal escrita sobre o General Custer. O conteúdo da segunda página era mais intrigante. "Louco é a palavra", começa o texto. O autor fica falando da sexta série e do professor que o humilhou, ao obrigá-lo a escrever frases repetidas vezes, como punição. "Nunca odiei tanto alguém quanto odiei esse cara", diz quem escreveu, falando do professor, sem nomeá-lo.

A terceira página é um mapa feito à mão de uma zona residencial, indicando um núcleo comercial, ruas sem saída, trilhas e um lago. Holes notou uns rabiscos aleatórios no verso do mapa.

Essa evidência o desconcertou e fez com que acelerasse o passo. Flashes inesperados de clareza o levaram a perseguir a pista. Convocou especialistas para darem sua opinião. Uma observação casual de um agente imobiliário mudou sua concepção a respeito de quem o EAL poderia ser. Os indícios foram reconsiderados sob nova luz. Holes sabia que suas teorias divergiam das de seus colegas investigadores. Decidiu não se importar demais com isso. Acabou achando um lugar para ele, como o cara cujas visões eram, segundo as próprias palavras, "extravagantes". Ele levantou mais questões. Recolheu várias explicações interessantes para a curiosa mistura de escrita adolescente e talento óbvio para o desenho, que ressaltava da evidência. Os vislumbres se acumulavam. Há sempre o risco de se tomar um caminho equivocado em direção às catacumbas nesse caso. As possiblidades estendem-se sedutoramente até o horizonte. Especulações individuais incorporam falhas de projeto tendenciosas e também a nossa necessidade de acreditar nelas. Mesmo assim, embora não tivesse emergido um alvo claro, na visão de Holes começava a se expandir lateralmente um alvo mais amplo.

Descobertas inesperadas são raras numa investigação. Causam impacto. Decifrar o código que pode identificar um criminoso como o EAL é para o detetive como o clique da catraca na fila de uma montanha-russa. As sinapses estalam. O antes equilibrado investigador multitarefa fica oficialmente fascinado. O obsessivo tem sempre a lembrança do momento do estímulo. Depois que Holes terminou seu trabalho na Sala de Provas, pegou aquelas páginas e foi até uma fotocopiadora próxima. Mais tarde, enquanto examinava no seu laboratório uma cópia do mapa desenhado à mão, seu auxiliar chamou-lhe a atenção.

– Paul?

– Hmm?

– *Paul.*

Holes abaixou o mapa e ergueu as sobrancelhas. O auxiliar fez um gesto para que virasse o mapa. Holes fez isso. Já notara antes aqueles rabiscos no verso, mas sem dar-lhes muita importância. Agora via o que seu auxiliar queria dizer.

Havia várias palavras ilegíveis, abertas a interpretações. Duas palavras haviam sido rabiscadas, uma delas de maneira vigorosa. O nome Melanie podia ser vagamente imaginado. Mas havia mais coisa. A palavra era tão incompatível com os demais rabiscos aleatórios que demorou um segundo para que o sentido pudesse ser absorvido; não só isso, mas também o fato de a construção das letras ser diferente – em tamanho bem maior, combinando letras manuscritas e letras de fôrma, e com uma última letra, um T, repetida desnecessariamente, assumindo um aspecto duro, triangular. As letras da palavra eram mais escuras que as demais da página, como se quem as escrevera tivesse feito maior pressão, com raiva. Os demais rabiscos haviam sido feitos do jeito habitual, linear, mas esse não. A palavra estava escrita em diagonal. Ocupava quase toda a metade de baixo da página. A primeira letra, um P, era maior que as outras letras e, fato desconcertante, estava escrita ao contrário.

A impressão geral era a de uma mente desequilibrada em ação.

"PUNISHMENT." ["PUNIÇÃO."]

Holes foi fisgado.

Nossa caminhada pela Trilha Regional do Cavalo de Ferro parou de repente diante de um poste de eletricidade. É o segundo poste ao norte de um cruzamento a uns duzentos metros de distância, o ponto onde os cães perderam o cheiro do EAL e onde se supõe que ele entrou em algum veículo.

– A evidência da lição de casa foi encontrada nessa área – diz Holes.

Ele tem razões práticas para acreditar que as páginas pertenciam ao EAL. Cães farejadores não são infalíveis, mas o fato de três cães diferentes terem indicado que ele fugiu para o sul pelos trilhos é uma evidência forte; mais importante para Holes é que o trajeto, e o ponto onde a trilha do cheiro termina, são consistentes com a distância do alvo em que se sabia que o EAL costumava estacionar antes de fazer uma abordagem. John Patty era um criminalista respeitado e muito envolvido com os casos do Condado de Contra Costa; se Patty coletara a evidência, devia tê-la achado importante. Os dois outros itens encontrados na evidência da "lição de casa" são becos sem saída. O pedaço de fio roxo é um mistério, e o fragmento de papel com algo datilografado é ilegível. Mas papel de caderno de notas em espiral não é algo tão desproposital assim numa cena de crime quanto se possa imaginar. Criminosos sexuais em série com frequência fazem anotações quando estão espreitando possíveis vítimas, e às vezes chegam a criar as próprias palavras em código. Mais de uma testemunha que disse ter detectado alguém suspeito nos ataques do EAL em Sacramento descreveu um homem com um caderno espiral. E o EAL, apesar de sua habilidade para enganar as autoridades, deixava cair coisas às vezes, não se sabe se de propósito ou não: uma chave de fenda, um Band-Aid com sangue, uma caneta esferográfica.

O choque entre raiva e autopiedade na frase "Louco é a palavra" é outro indício. Criminosos violentos como o EAL, isto é, criminosos sexuais em série que escalam para homicidas, são não apenas raros mas também variados demais, e generalizar sobre seu histórico e comportamento não é sensato. Mesmo assim há temas em comum. O futuro produtor de pesadelos começa como um adolescente dado a devaneios. Seu mundo é dividido em dois; fantasias violentas agem como um amortecedor em relação a uma realidade dura, desalentadora. Ameaças percebidas à sua autoestima são internalizadas de modo desproporcional. Ressentimentos acumulam-se. Ele vive passando os dedos sobre velhas cicatrizes.

A fantasia violenta segue adiante e se transforma em ensaios mentais. Ele memoriza um roteiro e aprimora os métodos. Ele é o herói maltratado da própria história que cria. Olhando fixo para ele com olhos aflitos há um desfile de rostos aterrorizados. Seu sistema de crenças distorcido opera em torno de um princípio vampírico central: seu sentimento de inadequação é superado quando ele exerce poder completo sobre uma vítima, quando suas ações despertam nela uma expressão de desamparo; é um olhar que ele reconhece, e odeia, em si mesmo.

A maioria dos fantasiadores violentos nunca age. O que leva aqueles que o fazem a cruzar essa linha? Fatores de estresse estão envolvidos. Uma sintonia emocional é disparada. O devaneador sai de seu transe e entra na casa de um estranho.

O autor de "Louco é a palavra" ostenta o tipo de reação emocional desproporcional, comum aos criminosos violentos. Um professor de sexta série que o puniu "criou um estado de ódio no meu coração". O autor escolhe palavras de autopiedade, melodramáticas, para descrever sua experiência. "Sofre." "Não é justo." "Apavorante." "Horrendo."

Eu e Holes começamos a andar de volta para o carro. Repasso então o que sei sobre Danville, que tem uma trajetória similar à de muitas cidades do norte da Califórnia. Houve um tempo em que foi habitada por nativos americanos, instalados no Mount Diablo, a nordeste, mas em 1854 um homem branco abarrotado de dinheiro, ganho na corrida do ouro, chegou ali e comprou quatro mil hectares. Seu nome era Dan. Frutas e cereais resistiram até a década de 1970, quando houve um surto de novos empreendimentos residenciais e as pessoas se mudaram para lá, transformando a cidade num dos mais aconchegantes e ricos subúrbios de East Bay. Holes diz que as fotos aéreas que consultou não mostravam um grande crescimento das construções no bairro na época em que o EAL rondava seus quintais. A casa da vítima foi construída em meados dos anos 1960. A curiosa história de Danville era uma atração. A população dobrou por volta de 1980.

A fama atual de Danville é que se trata de um local homogêneo e cônscio de seu status. Há pouco foi eleita a cidade número um do país em termos de gasto per capita em vestuário.

– Você acha que ele cresceu numa área como essa? – pergunto a Holes.

– De classe média? Sim, é provável que não venha de um histórico de pobreza – diz ele.

Levanto a questão de não ter sido encontrada uma compatibilidade com o DNA do EAL. Estou em território altamente especulativo, sei disso, mas sempre achei que isso poderia indicar que ele operava atrás de uma fachada de respeitabilidade. Provoco Holes para ter sua opinião sobre o DNA.

– Acho isso surpreendente – diz ele. – Temos DNA há mais de dez anos em nível nacional, e ainda não chegamos no cara.

– Você também não acha surpreendente que não se tenha encontrado algum vínculo familiar de DNA? Será que isso não sugere alguém que vem de uma família mais contida? – uma opinião com um leve véu de pergunta.

– Acho que é possível, em contraposição a alguém que viva cometendo atos criminosos – diz ele com cautela.

Holes e eu já estamos agora há várias horas juntos. Ele é uma excelente companhia. E sem que faça força para isso. Na realidade, seu jeito é tão tranquilo e agradável que demoro mais do que o usual para identificar seus padrões de conversa. Quando não está embarcando em alguma ideia em particular, ele me diz isso com naturalidade. Mas quando está desconfortável com uma linha de questionamento, sai de lado mais tangencialmente, seja não respondendo de fato, seja apontando algo de interesse dentro do mesmo cenário.

Sinto um desvio similar da parte dele em relação à questão do histórico socioeconômico do EAL. Holes é um criminalista, procuro lembrar isso a mim mesma. É um quantificador profissional, que trabalha com balanças e paquímetros. Não é um pedante, mas quando depara com inferências preguiçosas, separa os fatos concretos da lama. Ele me corrige quando menciono as grossas panturrilhas do EAL. A testemunha na realidade falou em coxas grossas. Mais tarde naquele dia, ele me mostraria, por meio de uma impressionante planilha, o quanto é temerário concluir alguma coisa física sobre o EAL a partir de declarações das vítimas. A cor dos olhos e a cor do cabelo são mencionadas de várias formas. A pouca iluminação e o trauma obscurecem as percepções. A estatura é a única constante, destaca Holes. O EAL tinha em torno de 1,75 m. Um metro e oitenta indicaria um suspeito alto. Mas ainda assim seria levado em conta, acrescenta Holes.

– Você tem que pecar por excesso.

Sempre o cientista.

Prudência e precisão científica são coisas que me aguardam no futuro. Mas agora, enquanto nos preparamos para ir embora de Danville, ainda estou lançando teorias. Continuo minha tagarelice sobre outros indícios de que o EAL poderia acobertar-se sob uma capa de normalidade. A maioria das vítimas de assassinato era de profissionais liberais que viviam em bairros de classe alta. Ele talvez se apresentasse como alguém pertencente a esse círculo. Pode ser que tivesse algum tipo de emprego convencional. Tinha recursos.

– Sabemos que ele tinha um veículo – digo eu.

Holes assente, seu rosto um pouco tenso. Parece estar elucubrando alguma coisa na mente, debatendo internamente se vale a pena compartilhar um pensamento.

– Sabemos que ele tinha um veículo – diz ele. O que Holes diz em seguida ele o pronuncia bem devagar: – Acho que ele pode ter tido mais do que isso.

Eu na hora sinto-me incapaz de imaginar o que poderia ser.

Holes me conta: – Acho que ele pode ter tido um avião.

Eu tropeço na primeira e única palavra que me vem à mente.

– Jura?!

Ele dá um sorriso enigmático. Eu o havia lido mal. Não estava desaprovando minhas perguntas especulativas. Avaliava o melhor momento de acrescentar a própria linha narrativa.

– Vou explicar isso melhor no almoço – ele promete.

Antes, precisamos fazer uma última parada ainda no Condado de Contra Costa: Walnut Creek.

WALNUT CREEK

A casa de Sidney Bazett, projetada por Frank Lloyd Wright, fica na Reservoir Road, em Hillsborough, arredores de São Francisco, no final de uma avenida sinuosa e muito arborizada, e não é visível da rua. Seus aspectos extraordinários são muito comentados, mas poucas pessoas a viram de fato. Uma tarde de 1949, a sogra do proprietário, que estava na casa sozinha, foi surpreendida por alguém chamando na porta de entrada. O visitante era um homem de negócios de meia-idade, com óculos de lentes grossas. Meia dúzia de homens com trajes sociais e expressão séria estavam em pé atrás dele. O homem explicou que seu nome era Joseph Eichler. Ele e sua família haviam alugado a casa por três anos, de 1942 a 1945, quando os atuais donos a haviam comprado. A casa Bazett, com seus móveis embutidos de sequoia e paredes de vidro, onde a luz do dia filtrava-se em muitas direções e mudava o ambiente de cada aposento ao longo do dia, era uma obra de arte que comovia Eichler. Ele nunca esquecera aquela casa, explicou. Na realidade, viver nela mudara sua vida. No momento, ele negociava com imóveis, e trouxera seus colegas para mostrar-lhes a fonte de sua inspiração. O grupo foi convidado a entrar. Assim que entrou pela porta, Eichler, que iniciara operações na Wall Street e era conhecido como um homem de negócios durão, começou a chorar.

Em meados da década de 1950, Joseph Eichler era um dos construtores mais bem-sucedidos da Bay Area, especializado em residências no estilo Moderno da Califórnia – casas com estrutura em vigas de madeira, telhados em A de pequena inclinação ou rasos, plantas abertas, paredes de vidro, átrios. Sua ambição cresceu junto com seus negócios. Ele queria que a classe média, em rápida expansão no pós-guerra, desfrutasse de linhas geométricas claras; queria levar a estética modernista às massas. Eichler começou a explorar a parte central do Condado de Contra Costa procurando terras para construir um empreendimento. Precisava de várias centenas de hectares. Mais que isso, precisava de uma área que lhe despertasse as sensações certas. Que ficasse em terreno elevado, que ainda não tivesse sido tocada pela expansão urbana, mas contasse com uma infraestrutura já em formação. Em 1954, Eichler visitou Walnut Creek. A cidade era essencialmente uma região campestre, com muitos cavalos. A Ygnacio Valley Road, hoje uma das suas avenidas principais, era um núcleo de duas ruas, onde vacas pastavam com frequência. Mas o primeiro shopping center da região fora inaugurado havia pouco tempo. Tinham um hospital novo. Planos de uma rodovia estavam em elaboração.

Num bosque de nogueiras, na parte nordeste da cidade, do outro lado do Heather Farm Park, a busca de Eichler foi encerrada. Mount Diablo cintilava à distância. Ali estava o lugar perfeito, pensou ele, para uma comunidade de profissionais criativos, de pessoas progressistas apreciadoras de arte e design modernos, pessoas que estivessem cansadas de morar em casinhas todas iguais, onde você podia andar de olhos fechados. O loteamento de 563 casas, 375 no estilo Eichler, o resto em estilo padrão, foi inaugurado em 1958. Um folheto mostra uma linda mulher de vestido esvoaçante, olhando por uma parede de vidro para o seu bem arrumado quintal dos fundos. O teto é de vigamento de madeira; as cadeiras, Eames. Eichler deu à sua nova comunidade o nome de Rancho San Miguel.

O bairro tinha seus detratores. Alguns diziam que o design de Eichler, com sua parede lisa de frente para a rua e orientado para a parte dos fundos, era antissocial. Já não se podia mais agora acenar para os vizinhos pela janela da frente. Outros diziam que as casas eram feias e que pareciam garagens. Mesmo assim, as Eichlers, como eram chamadas pelas pessoas, tinham seguidores devotados, e o Rancho San Miguel, com seus parques e boas escolas, ainda hoje é um lugar muito procurado para morar. Mas as casas incomuns, com paredes traseiras de vidro, portas corrediças e cercas altas vedando os quintais dos fundos individuais, também atraíram outro tipo de seguidores, não os de pensamento mais avançado, mas os de motivações sombrias, um fato que não é mencionado publicamente mas que tem sido desconcertante na esfera privada há muitos anos.

Holes e eu chegamos ao local do primeiro ataque do EAL em Walnut Creek, uma casa estilo Eichler no Rancho San Miguel.

– Eu chamo isso de Triângulo das Bermudas do Condado de Contra Costa – diz Holes. – Tivemos outro ataque de um assassino em série neste mesmo bairro. Uma garota desapareceu. O ataque de um assassino em série conhecido. Uma dona de casa em 1966 foi estrangulada e teve suas calcinhas rasgadas. Ambos ataques do EAL. E a questão é, por quê?

Na primavera de 1979, uma garota de 17 anos de idade que morava no Rancho San Miguel em Walnut Creek começou a receber uma série de ligações anônimas. Especialmente perturbador era que as chamadas a perseguiam pelas casas onde ela ia cumprir tarefas como babysitter. Os pais saíam, ela punha as crianças para dormir. Então o toque do telefone quebrava o silêncio. "Alô?" O familiar vazio era sempre seguido pelo clique de desligar, único sinal de que havia um ser humano do outro lado da linha com intenções.

A garota cumpria essa tarefa regularmente para duas famílias que viviam em casas Eichler, uma em frente à outra, em El Divisadero. No início de maio, uma camisola e uma lista telefônica sumiram da casa dela; mesmo assim, ela não sentiu o hálito quente de uma ameaça se aproximando. A questão das casas Eichler é que chamavam a atenção vistas de fora. Paredes de vidro mostram seus ocupantes como raras peças de museu. À noite, o jogo da luz contra o escuro significa que sua visão fica restrita ao seu próprio reflexo. A pouca visão dispara uma imaginação apreensiva.

Dali a cinco meses, seria lançado o filme *Quando um estranho chama*. Baseado em uma lenda urbana bem conhecida, a história envolve uma babysitter adolescente que é atormentada por uma série de chamadas cada vez mais sinistras. "Você checou as crianças?" um homem não identificado pergunta. O telefone de discar, branco-envelhecido, fica instalado ameaçadoramente na sala, como uma bomba-relógio. A dose de medo aumenta subitamente no final da cena de abertura, quando o detetive que tenta ajudar a babysitter liga de volta para ela com uma mensagem urgente.

– Rastreamos a ligação. Ela vem de dentro da sua casa.

Medo animal em versão moderna.

Quando um estranho chama entrou em cartaz apenas em 2 de junho de 1979. Não houve nenhuma ligação para a babysitter em Walnut Creek naquela noite de sábado; ninguém interpretava uma ligação silenciosa como se fosse o prelúdio de uma abordagem alternativa que estivesse sendo tramada.

Ela estava sentada na mesa da cozinha quando ouviu passos ou uma voz de homem; ela não lembrava o que teria ouvido primeiro, apenas que ele surgiu de repente, como se tivesse sido disparado por uma mola do corredor escuro, direto para o seu coração aterrorizado.

Ele falava pouco e repetia o pouco que dizia. Comunicava-se por surtos de violência espasmódicos e imprevisíveis. Empurrou a cabeça dela para baixo. Amarrou-lhe os pulsos bem apertado com cordão de plástico e vários nós. Mordiscou seu mamilo esquerdo. Criminalistas têm a tarefa de tirar fotos das vítimas na cena do crime. Nunca ninguém aparece feliz nessas fotos, mas todos olham para a câmera. A baby-sitter não. Seu olhar está desviado, os olhos ancorados para baixo. A impressão é que nunca mais irá levantá-los.

Na época, havia um terreno vago e uma escola do outro lado da rua. A casa vizinha estava vazia, com placa de "aluga-se". Cachorros rastrearam o cheiro do EAL e dobraram a esquina, onde ele evidentemente entrara num veículo; ele estacionara na frente de uma casa onde estava sendo construída uma piscina.

A polícia que patrulhava o bairro após o estupro parou um motorista bêbado, que portava uma faca e a respectiva bainha. Pararam também um homem com a calça arriada, que disse estar procurando seu gato perdido. No carro dele, encontraram fotos de mulheres, fotografadas sem saber, por meio de uma lente zoom. Eram apenas dois dos vários sinistros compulsivos que rondavam pelos subúrbios à noite, como os cursos d'água cimentados, mas ainda borbulhando sob Walnut Creek.

Vinte e três dias depois, o EAL voltou ao Rancho San Miguel.

Investigadores que trabalham em casos de criminosos em série dizem que às vezes sentem que o criminoso está falando com eles, como se seus pensamentos privados tivessem sido telegrafados e ele estivesse respondendo. É um diálogo sem palavras, familiar a competidores obsessivos, uma troca de pequenos gestos cujo sentido apenas as pessoas que estão envolvidas na batalha compreendem. No primeiro trecho da corrida entre um policial e um criminoso à solta, o investigador é aquele que olha o relógio com a mente ansiosa de corredor, e o criminoso é o que comanda as ações com um meio-sorriso inquietante.

A segunda casa estilo Eichler ficava a apenas trezentos metros da primeira. A vítima dessa vez foi uma menina de 13 anos de idade. O pai e a irmã estavam na casa, sem saber o que estava acontecendo. Os cães farejadores, com seus guias atrás, dobraram a esquina e pararam de repente num lugar conhecido: o mesmo ponto de antes, diante da casa onde a piscina estava sendo construída.

Os detalhes do crime juntavam-se para formar uma imagem, a de um sorriso desencarnado de satisfação perversa.

– Alguma vez ele voltou? – a menina de 13 anos perguntou aos investigadores que a entrevistaram após o ataque.

– Nunca – disse o primeiro investigador.

– Nunca, nunca, nunca – disse o segundo.

– Esta é a casa mais segura da região – disse o primeiro.

Como se alguma casa pudesse parecer segura a partir de agora.

O bairro não se encaixava bem na tese de Holes sobre construções vizinhas. As casas Eichler haviam sido todas construídas na década de 1950. O Rancho San Miguel não tinha nenhuma construção em andamento na época, embora houvesse um empreendimento novo perto dali. A uns três quilômetros da rodovia 680.

– Fica um pouco fora de mão – diz Holes, olhando em volta. – Alguma coisa o trouxe para cá, para esse bairro mais afastado.

O passeio de carro pelo Condado de Contra Costa tem um sentido diferente para Holes do que tem para mim. Estou vendo a área pela primeira vez. Holes conduz o carro por antigos assassinatos. Cada placa de "Bem-vindo a..." é acompanhada pela memória de evidências forenses, de tardes passadas no laboratório, com olhos fatigados, debruçado sobre um microscópio. Walnut Creek tem reverberações particulares para Holes, e o fazem lembrar do mistério de uma garota desaparecida.

Elaine Davis ia costurar um botão de metal na sua jaqueta de marinheiro. A mãe dela saíra da casa deles na Pioneer Avenue, norte de Walnut Creek, para ir buscar o pai de Elaine no trabalho. Eram 10h30 da noite do dia 1º de dezembro de 1969, uma segunda-feira. Quando os Davis voltaram para casa, Elaine, uma garota de 17 anos que só tirava notas altas na escola, cabelo loiro e rosto em formato de coração, havia sumido. A irmãzinha dela de 3 anos dormia no berço. A casa parecia em ordem. Elaine, que era míope, não levara seus óculos, tão imprescindíveis. Outros itens de Elaine começaram a aparecer. O botão que ela pretendia costurar foi encontrado num terreno atrás da casa. Um pé de seu mocassim com fivela dourada foi recolhido na Interstate 680, em Alamo. Uma dona de casa encontrou uma jaqueta de marinheiro feminina, tamanho pequeno, num trecho remoto da estrada, nas montanhas Santa Cruz, a 120 quilômetros de distância.

Dezoito dias após o sumiço de Elaine, um corpo de mulher foi encontrado boiando em Lighthouse Point, Santa Cruz. Um radiologista estudou os ossos e concluiu que a mulher tinha entre 25 e 30 anos de idade. Não era Elaine. A desconhecida foi enterrada em túmulo coletivo. O desaparecimento de Davis continuou não solucionado.

Trinta e um anos depois, um detetive policial de Walnut Creek, quase em idade de se aposentar, levou o arquivo do caso para Holes, para uma revisão. Holes concluiu que o radiologista estava equivocado e que não poderia ter feito uma determinação precisa da idade. Holes reuniu outros policiais num esforço para exumar o corpo da desconhecida. A sete metros de profundidade, numa encosta de montanha, as pás fizeram contato com uma bolsa de plástico para cadáveres, cheia de ossos.

O pai de Elaine já havia morrido. A mãe vivia em Sacramento. Dois dias após a exumação, os detetives de Walnut Creek pediram para falar com ela. A irmã mais nova de Elaine foi também até a cidade para a reunião. Os detetives deram à mãe e à filha a notícia: identificamos Elaine.

– A família então enterrou-a – diz Holes. – Uma semana depois, a mãe morreu.

Saímos de Walnut Creek, sentido norte. Mount Diablo, uma massa de estranhas protrusões que se erguem sobre vales cortados com precisão para acomodar comunidades planejadas, vai ficando mais longe. Dizem que há gatos selvagens pretos esgueirando-se entre as altas rochas de Mount Diablo. Luzes misteriosas e fugazes foram vistas. Segundo uma lenda local, em 1873, um sapo vivo foi encontrado parcialmente incrustado numa laje de calcário, a setenta metros de profundidade. No final de agosto e começo de setembro, logo após as primeiras chuvas, centenas de tarântulas-macho emergem de buracos no chão. Elas se agitam pelas sálvias montanhosas com aroma de menta à procura de tocas cobertas por delicada seda, onde as fêmeas estão disponíveis para o acasalamento. Curiosos armados de lanternas sobem em bom número até a montanha por volta do pôr do sol ou logo depois que anoitece, a melhor hora para ver as tarântulas. Morcegos revoam sobre os pinheiros cinzentos e os carvalhos sempre-verdes. Grandes corujões piam solenemente. Os fachos das lanternas varrendo as trilhas às vezes captam um pedaço de terra que se move; olhando mais de perto, é possível ver tarântulas do tamanho de pires em fuga. As tarântulas-macho nunca voltam aos seus buracos. Acasalam-se o quanto podem e então morrem, de fome ou de frio.

Cruzamos a ponte para o Condado de Solano, onde iremos virar a leste em direção a Davis.

– Num dia claro, dá para ver Sacramento daqui. E as Sierras – diz Holes.

Ele mora na metade do caminho entre Sacramento e East Bay. Aos fins de semana, com frequência ele visita cenas de crimes.

– Gosto de dirigir – diz ele. Sempre que está no sul da Califórnia, ele visita as cenas de crimes ali também. Durante as viagens à Disneylândia com a família, quando as crianças ficam sonolentas, a mulher dele fica vigiando o sono delas no hotel e Holes vai dar uma volta de carro. Até o loteamento de Northwood em Irvine, até o número 13 da Encina, onde Janelle Cruz morou, ou até o número 35 da Columbus, onde Drew Witthuhn limpou o sangue de sua cunhada Manuela.

– Toda vez eu fico tentando entender "Por quê aqui?" – diz Holes. – Por que esse lugar?

DAVIS

[NOTA DO EDITOR: Esta seção traz trechos de uma transcrição de áudio da viagem a Davis.]

PAUL HOLES: É por aqui que o EAL deve ter viajado até East Bay. Pela I-80, bem onde estamos.

MICHELLE: Se você tivesse que adivinhar o local de origem dele, por exemplo, onde foi que ele estudou... Só um palpite, sem compromisso. Curiosidade minha.

PAUL HOLES: Se eu tivesse que adivinhar? A Sac State. Se é que fez faculdade. Conhecia bem o local, é só olhar onde foi que atacou, não é? Tem todo aquele núcleo do Rancho Cordova, os ataques em La Riviera. E os ataques lá mesmo, perto da Sac State. A Sac State parece provável. Bem, existem algumas outras faculdades de bairro na área de Sacramento, que ele também poderia ter frequentado. Hmm, colegial? Hmm ... Bem, aí as possiblidades são muitas.

MICHELLE: Quero dizer, você não acha que ele poderia ter sido criado em Goleta?

PAUL HOLES: Acho que não, mas quando olho os casos em Sacramento, e – essa é uma coisa, aliás, que eu quero lhe mostrar em alguma hora –, quando você dá uma olhada geral na ordem de seus ataques em Sacramento, vê logo de cara que ele está literalmente cruzando Sacramento de um lado para outro. Ele mostra muita familiaridade com a área.

MICHELLE: Ou seja, a impressão não é de que ele simplesmente foi até a Sac State.

PAUL HOLES: Não, não. Acho que ele tem um histórico em Sacramento. Bem, será que tinha um histórico em Goleta? Quero dizer, tudo é possível. Não sabemos. Mas no sul, Goleta é – na minha opinião – o alvo principal dele. E tem alguma coisa também em Irvine. Alguma razão de ele ter dois casos ali.

MICHELLE: E não ficam longe um do outro.

PAUL HOLES: Não, não ficam. Ventura e Laguna Niguel são as que ficam mais afastadas. [*NOTA DO EDITOR: Holes aqui se refere ao caso de Dana Point; algumas pessoas equivocadamente consideram Dana Point parte de Laguna Niguel.*]

PAUL HOLES: Davis/Modesto para mim é significativo.

MICHELLE: Modesto foi só uma vez ou duas?

PAUL HOLES: Duas.

MICHELLE: Certo.

PAUL HOLES: Portanto, quando fiz minha primeira avaliação geográfica, dividi o EAL em fases. A primeira fase em Sacramento. A segunda em Modesto/Davis. A terceira em East Bay, e depois a quarta fase no sul da Califórnia. Quando você pega essa fase dois – eu coloco Stockton em Sacramento porque o EAL volta a Sacramento depois de Stockton, mas em seguida, quando ataca em Modesto, não volta mais a Sacramento, só após os ataques em East Bay. E fica indo e voltando entre Modesto e Davis. São 180 quilômetros dirigindo entre as duas cidades. E entre o segundo ataque em Modesto e o segundo ataque em Davis, há apenas 22 horas de diferença. Por que ele fica indo e voltando? Acho que tem a ver com trabalho. Ele não está fazendo isso para driblar a lei. Acho que havia uma razão de trabalho envolvida, que fez com que ele fosse mandado até Modesto e depois precisasse ir para Davis, ido e voltado.

MICHELLE: A diferença foi só de 22 horas?

PAUL HOLES: Vinte e duas horas de diferença.

MICHELLE: Uau. Não sabia que tinha sido tão próximo em termos de tempo.

PAUL HOLES: E isso só acontece desse jeito nesses dois casos, e só nesses dois... No caso de Modesto, você tem o motorista de táxi que pega um estranho no aeroporto, deixa o cara lá e esse cara é visto pela última vez indo para o local de uma construção em andamento, que fica logo ao sul de onde as vítimas são atacadas. E no caso de Davis, é onde as pegadas levam de volta da casa da vítima até o aeroporto da

Universidade da Califórnia em Davis. São marcas de sapatos. É isso o que eu quero lhe mostrar. Portanto, não seria possível que o EAL tivesse vindo até Modesto para esse único ataque, e depois voado até a UC-Davis para o segundo ataque?

MICHELLE: Por razões de trabalho?

PAUL HOLES: Sim, de trabalho. E o que isso diria a respeito de quem ele é?

MICHELLE: O quê?

PAUL HOLES: Bem, que se fosse um sujeito comum não estaria voando de avião.

MICHELLE: Não.

PAUL HOLES: Se fosse um camarada comum não estaria produzindo um mapa do tipo "Como seria melhor eu dividir a área desse terreno?"

MICHELLE: Certo.

PAUL HOLES: Tem que ser um cara com recursos. Porque quando você lê o arquivo do caso sobre o EAL, você não pensa nele como alguém rico, certo?

MICHELLE: Certo.

PAUL HOLES: É o que pra mim não bate. Acho contraditório. Mas talvez fosse essa a intenção do EAL. Tudo nele é despiste.

MICHELLE: Ou seja, você se inclina a pensar que ele é um cara com mais recursos?

PAUL HOLES: Acho que sim... Bem, se no final das contas o EAL não estava fazendo isso para um mero trabalho de escola, mas na realidade procurando um terreno para construir e trabalhando para uma construtora, devia estar minimamente envolvido com a companhia, num nível em que sua voz teria bastante peso.

PAUL HOLES: Bem, este é o Village Homes, em Davis. O Village Homes é um conjunto habitacional muito famoso. A propósito, isso que estou lhe mostrando é uma foto aérea do Village Homes, do jeito que era entre o primeiro e o segundo ataques de Davis. Portanto, literalmente, eles fizeram essa foto oito dias antes do ataque número 36. Era esse o aspecto do lugar. Agora, olhe toda essa nova construção que está acontecendo aqui, ao norte do ataque. Vou levá-la lá e contar toda a história do aeroporto.

PAUL HOLES: A vítima de Stockton, da qual estou falando, trabalhava para uma grande construtora do Central Valley. A vítima fez muitos trabalhos para eles. Acabou saindo da empresa ao engravidar. Eu mostrei esse mapa [o mapa da evidência da "lição de casa"] a um amigo que trabalha em construtora. Ele disse, "Isso foi feito por um profissional... Ele está usando esses símbolos". Bem, trata-se de uma opinião vinda de um especialista forense em assuntos de construção. Portanto, dou bastante crédito a essa opinião.

MICHELLE: Acho que você está certo. Não acredito que seja um devaneio.

PAUL HOLES: Acho que não. Sabe, você tem um arquiteto paisagista da UC-Davis dizendo "Há aqui alguns aspectos únicos que a gente só vê no Village Homes".

MICHELLE: É mesmo?

PAUL HOLES: Sim. E você verá isso quando formos lá. O Village Homes é um condomínio muito peculiar. Quer dizer, você tem então o EAL indo lá e atacando. Não seria possível que o EAL tivesse ido até o Village Homes e visto alguns desses aspectos, e então decidisse incorporá-los a esse mapa, qualquer que fosse o trabalho que estivesse fazendo?

MICHELLE: Sim. Como algo que ele fosse mostrar depois, tipo "Hei, a gente poderia fazer desse jeito também" ou algo assim?

PAUL HOLES: Exatamente.

Holes chega ao conjunto de apartamentos onde teve lugar o primeiro ataque em Davis.

Esse ataque, o de número 34, ocorreu por volta de 3h50 da manhã de 7 de junho de 1978 – dois dias após o primeiro ataque do EAL em Modesto. A vítima foi uma estudante da UC-Davis de 21 anos, que morava num prédio de apartamentos, o que Larry Pool mais tarde iria chamar de "anomalia estrutural" – já que essa foi a única vez que o EAL, pelo que se sabe, visou esse tipo de moradia.

Ele entrou no apartamento do segundo andar pela porta de vidro corrediça do pátio. Foi particularmente violento com essa vítima, dando-lhe vários socos no rosto depois que ela de início resistiu. Enquanto a estuprou, empurrou o rosto dela com força contra o chão, deixando-a com o nariz quebrado e uma concussão.

Alguns fatores sugerem que nesse ataque ele pode ter agido mais por impulso do que na maioria dos outros: estava usando uma meia de seda em vez da máscara de esqui; as únicas armas citadas foram uma lixa de unhas e uma chave de fenda; e o agressor, ao que parece, estava usando a camiseta do avesso. O crime, porém, foi sem dúvida um ataque do

EAL, com base no que ele verbalizou e num elemento característico do estuprador, o de colocar o pênis entre as mãos amarradas da vítima e obrigá-la a masturbá-lo.

PAUL HOLES: Muito bem, então o primeiro ataque em Davis foi o da universitária da UC-Davis. Estudante de Moda.

MICHELLE: Esse não é aquele caso em que ele foi visto saindo do estacionamento cantando pneu?

PAUL HOLES: Sim. Era um Camaro preto, parece. Mas não tenho certeza se era ele.

PAUL HOLES: Puxa, isso aqui mudou muito. Na verdade, já morei aqui um tempo atrás.

MICHELLE: Ah, é mesmo? Isso aqui tecnicamente é considerado alojamento do campus?

PAUL HOLES: São alojamentos fora do campus. Acho que nos anos setenta eram diferentes. E também mudaram desde que estive aqui.

Holes para o carro em ponto morto, com o motor ligado.

PAUL HOLES: Aqui mora só a garotada da universidade. No Russell Boulevard, você vê todo mundo andando de bicicleta. Assim, se ele estava em Davis por qualquer motivo, acho que nesse caso deve ter visto alguém e seguido até aqui.

MICHELLE: É, faz sentido.

PAUL HOLES: Deve ter visto alguma garota que chamou sua atenção por qualquer motivo, e então quis descobrir onde ela morava. Não acho que estivesse espreitando ou roubando. Não é o típico do seu...

MICHELLE: Modo de agir.

PAUL HOLES: Isso.

Eles seguem em frente até o segundo local, a cena do ataque número 36. O segundo dos três ataques em Davis se deu por volta das 3 da manhã de 24 de junho de 1978 – um dia após o estupro número 35 do EAL, em Modesto.

A vítima foi uma dona de casa de 32 anos de idade, cujo marido estava na cama com ela. Os dois foram amarrados. Também estava ali o filho de 10 anos do casal, que o agressor trancou no banheiro. Ele vasculhou a casa antes de voltar para a mulher, e então levou-a até a sala para estuprá-la. Antes de sair da casa, roubou 17 rolos de moedas.

PAUL HOLES: Agora estamos entrando no Village Homes.

MICHELLE: Certo.

PAUL HOLES: Todas as ruas têm nomes de *Senhor dos Anéis*.

MICHELLE: Sério?

PAUL HOLES: Sim. O dono da incorporadora, Michael Corbett, era muito ligado em *Senhor dos Anéis*.

MICHELLE: Muito ligado quer dizer exatamente...

PAUL HOLES: Que era muito fã da história.

MICHELLE: Ah, certo. Um nerd.

PAUL HOLES: Ele e a mulher, Judy Corbett, os dois levaram adiante o empreendimento. Todas essas casas... já estamos na rua, essa é a parte dos fundos das casas. A frente dá para uma área verde comum. E isso era para incentivar o sentimento comunitário. Ou seja, fazer os vizinhos saírem das casas. Eles têm jardins – jardins comunitários; espaços verdes compartilhados.

MICHELLE: Quer dizer que um estudante, por exemplo, não moraria num lugar assim?

PAUL HOLES: É pouco provável. Você até poderia, mas naquela época essas casas eram recém-construídas. Os estudantes não tinham condições de bancar.

Holes dirige o carro pelo condomínio, procurando a casa onde o ataque aconteceu.

PAUL HOLES: Ou seja, nossa vítima... vivia aqui nesta casa. Bem aqui do lado direito da rua.

MICHELLE: Hmm.

PAUL HOLES: E tudo aqui deste lado ainda estava em construção naquela época. Então você vê as ruas compridas e estreitas, sem saída, ou fazendo um U no final e voltando, algo que a administração da cidade quis vetar, dizendo "Isso aqui, de jeito nenhum". E então os Corbetts mandaram o departamento de bombeiros trazer os caminhões, para mostrar que sim, você pode fazer o retorno aqui no final. Vou dar uma volta para que você possa sentir melhor algumas características desse lugar. É solar. Todas as casas tinham aquecimento solar passivo. Isso era uma grande novidade na época.

PAUL HOLES: Veja esse exemplo aqui. Esta é uma passarela sobre uma vala de drenagem aberta. E é por aqui que o EAL veio.

MICHELLE: Como você sabe disso?

PAUL HOLES: Marcas de sapatos. Corbett me contou que essa área aqui embaixo era como uma caixa de areia. Todo dia, ele limpava e aplanava. E depois do ataque, Corbett estava aqui fora, e havia marcas de sapatos na caixa de areia que ele acabara de limpar. E ele seguiu essas marcas de sapatos até a casa da vítima, continuando em volta da casa e pela área verde. E conversei com ele e então ele me disse: "Sabe, eu fui escoteiro, e uma das coisas que eu mais gostava era de seguir pistas. Então eu costumava fazer isso o tempo todo". E então ele continuou: "Eu vi essas marcas de sapatos e senti que precisava rastreá-las". Ou seja, ele tem uma habilidade maior que a média das pessoas. Não que seja algo como um especialista em busca e resgate, mas...

MICHELLE: Ele meio que sabia o que estava fazendo.

PAUL HOLES: Sim. Então ele disse que as marcas de sapatos vinham por aqui e seguiam mais adiante.

MICHELLE: H-hmm.

PAUL HOLES: Aqui é como se fosse uma área verde comum.

MICHELLE: Espere, você está dizendo então que as marcas davam toda a volta?

PAUL HOLES: Isso; quer dizer, ele foi e voltou por aqui, e deu a volta pela casa da vítima, e essas marcas de sapatos estavam no quintal dos fundos da vítima também.

MICHELLE: Um condomínio interessante esse aqui. Acho que nunca havia entrado num lugar como esse.

PAUL HOLES: É bem peculiar. O Village Homes ficou famoso no mundo inteiro. O François Mitterrand deu uma volta por aqui de helicóptero para visitar a área, porque era uma novidade. Estudantes de todas as partes e construtores vinham aqui dar uma olhada. E daí você via coisas como "Village Homes, em Davis. Estamos criando um empreendimento; vamos ver o que eles estão fazendo e o que podemos incorporar no nosso negócio". Apareceu... na capa da revista *Sunset*. A Betty Ford andou de bicicleta por aqui. Eu dei uma volta de carro com a minha mulher também por aqui, e ela virou e disse: "Nunca vou morar num lugar desses".

MICHELLE: É meio claustrofóbico.

PAUL HOLES: É claustrofóbico, e é um paraíso para os predadores. Você não consegue enxergar nada. Quer dizer, o cara consegue entrar, consegue atacar e consegue ir embora, e ninguém jamais fica sabendo.

PAUL HOLES: A terceira vítima – e vou levá-la lá depois – era do bairro que fica logo adiante. Ou seja, os três ataques de Davis foram bem próximos.

MICHELLE: É, estou percebendo.

PAUL HOLES: Uma das coisas interessantes é que esta vítima e a terceira vítima de Davis dividiam carona. Os filhos estavam na mesma pré-escola. E essa é a única conexão entre as vítimas, que eu saiba. Mas isso na verdade nunca foi explorado.

MICHELLE: Certo.

PAUL HOLES: Ninguém voltou a contatar essas vítimas para conversar com elas. Será que o EAL viu as duas juntas numa mesma viagem de carro e foi por isso que decidiu escolhê-las, ou foi pura coincidência, ditada pelo fato de ele ter atacado locais muito próximos?

MICHELLE: Certo. Será que uma sabia que a outra havia sido vítima também? Você sabe algo a respeito disso?

PAUL HOLES: Não, nem isso eu sei.

PAUL HOLES: Bem, o EAL aparece aqui... e então segue por esse lado. E eles no início não deram muita importância a isso; o primeiro policial que Corbett chama, ele, Corbett, chega para o policial e diz: "Ei, eu segui essas marcas de sapatos", e o policial responde: "Ah, esse caminho é onde o pessoal costuma correr, e fica afastado demais, não vejo por que o criminoso iria parar o carro aqui e depois seguir por ali para atacar". Bem, as marcas de sapato continuam, e vão até esse bosque de oliveiras, ali na frente.

PAUL HOLES: Portanto, aqui é o outro lado desse bosque de oliveiras.

MICHELLE: Certo. Então ele deve ter estacionado nesse espaço bem aqui?

PAUL HOLES: Não; porque as marcas de sapato continuam.

MICHELLE: Ah, meu Deus. Mas isso não teria feito com que ele corresse o risco de ser visto?

PAUL HOLES: Naquela hora da noite? Isso aqui fica um breu!

MICHELLE: Certo. E provavelmente ele estava de roupa escura.

PAUL HOLES: Quer dizer, o que ele faz todas as vezes? E faz isso em bairros mais movimentados, com casas. Andando pelo meio delas. O que provavelmente é mais arriscado do que andar por aqui.

MICHELLE: É, acho que você tem razão.

Holes segue adiante de carro pelas instalações da UC-Davis, com vários prédios de pesquisa espalhados à direita, e campos de cultivo à esquerda.

PAUL HOLES: Então, ele rastreia as marcas de sapatos... que vêm continuando e param aqui. Não posso entrar aqui. É o que eles chamam de "Bee Biology" ["Biologia das Abelhas"]. Eles fazem muitos estudos sobre abelhas nesse prédio.

MICHELLE: Sei, sei.

PAUL HOLES: Quando comecei a ler o arquivo desse caso, não entendi direito. Achava que fosse "Boo Biology". E pensei, ah, deve ser lá longe no campus, e então concluí "Não deve ser nada". Mas quando você olha onde ele disse que perdeu a trilha dos passos, as marcas de sapato terminam virando à esquerda. E o que você tem aqui? Bem... dê uma olhada. É o aeroporto!

MICHELLE: Nossa!

PAUL HOLES: E aí eu me vejo ligando para os aeroportos e perguntando: "Que tipo de registros vocês têm aí?".

Os dois riem.

PAUL HOLES: A minha noção ingênua a respeito de voos, sabe como é... eu achava que toda vez que você pilota um avião tem que registrar um plano de voo; você chega num aeroporto, eles sabem que você chegou, e tudo mais. Mas eles me disseram "Não, não. Aqui qualquer um pode chegar e sair. Não temos ideia de quem vem aqui. E quando chegam de madrugada, eles descem e guardam o avião eles mesmos. Vão fazer o que têm que fazer, depois vão embora, e a gente nem fica sabendo quem passou por aqui".

MICHELLE: Mas isso está certo?! É estranho.

PAUL HOLES: Bem, o que temos aqui é este caso, 22 horas depois do ataque em Modesto. O caso de Modesto tem um homem estranho que é recolhido no aeroporto, depois largado perto de uma nova construção, e ao que parece vai em direção à casa da vítima.

MICHELLE: Mas por que o tal homem era tão estranho?

PAUL HOLES: O taxista disse que ele veio só com uma bolsa. E que ele disse apenas "Me leve até a Sylvan and Meadow". E depois, "Pode parar bem aqui". Ele desce e simplesmente sai andando até um lugar onde o taxista diz que não havia nada, a não ser casas em construção. E então temos o caso seguinte... onde há uma conexão com o aeroporto.

MICHELLE: Estou tentando pensar que tipo de pessoa teria um avião desse tipo. Seria o quê, um avião pequeno?

PAUL HOLES: Bem, um avião pequeno abre várias possibilidades. Sabe, esses empresários de construtoras em geral têm o próprio jatinho da empresa, para várias pessoas. Depende se você está falando de alguém com um aviãozinho pequeno, alguém que não é um milionário, certo? Ou alguém muito rico, que tem...

MICHELLE: Sei.

PAUL HOLES: Então, se você fala com esses donos de construtora e pergunta a eles "Vocês iriam de avião? Se vocês tivessem empreendimentos pelo estado, iriam de avião até lá?" Eles responderiam "Sim, iríamos de avião até lá. Ir de avião sai muito caro, mas é uma espécie de vaidade do ego. Às vezes é bom sermos vistos como caras bem-sucedidos, que têm o próprio avião e fazem uso dele. E, sim, poderíamos de vez em quando ir de avião checar como vão as obras nos nossos domínios".

MICHELLE: Certo. Mas havia algum outro indício em algum dos casos que levasse também a um avião? Sei lá, algum tipo de... ele não tinha, digamos, algum objeto de navegação?

PAUL HOLES: Não, nada que eu possa lembrar.

Holes está tentando localizar a casa da terceira vítima de Davis. Esse ataque, o de número 37, ocorreu em 6 de julho de 1978, às 2h40 da manhã. A vítima foi uma mulher de 33 anos de idade – que se separara recentemente e dormia sozinha –, cujos filhos dormiam em outro quarto. O EAL usou os filhos dela como forma de manipulá-la, ameaçando matá-los se ela não fizesse o que ele mandava. Depois de estuprar e sodomizar a vítima, ele chorou. Um hiato de três meses então iria se seguir, após o qual ele reapareceu na área de East Bay.

PAUL HOLES: Era uma casa de esquina. Quero dizer que era no final. Acho que essas casas não estavam aqui na época. E não há casas atrás. E naquele tempo estavam fazendo obras na escola. Portanto, o ataque aconteceu aqui. Havia muitas construções em andamento nesta área... Aqui está ela. Isso... essa vítima dividia carona com a vítima anterior de Davis.

MICHELLE: Uau. Muitas dessas cenas ficam muito mais perto umas das outras do que eu imaginava. Quer dizer, algumas não, mas... outras, é interessante.

PAUL HOLES: Certo. Bem, são bairros pequenos. Ele ficou familiarizado com os bairros. Danville é bem concentrada. Concord. Walnut Creek.

MICHELLE: Com certeza. Acho que em Rancho Cordova ... lá também não eram bem perto uma da outra?

PAUL HOLES: Sim. Não exatamente coladas, mas digamos logo virando a quadra. Bem perto.

MICHELLE: Sei. Quer dizer, se você sai correndo pela rua sem calças, ou você mora ali perto, ou seu carro está logo ali. Ou então você é um doido. Ou todas as anteriores.

PAUL HOLES: Bem, um desses caras que me ocupou por um tempo, um assassino em série chamado Phillip Hughes... nas entrevistas com o psiquiatra dele, ele admitiu que, quando estava no colegial, saía de casa no meio da noite – os pais não tinham ideia – e ele saía pela rua pelado, e então invadia outras casas do bairro para roubar roupa de mulher.

MICHELLE: E isso foi antes que ele chegasse a ser violento com alguém?

PAUL HOLES: Sim, pelo menos que a gente saiba. Havia matado alguns bichos. Você sabe, toda aquela história da tríade do assassino em série [a teoria de que torturar animais, provocar pequenos incêndios e urinar na cama na infância são prenúncios de violência sexual ao chegar à vida adulta].

MICHELLE: Certo.

PAUL HOLES: Mas isso foi quando ele estava no colegial. Acho que nessa idade há um certo... frisson de ficar na rua sem roupa.

MICHELLE: Certo.

PAUL HOLES: Agora, podia ter também um aspecto prático, não é? Vamos dizer que fosse seu primeiro ataque, e então ele pensa "Bom, como eu vou lidar com as calças? Simplesmente não vou usá-las. Não quero que me atrapalhem."

MICHELLE: Certo. Isso mesmo, porque eu acho interessante que em muitos dos assassinatos ele matou as pessoas usando aquilo que estava mais à mão na hora.

PAUL HOLES: Isso mesmo. Ele tinha uma arma, mas para matar com golpes, usava o que estivesse por perto.

MICHELLE: Existe alguma coisa que diferencia quem mata a pancadas de quem mata usando outros meios?

PAUL HOLES: Bem, dar pancadas e apunhalar são em essência a mesma coisa. Veja bem, é algo muito pessoal. Você está descarregando muita violência, muita raiva, em cima daquela pessoa. Agora, estrangular... esmurrar ou estrangular, isso tudo...

MICHELLE: Quer dizer que aquilo que você faz com as próprias mãos basicamente tem origem no mesmo lugar?

PAUL HOLES: Sim, é a mesma coisa. Ao contrário de matar com uma arma de fogo – aí é menos pessoal. E mais fácil. Qualquer um pode matar alguém com uma arma de fogo. Pode matar a certa distância. Mas quando você está num confronto físico com a pessoa, é uma coisa mais pessoal. Sabe, a gente lê a respeito desses caras que ficam olhando nos olhos da vítima enquanto estão estrangulando...

MICHELLE: Certo.

PAUL HOLES: Sabe, e eles se sentem onipotentes, porque, essencialmente, estão controlando se a vítima vai morrer ou vai viver.

FRED RAY

ESTOU NA MINHA SEGUNDA XÍCARA DE UM CAFÉ HORROROSO, numa cafeteria em Kingsburg, Califórnia, 36 quilômetros a sudeste de Fresno, enquanto alguém está me explicando um mistério que há anos me desconcerta. O homem que me fornece a resposta, Fred Ray, é alto e lacônico, tem uma fala lenta, anasalada, própria das gerações de fazendeiros do Central Valley. Quando Ray não usa seus longos dedos para enfatizar algum ponto, ele junta as mãos entrelaçadas sobre o peito, como um erudito. Seu cabelo é quase todo castanho, invejavelmente abundante para um detetive aposentado, que está sendo questionado sobre um duplo homicídio ocorrido há 35 anos e que ele investigou. Tive uma impressão pouco generosa de Ray quando o vi entrar, com a sua surrada valise e seu timbre de voz fanhoso da *Dust Bowl*. Ele explica que quis encontrar comigo mais cedo para evitar a multidão de secundaristas, mas não vi ninguém com menos de 70 anos na cafeteria, um local pequeno, com poucas mesas de fórmica, prateleiras com enfeites suecos (Kingsburg é conhecida como Pequena Suécia), e um balcão de vidro estreito com alguns doces esparsos. Entre os poucos clientes estão também a mulher de Ray e o pastor dele, que me pergunta de onde eu sou, apesar de eu não ter sido apresentada como alguém de fora da cidade. Digo que sou de Los Angeles.

– Bem-vinda ao estado da Califórnia – diz o pastor. Mas minha impressão de Ray muda de repente logo no início da nossa conversa, quando ele descreve seu tempo como detetive do Escritório do Xerife do Condado de Santa Barbara, em particular sua experiência interrogando certo tipo de garotos problemáticos. Aparentemente, os garotos, a maioria jovens brancos, não representavam ameaça. Fluía por eles o ritmo pacato de uma cidade litorânea de velhas famílias endinheiradas, embora não vivessem no bairro chique de Hope Ranch, com suas pistas para cavalgadas e praias particulares, e sim no estacionamento de trailers de Hollister. Eram os Garys e Keiths, garotos bronzeados e despenteados do final dos anos 1970, que começavam e depois largavam as escolas locais, como Dos Pueblos ou San Marcos High. Arrastavam poltronas velhas até os bosques de abacateiros e ficavam lá escondidos, fumando maconha plantada em casa. Passavam o dia inteiro surfando na Haskell's Beach e à noite se reuniam em volta da fogueira, bêbados e sentindo-se fora do alcance, em segurança; sabiam que a polícia nunca iria se aventurar pelos rochedos cobertos de sálvia e arbustos para invadir uma festa na praia. Os problemas que podiam criar eram ninharia. Pequenas contravenções. Exceto que Ray descobriu um número surpreendente deles envolvidos num passatempo preocupante, que eles mantinham em segredo até mesmo uns dos outros: sentiam enorme prazer em invadir a casa de estranhos no meio da noite.

Eram gatunos. Espreitadores. O furto era secundário. O que consideravam motivo de orgulho, segundo Ray apurou em conversas com eles, era seu talento de invadir uma casa, rastejar pelo piso e então ficar em pé no escuro, sem serem percebidos, vendo as pessoas dormindo. Ray ficou impressionado com os detalhes que eles revelavam, depois que ele conseguia fazê-los começar a falar sobre isso.

– Eu sempre arrumava um jeito de fazer os garotos conversarem comigo – Ray diz.

– Como você conseguia?

Ele abre as mãos. Seus traços faciais se suavizam imperceptivelmente.

– Bem, você sabe, todo mundo faz isso – diz ele, num tom ao mesmo tempo confidencial e direto. – Todo mundo sempre quer ver como são as coisas na casa dos outros.

Isso soa razoável. Eu concordo.

– Certo – digo eu.

Mas então Ray volta rápido para o seu eu anterior, seu eu real, e então compreendo que, sem que eu percebesse, ele assumira uma postura um pouco mais à vontade e uma expressão mais relaxada, a fim de parecer mais casual. Não era como o método torpe de obter informações de suspeitos que vemos em séries de tevê como *Lei e Ordem*. A transição repentina era impressionante. Eu caí direitinho na artimanha dele. Um dos maneirismos mais eficientes de Ray é dar um sorriso largo, imprevisível, o oposto de uma atitude ansiosa, e portanto mais gratificante quando você se deixa envolver. Ele me ganhou, e sabe disso. Ele sorri.

– Todos eles querem contar sua história, mas querem contá-la a alguém que não fique alarmado. Quando você senta ali, sem demonstrar nenhuma emoção, meio que concordando com eles, quase como alguém que está curtindo o que eles contam, então eles abrem a boca.

Aquele desfile de jovens problemáticos que Ray questionava décadas atrás interessa-me por uma razão específica.

– Você naquela época entrevistou esses garotos, esses espreitadores – digo eu.

– Você acredita que pode ter falado com *Ele*?

– Não – responde rápido.

Em seguida, mais cauteloso: – Quem sabe.

Mas diz isso balançando a cabeça negativamente.

Ele. A terceira pessoa de toda entrevista que eu realizo, o assassino sem rosto cujas marcas de tênis uma vez Ray rastreou pelo bairro, refazendo o caminho do homem que espiava de janela em janela procurando vítimas. Ray estava muito envolvido no caso de outro assassino em série, que pegava caronistas, dava-lhes um tiro na lateral da cabeça e então fazia sexo com seus cadáveres; ao longo de sua carreira, deparou com corpos decapitados e viu de perto cortes ritualísticos feitos na pele em decomposição de uma jovem mulher. Mas o único assassino que, segundo ele, fez "os pelos da minha nuca arrepiarem" foi aquele que agora me levava até lá. "Ele."

Não me surpreende Ray acreditar que não falou com o homem não identificado que apelidei de Assassino do Golden State. Todo detetive que entrevistei e que trabalhou no caso diz o mesmo. Eles tiveram nas mãos as amarras previamente cortadas que ele largava e examinaram seus esper-matozoides ao microscópio. Ouviram e reouviram gravações de áudio de testemunhas e sobreviventes hipnotizados, tentando captar algum indício aparentemente descartável a respeito de sua identidade. Décadas após se aposentar, um detetive viu-se uma vez agachado nos bosques em torno da casa de um possível suspeito no Oregon, esperando o lixo ser colocado para fora para poder recolher alguma amostra de DNA. O Assassino do Golden State espreita os sonhos deles. Arruinou casamentos. Está enterrado tão fundo em suas mentes que eles querem acreditar, precisam acreditar que se cruzarem com ele, olho no olho, irão reconhecê-lo.

– É como uma coisa de cão farejador – um detetive comentou co-migo. – Acho que se estivesse num supermercado e ele passasse do meu lado eu iria saber.

Explico a Ray que a razão de meu interesse pelas suas memórias a respeito de jovens espreitadores é que recentemente eu visitara Goleta, a cidade 12 quilômetros a oeste de Santa Barbara na costa central da Califórnia, onde o assassino atacou três vezes entre 1979 e 1981. Os três ataques foram num bairro despretensioso da região nordeste de Goleta, uma área com menos de cinco quilômetros quadrados. Marcas de sapatos e cordões para amarrar que presumivelmente haviam caído de seu bolso por acidente mostram que ele transitou pelo Córrego San Jose, uma garganta estreita que começa nas montanhas ao norte e desce sinuosamente pelo bairro de casas padrão, até desembocar no Pacífico. Todas as suas vítimas moravam perto do córrego.

Andei ao longo do leito do córrego, relatei ao Ray, e fiquei impressionada com a beleza do caminho, a mata crescida, a sombra das árvores imensas e frondosas e aquelas rochas cobertas de musgo espalhadas por ali, e imaginei como seria aquilo tudo para um certo tipo de garoto adolescente dos subúrbios, garotos meio selvagens, com pouca supervisão dos pais, ansiosos para ter um refúgio. Balanços feitos de corda pendiam dos plátanos. Adultos que haviam crescido no bairro contaram que em meados dos anos 1970 alguns meninos construíram ali uma pista de BMX. Havia túneis secretos e valas de drenagem cimentadas onde os meninos andavam de skate. Não havia iluminação, e a trilha era confusa e difícil de seguir. Dava a impressão de ser um lugar que você só conheceria se tivesse passado muito tempo ali quando garoto.

– Especialmente quando você examina o primeiro ataque na Queen Ann Lane – digo eu. A casa da Queen Ann Lane não é visível nem mesmo da rua, pois fica atrás de outra casa. Você só percebe que ela existe vendo-a da trilha junto ao córrego.

A menção ao ataque de 1º de outubro de 1979 na Queen Ann Lane endurece as feições do rosto de Ray, normalmente neutras.

– Sabe, eles poderiam ter pego o cara naquela noite – diz Ray.

Foi a noite em que o EAL decidiu que tinha que matar. A noite em que as vítimas sobreviveram, e o vizinho, um agente do FBI fora de serviço, perseguiu o suspeito que fugia numa bicicleta de dez marchas roubada. Caminhei pelo trajeto da perseguição e parei no lugar onde o agente o perdeu. O agente estava em contato pelo rádio com os policiais a caminho do local. Nunca entendi bem por que ele não foi pego.

– Eu sabia o que ia acontecer – diz Ray. Ele balança a cabeça. – Sei exatamente o que os policiais iam fazer.

O que eles fizeram foi deixá-lo escapar.

"ELE"

O PRIMEIRO MOMENTO DA ENCRENCA de mais de trinta anos atrás em que se meteu Jim Walther° começou em Danville, nas primeiras horas de 2 de fevereiro de 1979, quando foi acordado pela lanterna do policial Carl Fabbri, do Xerife de Contra Costa. Walther disse que estacionara seu Pontiac LeMans cinza, junto à Interstate 680, porque precisou dormir, depois de sair de seu trabalho como guarda-freios da Western Pacific Railroad. Fabbri não engoliu a história. O carro de Walther estava estacionado em Camino Tassajara, a uns dois quilômetros e meio da rodovia. Por que se afastar tanto para tirar uma soneca? Ele examinou os olhos de Walther procurando indícios de sono. Fabbri não estava para brincadeiras. Vinha patrulhando o bairro desde a noite anterior, quando saíra numa perseguição malsucedida a um gatuno. Cinco meses antes, o fantasma mais infame de Sacramento, o Estuprador da Área Leste, havia feito um desvio de 110 quilômetros para sudoeste até a área deles. Quatro ataques. Uma mulher divorciada de 32 anos de idade, que morava numa casa de esquina perto da Iron Horse Regional Trail, havia sido sua vítima mais recente, em dezembro. – Você gosta de levantar o pau dos outros? – ele cochichou no ouvido dela. – Então por que você faz meu pau levantar toda vez que eu te vejo? – O ataque foi a menos de dois quilômetros de onde Walther estava agora estacionado.

O policial Fabbri mandou Walther esperar e pediu que pesquisassem seu prontuário. O garoto tinha um mandado de prisão por violações ao código de trânsito. Sua ficha registrava uma detenção dois anos antes por porte de pequena quantidade de maconha – em Sacramento. Tinha 21 anos, 1,78 m de altura, 68 quilos. O perfil geral parecia bom, mas os

---

° Pseudônimo.

detalhes não. Fabbri e seu colega deram voz de prisão a Walther. Os protestos dele eram coisa de rotina, até que o colega de Fabbri pegou uma câmera Polaroid para fazer uma foto para a ficha criminal, e isso disparou alguma coisa em Walther. Ele enlouqueceu. Fabbri teve que contê-lo fisicamente. Era estranho. O garoto tinha uma ficha pouco comprometedora. Por que ficara tão alarmado ao ter sua foto registrada? Precisaram segurar a cabeça dele para conseguir bater a foto.

A caminho da prisão, Walther travou uma conversa estranha, quase um monólogo, com os policiais que o prenderam.

– Ninguém nunca pega os verdadeiros criminosos – Walther dizia. – Eles sempre escapam.

As coincidências incriminatórias se acumularam desde o início. Quando lhe perguntaram o endereço, Walther escreveu Sutter Avenue, Carmichael. Leste de Sacramento. Um policial lembrou de ter visto um carro fora do padrão, como o de Walther, perto de San Ramon, na época em que o EAL atacou por ali. Logo depois de sua detenção, Walther abandonou seu carro e arrumou outro. Ficou em silêncio quando os investigadores da Força Tarefa do EAL o interrogaram, e solicitou um advogado, cortesia da mãe dele – uma mulher dominadora, que se referia ao seu filho adulto como "meu Jimmy", e que uma vez agrediu o oficial de justiça do filho. O advogado disse aos investigadores que seu cliente não iria cuspir saliva numa gaze para uma amostra, porque "isso poderia ser incriminador". A força-tarefa continuou a pressionar Walther. Ele continuou resistindo. Dispôs-se a informar que seu tipo sanguíneo era A e que usava calçado número quarenta, o mesmo do EAL. Por fim, em agosto, os policiais ligaram do apartamento da namorada dele e disseram que sabiam que ela plantava maconha ali. Deram-lhe uma alternativa simples: ou ele cuspia na gaze ou eles prendiam a namorada. Ele cuspiu na gaze.

O resultado do teste da saliva descartou Walther. Era um secretor. O EAL era não secretor. A força-tarefa eliminou-o como suspeito e passou a examinar elementos mais recentes.

———

Mais de trinta anos depois, Paul Holes questionou essa eliminação. Como veterano do laboratório de criminalística, sabia que o teste da condição de secretor usado na época estava distante do ideal. Na década de 1980, especialistas em controle de qualidade descobriram graves falhas no método. Desde então, cientistas também haviam descoberto que um pequeno segmento da população é composto por secretores aberrantes, indivíduos que podem expressar o tipo ABO em alguns de seus fluidos mas não em outros. Holes sentia que a eliminação de suspeitos com base na condição de secretor não era confiável.

Holes tinha também o benefício da retrospecção, nesse caso uma retrospecção de três décadas. Agora sabiam muito mais a respeito do EAL. Holes podia abrir o Google Earth no computador e sobrevoar os locais dos ataques e as cenas de circunstâncias suspeitas, em ordem cronológica, um vertiginoso salto em comparação com os velhos mapas com alfinetes amarelos espetados e carrinhos azuis em miniatura e pessoas pequeninas representando pegadas ou testemunhas. Podia ajustar a velocidade e a altitude. Podia ficar sentado na sua mesa e acompanhar a trilha do assassino com os olhos. O trajeto em ziguezague parecia-lhe aleatório, mas, para "Ele", não era.

Holes lamenta não ter se transferido para a unidade de investigações vinte anos atrás, quando foi tentado a fazê-lo pela primeira vez. Preferiu trilhar o caminho mais seguro. Tinha dois filhos pequenos. Estava em ascensão na hierarquia da ciência forense. Dá para ver por que ele é hoje o diretor-executivo. Loiro, físico atlético, rosto bonito, cordial. Nunca faz caretas ou revira os olhos. Seus pais são de Minnesota, e ele mantém um pouco aqueles "o"s longos. Uma vez mencionei Rupert Murdoch e ele deu de ombros, não reconheceu o nome. – Andamos em círculos diferentes – comentou. Olhando para ele, você nunca adivinharia que seus pais uma vez lhe deram o livro *Sexual Homicide: Patterns and Motives* ["Homicídio sexual: Padrões e motivações"], como um presente do tipo "o título me fez lembrar de você".

No início, o teste de DNA exigia horas de um tedioso trabalho manual. Em casos de estupro, por exemplo, você pegava um esfregaço de um tubo plástico, isolava o esperma e localizava os marcadores de DNA por meio de uma técnica chamada *dot-blot*, que envolvia o uso de uma série de tiras brancas, bandejas e lavagens especializadas. Conforme a tecnologia avançou, cada vez mais braços robóticos e instrumentos passaram a fazer esse trabalho. Com isso, Holes pôde dedicar mais tempo a casos não solucionados. Holes achava que Walther poderia ser "Ele".

Quando, naquela tarde de primavera de 2011, deparou com a evidência da "lição de casa" na Sala de Provas do Xerife, estava na verdade procurando uma máscara de esqui – a máscara de esqui de Walther. Sabia que, na época em que Walther era o suspeito número um, os investigadores da força-tarefa haviam entrevistado um amigo dele, um rapaz detido com Walther em 1977 por vender maconha em Sacramento. O amigo deu-lhes alguns pertences de Walther, entre os quais uma máscara de esqui preta. O perfil de DNA de Walther ainda não estava no sistema; Holes achou que talvez pudesse desenvolver um perfil a partir de fios de cabelo ou células da pele extraídos da máscara.

Infelizmente, Walther estava desaparecido. Sumira da face da terra. Faltara a uma audiência sobre um delito de violência doméstica do qual fora acusado em 2003, e havia um mandado de prisão expedido em seu nome. Sua carteira de habilitação fora suspensa em junho de 2004. Depois disso, nada. Nenhum cartão de banco. Nenhum registro de emprego. Nada na previdência social. Holes tentou reconstruir a vida bagunçada de Walther da melhor maneira. Solicitou e recebeu seus históricos escolares e notou intrigado que seu professor da sexta série era um homem, algo incomum na época. Holes contatou o professor por telefone. O homem, já idoso, disse não se lembrar de Walther. Mas comentou que a punição de escrever várias vezes a mesma frase era um castigo comum em sala de aula, que ele aplicava na época.

O professor mencionou que dez anos antes um homem não identificado havia ligado para ele e cantado "Freedom Isn't Free", uma canção que o professor obrigava os alunos indisciplinados a cantar em sala de aula. – Lembre-se disso – falou a voz, e desligou. A ligação perturbou o professor, a ponto de ele trocar o número de telefone e excluí-lo da lista. Ele disse a Holes que sentia muito não poder ajudar mais.

Holes foi atrás a letra da música "Freedom Isn't Free", de Paul Colwell.

"Havia um general chamado George", começa a quarta estrofe da letra, "Com uma bandinha em Valley Forge."

———

Ron Greer[*] poderia muito bem ser "ele". O cara fumava três maços de cigarros por dia, morava num apartamento decrépito, e lá estavam

———

[*] Pseudônimo.

os policiais agora, como quem não quer nada, oferecendo-lhe cigarros da marca que eles, por meio de vigilância, haviam descoberto ser a sua preferida. Ele não aceitou um único cigarro. Era um cara muito tenso e desconfiado. Ken Clark, detetive do Xerife de Sacramento, junto com seu colega, fizeram o possível para deixar o homem mais relaxado. Não queriam sair de lá sem conseguir uma amostra direta de DNA. Mas Greer recusou-se até a dar um gole de uma garrafa de água. Sabia do que se tratava aquilo, Ken imaginou. Sim. Um cara nervoso e por dentro das questões forenses. Devia ser "Ele".

Greer chegou aos policiais por meio de um relatório suplementar elaborado 32 anos atrás. Muitos investigadores achavam que o nome do EAL podia estar perdido no meio de toda a papelada, em algum lugar, constando de alguma abordagem de veículo ou de algum relatório de circunstâncias suspeitas. Ou ele inventara uma história perfeita para acobertar-se, ou havia sido eliminado por apresentar algum álibi precário, mas que fora aceito. Ken e seu colega começaram metodicamente a revisar os velhos relatórios. O nome de Greer não demorou a aparecer.

Ele havia sido parado quando ia para o sul pela Sunrise Boulevard, dirigindo um Datsun amarelo de duas portas, às 4h27 da madrugada de 15 de abril de 1977, alguns minutos depois de um estupro do EAL a poucas quadras dali ter sido comunicado. Ele disse à polícia que estava indo para o seu emprego de zelador numa fábrica de processamento de arroz. Notaram que estava muito calmo e cooperativo. Abriram o porta-malas do carro dele e então o interesse deles aumentou bastante. Ele consentiu que fosse feita uma revista em sua residência. A mãe tinha morrido havia pouco tempo, disse aos policiais, e ele estava de momento morando com a irmã. Ou, mais especificamente, dentro do terreno da irmã, num trailer de carga detonado, enfiado no meio de uns arbustos numa íngreme encosta de montanha em Fair Oaks. O trailer não devia ter mais de dois metros e meio de comprimento e a altura não permitia ficar em pé dentro. Greer parecia ter um sólido álibi de trabalho para isentá-lo de um estupro anterior do EAL. Mesmo assim, os investigadores que lidaram com Greer nunca esqueceram dele. Não conseguiam forçar a memória e lembrar o que tinham encontrado no carro dele.

Era por isso que Ken e seu parceiro estavam agora atrás dele, trinta anos depois. Greer tinha problemas médicos graves a essa altura. Ainda assim, não aceitou tomar água – não, obrigado. Nem cigarros. Por fim, com a paciência e as artimanhas dos policiais já se esgotando, persuadiram-no a passar a língua num envelope. Para garantir, enquanto ele não estava vendo, fizeram um esfregaço nas maçanetas do carro dele.

Greer havia sido pego naquela noite de primavera de 1977 perto de um estupro do EAL por se encaixar na descrição física geral do agressor; era um homem branco, 25 anos de idade, um metro e oitenta, 68 quilos. A primeira coisa que os policiais da patrulha detectaram ao vasculhar com sua lanterna foi um recipiente de plástico de loção para as mãos, no assento dianteiro do carro. Havia uma máscara branca, similar às de pintura ou cirurgia, no compartimento lateral do passageiro. Quando abriram o porta-malas acharam uma corda dentro de um envelope de celofane aberto. E também um par de tênis.

E duas bolsas grandes, com zíper. Dentro delas, uma arma de fogo e uma faca de caça.

Ken e seu colega enviaram a coleta de DNA de Greer ao laboratório de criminalística. Aguardaram. Os resultados chegaram.

Inacreditável.

Greer não era "Ele".

Como eu disse, ficar animado em relação a um suspeito é bem parecido com aquele surto de amor cego no início de uma relação. O foco fica concentrado num único rosto. O mundo e seus sons corriqueiros são a trilha de fundo para um poderoso filme biográfico mudo que você fica editando na sua mente o tempo todo. Nenhuma quantidade de informação sobre o objeto de sua obsessão é suficiente. Você quer mais. Sempre mais. Você sabe o tipo de sapato que ele usa, chega a ir à casa dele, cortesia do Google Maps. Fica com uma inclinação desvairada de confirmar coisas. Projeta. Um homem branco de meia-idade sorrindo e cortando um bolo decorado com velinhas numa foto postada no Facebook não está celebrando seu aniversário, mas segurando uma faca.

Eu percebi esse tipo de paralelismo quando um Larry Pool de olhar cansado admitiu para mim que no início costumava "ter um sentimento mais intenso" em relação a suspeitos, quando era detetive de casos não solucionados do Condado de Orange e começou a trabalhar no caso do Original Night Stalker em 1997. Afirmou que naquela época era mais "novato", e dizia isso agora com o rosto marcado, como um conquistador em série de meia-idade, com o coração já endurecido pelos caprichos do amor.

Pool relembra um dos primeiros momentos de excitação no verão de 2001, quando recebeu uma ligação pedindo que entrasse em contato com o escritório do assistente do xerife. Essas chamadas sempre indicavam boas notícias. Ao entrar, um grupo virou-se e sorriu para ele – seu capitão, seu tenente, membros da administração, e, o mais significativo, Mary Hong, a criminalista do Condado de Orange que havia desenvolvido o perfil de DNA do Original Night Stalker. Hong trabalhava em outro prédio.

Pool deu um soquinho no ar antes mesmo de fechar a porta. "Yes!", disse ele. A essa altura, vinha trabalhando no caso de modo ininterrupto, talvez até obsessivo, havia três anos.

O assistente do xerife informou Pool que haviam feito uma identificação de impressão digital. Achavam que uma marca deixada numa lâmpada numa das cenas de Danville do Estuprador da Área Leste poderia ser do assassino. A vítima ouvira-o girar a lâmpada para acender a luz; era uma lâmpada nova, desempacotada há pouco tempo, e provavelmente não tinha impressão de mais ninguém. Um investigador aposentado de Contra Costa localizara uma antiga cópia da impressão e a enviara recentemente ao Condado de Orange.

– Excelente – disse Pool.

O suspeito morrera de causas naturais cinco anos atrás, prosseguiu o assistente do xerife, e deslizou o arquivo do homem pela mesa na direção de Pool. Pool, que sabia mais sobre o assassino do que qualquer outra pessoa na sala, abriu a pasta. Todos olharam para ele com expectativa. Pool experimentou sua primeira pontada de decepção.

– Ah, rapaz. Não estou gostando da idade – disse Pool. O suspeito havia nascido em 1934. Pool folheou o relatório. Também não gostou do histórico criminal. Porte ilegal de armas. Tráfico. Assalto a banco. O cara estivera no programa de proteção a testemunhas. Pool não sentiu que fosse ele.

Ele percebeu a mudança da sensação geral na sala.

– Não estou vendo esse cara como suspeito – admitiu Pool. – Mas, quem sabe, talvez seja por isso que ainda não o encontramos. Não é o que eu estava esperando.

– Descubram onde esse homem está enterrado – disse o assistente do xerife.

– Já entendi, chefe – disse Pool.

Pool descobriu que o suspeito morto era amigo do namorado da vítima. Os dois homens haviam tido uma briga várias semanas antes do ataque. A vítima e o namorado tiveram seu aparelho de som estéreo roubado na mesma época, e Pool levantou a tese de que talvez o suspeito tivesse sido o autor do roubo, quem sabe para se vingar do amigo com quem brigara. Ele talvez tivesse posto a mão na lâmpada ao ir até a casa para roubar o estéreo. Não era o assassino, apenas um mau amigo, habituado a roubar.

Mas os chefes de Pool queriam ter certeza.

– Temos que desenterrar o cara e checar o DNA – disse o assistente do xerife.

Pool pegou um avião e voou até Baltimore para exumar o corpo. Era a primeira vez que o Departamento do Xerife do Condado de Orange desenterrava um suspeito – já desenterrara vítimas, mas um suspeito, nunca. A Seção de Homicídios de Baltimore auxiliou na exumação. Quando abriram o túmulo, ouviu-se um som que lembrou o de uma imensa latinha de Pepsi sendo aberta. O cadáver estava em notáveis boas condições, apenas coberto de fungos. Mas o cheiro.

– Imagine o pior cheiro de podre multiplicado por dez – disse Pool.

Não admira que os detetives da Homicídios de Baltimore tivessem acendido charutos ao subir o monte onde o homem estava enterrado.

Pool acondicionou os dentes e o cabelo do suspeito na sua valise de mão. O fêmur e as partes de carne foram colocados em gelo seco numa caixa, despachada no aeroporto. De volta ao Condado de Orange, quando Pool foi recolher a caixa que rodava na esteira de bagagens, descobriu que estava vazando.

O DNA confirmou o palpite de Pool. O cara morto, dono da tal impressão digital, não era "Ele".

————

Doug Fiedler* tinha que ser "ele".

Um e-mail materializou-se na minha caixa de entrada uma noite, às 12h01, enviado por "John Doe".

John Doe nunca explicou por que preferia o anonimato. Sua preocupação era outra: ele ouvira um *podcast* meu falando do caso e queria compartilhar comigo o que considerava uma boa dica. "Worldcat.org

_____

* Pseudônimo.

é uma ferramenta de pesquisa muito útil para encontrar aquilo que as bibliotecas mantêm em algum livro ou outra mídia. Quando você faz a busca inserindo o livro *Sudden Terror* do detetive Crompton, ele dá as seguintes localidades: Salem, Oregon, Post Falls, Idaho, Hayden Lake, Idaho, Sidney, Nebraska, Los Gatos, Califórnia. Talvez o EAR/ONS tenha usado a biblioteca deles para conseguir o livro sem ter que comprá-lo online?"

Era uma ideia interessante. *Sudden Terror* foi uma edição independente; era improvável que alguma biblioteca o tivesse em estoque, a não ser que algum interessado em emprestá-lo tivesse feito um pedido específico à biblioteca para que o adquirisse. Eu estava bem segura de conhecer os responsáveis por Oregon e Califórnia (detetives aposentados), então me concentrei em Idaho e Nebraska. Sabia que as bibliotecas não iriam me fornecer os nomes dos que retiravam livros emprestados, pois elas julgam importante proteger a privacidade de seus clientes. Fiquei olhando fixo para o meu computador. Uma barra em branco de busca esperava que eu encontrasse uma maneira de usá-la. Decidi inserir os códigos postais em questão junto com o nome de um grupo ostensivo do qual eu senti que o EAL poderia fazer parte naquele intervalo de anos: estupradores registrados.

Durante cerca de uma hora, fiquei rolando pela tela as fotos de arquivo policial dos pervertidos e depravados. O exercício dava a impressão de ser um desperdício de tempo. Então eu o vi. Experimentei um lampejo, o primeiro desde que começara a investigar o caso: Você.

Examinei os dados dele de olhos arregalados. O homem, Doug Fiedler, nascera em 1955. A altura e o peso batiam. Era originário da Califórnia e no final dos anos 1980 foi sentenciado ali por várias agressões sexuais, incluindo estupro com violência ou intimidação e atos lascivos dirigidos a uma criança com menos de 14 anos.

Consultando um site de genealogia, descobri que a mãe dele era de uma grande família do Condado de Sacramento. Meu pulso acelerava a cada nova informação que eu colhia. No início da década de 1980, e possivelmente antes, ela vivera no norte de Stockton, perto dos estupros do EAL naquela região. A ex-mulher de Doug tinha endereços por todo o Condado de Orange, um deles em Dana Point, a menos de três quilômetros da casa onde Keith e Patty Harrington haviam sido assassinados.

Ele tinha uma tatuagem de animal no seu braço que poderia facilmente ser interpretada como um touro (durante hipnose, uma jovem que havia visto o EAL na casa dela lembrou de ter visto uma tatuagem no antebraço dele que ela achou parecida com o touro da cerveja Schlitz Malt Liquor).

Coloquei o nome dele num arquivo do Google News. Quase dei um pulo da cadeira quando vi os resultados. Um artigo do *Los Angeles Times* de agosto de 1969 detalhava que um rapaz de 19 anos de idade havia sido golpeado na cabeça com uma frigideira e esfaqueado até a morte por seu meio-irmão mais novo, que acudira para defender a mãe durante uma briga de família. O irmão mais novo? Doug Fiedler.

Golpes. Faca. O EAL fazia um monte de coisas estranhas ao cometer seus crimes, mas, na minha opinião, uma das mais bizarras era ficar choramingando e soluçando. E com aqueles lamentos ocasionais durante o choro: "Mamãe! Mamãe!".

Doug agora morava com sua mãe idosa numa cidadezinha de Idaho. O Google Street View revelou que era uma modesta casinha branca meio escondida pelo mato crescido.

Eu não disse isso explicitamente, mas quando enviei um e-mail a Pool sobre Doug Fiedler senti que havia uma probabilidade muito boa de estar lhe passando o assassino.

"Boa sacada", Pool respondeu. "Bom perfil e físico. Acabei de confirmar por telefone e outros dados que ele foi descartado pelo DNA (CODIS)."

Por algumas horas, senti como se estivesse indo por uma rua sem nada no meu caminho, como quando você pega todos os semáforos abertos. Agora a transmissão havia falhado. Percebi que a percepção de quem faz uma viagem no tempo pode ser enganosa. Viajamos ao passado armados com mais informação e com inovações de ponta. Mas há riscos quando se tem tanta magia nas mãos. O banquete de dados significa que existem mais circunstâncias para interpretar e conectar. Você é tentado a construir seu vilão com a abundância de peças que tem à disposição. É compreensível. Somos buscadores de padrões, todos nós. Vislumbramos um perfil bruto daquilo que estamos procurando e ficamos em volta dele, e às vezes empacamos, quando poderíamos nos desvencilhar disso e seguir adiante.

– Continue me mandando suspeitos como esse! – escreveu Pool.

Ele estava sendo o agente do meu desapontamento, mas de maneira gentil. Era alguém que já passara por isso. Quando me contou o quanto ficara excitado em relação a certos suspeitos ao começar a trabalhar no caso, perguntei como reagia agora, 15 anos depois. Ele fez como quem pega um relatório e o examina, taciturno e rigoroso.

– Okay – disse de modo sumário, e fez o gesto de atirá-lo numa pilha junto com os outros.

Mas eu também o vira reencenando outro momento, aquele em que entrou pela porta da sala do seu chefe, quando viu o grupo reunido ali por causa dele, no auge de um momento que você pode passar uma carreira inteira como oficial da lei imaginando alcançar, sem nunca chegar a experimentá-lo. Eu conhecia a rapidez com que ele às vezes me respondia algum e-mail, quando se tratava de algo interessante que surgia de repente.

Havia visto ele imitar aquele gesto com o punho e dizer "Yes!" Ou seja, eu sabia que ele, no fundo, desejava que esse momento se repetisse.

LOS ANGELES, 2014

— O QUE AS PESSOAS ESQUECEM A RESPEITO DO ROCKY é aquela primeira cena, quando ele sai para treinar. Suas pernas doem. Ele não está no melhor da sua forma. Faz um frio de congelar. Ele vacila. Mal consegue subir aqueles degraus.

Patton tentava me animar com a história do Rocky. Eu estava falando com ele a respeito de becos sem saída. Quantos deles uma pessoa comum seria capaz de aguentar antes de desistir?

— Mas o Rocky simplesmente continuou acordando toda manhã e treinando. Toda manhã. É a mesma coisa com esses caras dos casos não solucionados. Você investe todo esse tempo e energia. Faz um monte de ligações. Fica remexendo em caixas. Cavouca histórias. Faz esfregaços com cotonete. E aí a resposta é não. Você não pode se deixar abater por isso. Precisa acordar na manhã seguinte, pegar sua xícara de café, limpar a mesa e começar tudo de novo.

Percebi que Patton estava falando também dele mesmo, do jeito com que continuava voltando ao palco, como um jovem comediante, às vezes sem ganhar nada, diante de uma plateia refratária. Ele tem essa determinação ardente, e gosta de histórias sobre pessoas que também têm isso. Às vezes, quando está em pé na pia lavando louça, eu percebo que os lábios dele se mexem, mas sem som.

— O que você está fazendo? — perguntei a ele uma vez.

— Inventando uma piada — disse.

Recomeçar. Aprimorar. Fazer de novo.

— Rocky não venceu Apollo Creed, lembre-se — disse Patton. — Mas causou impacto nele, e no mundo, porque se recusou a desistir.

Estávamos jantando para celebrar nosso oitavo aniversário de casamento. Patton levantou sua taça de vinho. Podia adivinhar que ele estava tentando me tirar da minha apatia pela derrota diante de tantos becos sem saída.

– Você tem toda uma galeria de bandidos no seu futuro – disse ele.

– Pode parar! – eu disse. – Não diga uma coisa dessas.

A intenção dele era boa, eu sei. Mas eu não podia, ou me recusava, a imaginar o futuro.

– Não quero uma galeria de bandidos – eu disse. – Ele é o único.

Na hora em que disse isso, percebi o quanto soava doentio. O que eu quis dizer é que depois do EAL, eu não conseguia me imaginar permanecendo numa busca febril, torcendo com a respiração suspensa para pegar todos os semáforos abertos, só para continuar batendo o carro, uma colisão atrás da outra.

De debaixo da mesa, Patton tirou um presente grande, embrulhado lindamente em papel de presente antigo. Ele é incrível para dar presentes. Adora descobrir jovens artistas e artesãos e junto com eles bolar presentes únicos. Um ano, mandou fazer o que a gente de brincadeira chama de uma "figura de inação", um bonequinho ["*action figure*"] da minha pessoa na minha posição de trabalho – eu sentada na cama, de pijama, segurando na mão um café com leite da Starbucks, com o laptop aberto no meu site de crimes reais. Outra vez ele pediu para um jovem artesão em metal que construísse para mim uma caixa de madeira. Ela tem na frente um retrato em placa de bronze da casa em que nós moramos sete anos. Dentro, há uma série de gavetas em miniatura escondidas, cada uma com lembranças da nossa vida juntos – canhotos de ingressos, bilhetinhos escritos em Post-it.

No ano passado, ele encomendou ao pintor Scott Campbell três pequenas aquarelas onde eu apareço junto com figuras famosas do crime. Numa delas, estou com uma xícara de café na mão e olhando para o Assassino do Zodíaco. Em outra, eu seguro um notebook como se estivesse indo interrogar D. B. Cooper, o infame sequestrador de aviões. E na terceira eu seguro meu laptop, com um sorriso enigmático no rosto, cara a cara com "Ele", mascarado e impossível de identificar, minha maldição, o EAL.

Abri meu presente desse ano. Patton mandou emoldurar meu artigo na revista *Los Angeles*, dentro de um estojo especial preto, com tampa corrediça. O estojo tem um compartimento para guardar os itens mais importantes da minha história. Um DVD de uma entrevista que eu fiz para o noticiário local fica numa das gavetas.

Notei mais tarde que por dois anos seguidos meu presente de casamento havia sido, de um jeito ou de outro, algo relacionado ao EAL.

Mas esse ainda estava longe de ser o sinal mais revelador de quanto ele passara a dominar minha vida. Esse sinal seria o fato de eu ter esquecido completamente de dar um presente ao Patton, sequer um cartão.

SACRAMENTO, 2014

HOLES EXPLOROU INCANSAVELMENTE O HISTÓRICO DE WALTHER. A localização da casa da família de Walther na Sutter Avenue em Carmichael era numa zona-tampão central, em torno da qual o EAL atuou. Em meados da década de 1970, Walther ajudava a mãe no emprego dela, na administração de conjuntos de apartamentos de baixa renda em Rancho Cordova; um dos conjuntos era perto de um dos ataques do EAL. Holes descobriu que em maio de 1975 Walther estivera envolvido num acidente de carro em Sacramento, que resultou em cicatrizes no seu rosto. A vítima número sete, ao ser atacada, tentara uma psicologia reversa dizendo ao EAL que ele era bom fazendo sexo. Ele respondeu que as pessoas sempre zombavam dele por ter o pênis pequeno, presumivelmente uma afirmação verdadeira, pois ele de fato era subdotado. O EAL também mencionou à vítima que "aconteceu uma coisa com meu rosto".

Quatro ataques haviam ocorrido a menos de um quilômetro da Escola Secundária Del Campo, que Walther frequentara. O pai de uma das vítimas lecionava na escola para onde Walther foi transferido depois de abandonar a Del Campo. Walther trabalhou em 1976 num restaurante Black Angus, que duas das vítimas mencionaram a detetives como um local que costumavam frequentar.

Walther começou a trabalhar para a Western Pacific Railroad em 1978; o emprego levou-o a Stockton, Modesto e também a passar por Davis (a caminho de Milpitas), época em que o EAL ramificou sua ação por essas áreas. Em agosto de 1978, recebeu duas multas por excesso de velocidade em Walnut Creek. Os ataques do EAL nessa área de East Bay começaram dois meses mais tarde. Uma audiência no tribunal, relativa a uma das infrações de trânsito de Walther em Walnut Creek, foi realizada duas semanas antes do ataque ali.

Em 1997, Walther foi parado por ter desrespeitado uma placa de "PARE". Duas facas de carne foram encontradas numa bainha feita com fita isolante, presa ao seu cinto. Documentos do seu processo ao ser preso por violência doméstica revelam que ameaçou sua ex-mulher dizendo "Vou cortar você inteira em pedacinhos".

– Fique quieta se não eu corto você – dizia o EAL. Ele com frequência ameaçava cortar orelhas e dedos dos pés e das mãos.

Walther ou estava morto ou fazendo um tremendo esforço para não ser localizado. Holes ligava sempre para investigadores de casos de homicídio para ver se não tinham visto cadáveres com aspecto similar. Por fim, localizou a filha única de Walther, uma mulher que não tinha contato com ele. Um detetive da Unidade de Investigações de Contra Costa informou a filha que estavam procurando o pai porque ele tinha direito a receber um dinheiro relativo a um tempo que passara na prisão em 2004. A filha disse que não falava com Walther desde 2007. Ele ligara uma vez para ela de telefone público, contou. Na época, era um sem teto em Sacramento.

Holes fez averiguações junto às autoridades de Sacramento e pediu que procurassem quaisquer registros sobre Walther; pessoas em trânsito com frequência têm pequenas interações com a polícia. Se Walther era sem-teto na área de Sacramento, seu nome poderia constar de algum relatório. Talvez o registro nunca tivesse chegado ao sistema, mas poderia estar esquecido em algum lugar. Por fim, Holes recebeu uma ligação.

– Não achamos Walther – disse o policial –, mas o irmão dele está listado como testemunha de um crime. Mora num carro atrás de um posto de gasolina Union 76 em Antelope.

Holes havia encontrado uma cópia de uma escritura de imóvel desse irmão, que estava em seu arquivo sobre o Walther. Não havia hipoteca associada à casa, já que ela havia sido passada ao irmão pelo pai. Holes não entendeu.

– Por que o irmão de Walther era sem-teto? – Holes perguntou a si mesmo em voz alta. Houve uma pausa ao telefone.

– Têm certeza de que é com o irmão do Walther que vocês falaram? – perguntou Holes.

Logo em seguida, o Departamento do Xerife de Sacramento ligou para Holes – a ligação que ele estava esperando receber. Eles abordaram o irmão de Walther com expressões sérias e um equipamento móvel de impressões digitais, e nessa hora ele desmontou e colocou as mãos para cima. Confessou. A impressão digital confirmou – o sem-teto era Jim Walther. Fizeram uma coleta por esfregaço e mandaram imediatamente a amostra de DNA para o laboratório.

Holes estava me levando para um passeio pelos lugares relevantes de East Bay quando parou o carro e apontou para o local exato em Danville onde Walther foi encontrado dormindo dentro do seu Pontiac LeMans estacionado, em 2 de fevereiro de 1979. Holes ainda tem perguntas que o incomodam. Por que alguém resolve ficar clandestino por oito anos simplesmente para evitar uma sentença de trinta dias?

Mas a questão mais importante, a que o fizera passar 18 meses investigando, estava respondida.

– Ele não era o EAL – disse Holes. Balançou a cabeça. – Mas vou lhe dizer uma coisa: ele era a sombra do EAL.

Ficamos lá olhando fixo para aquele lugar.

– Você tem certeza que eles fizeram a coisa direito? – perguntei, referindo-me ao teste de DNA.

Holes fez uma pausa breve.

– Sacramento é muito, muito boa no que eles fazem – disse ele.

Seguimos em frente.

SACRAMENTO, 1978

O DETETIVE KEN CLARK e eu estávamos do lado de fora de uma cena de duplo homicídio que havia ocorrido em fevereiro de 1978, no leste de Sacramento, quando ele interrompeu sua linha de pensamento para perguntar "Você votou no Obama?" Sorrimos um para o outro por um instante e então desatamos a rir. Ele não se importou com nossas divergências em política e continuou falando. Clark era muito falante. Eu não tinha espaço para enfiar uma palavra, e isso até que funcionou a meu favor. Ficamos do lado de fora do pátio onde Clark acredita que o Estuprador da Área Leste baleou e matou um jovem casal. O assassinato dos Maggiore nunca foi associado conclusivamente ao EAL, mas Clark há pouco encontrou relatórios policiais mostrando que as ações daquela noite, de espreitar e invadir, tinham o estilo do EAL, de aproximação gradual, até que Katie e Brian Maggiore foram misteriosamente baleados enquanto levavam seu cão para passear. Testemunhas fizeram bons avistamentos do suspeito. Quando foi liberado um retrato falado, o EAL de repente deslocou-se para oeste, até o Condado de Contra Costa. Embora Paul Holes já tivesse comentado comigo que não acreditava na tese de que ele "fugiu assustado", Clark acha que ele ficou com medo. Ele me mostra o retrato falado. – Acho que essa é a imagem mais fiel que temos dele.

Clark me mostra os velhos relatórios policiais que está agora vasculhando, atrás de indícios. Há detenções de veículos e episódios de voyeurismo. Só que muitos desses incidentes não foram na época considerados relevantes. Clark não sabe explicar por quê. Fica arrasado com isso. – Deixaram um bom suspeito escapar porque a cunhada dele disse que uma vez ficou nadando com ele, os dois pelados, e achou que

o pênis dele tinha um bom tamanho – (o do EAL era bem pequeno).
– E a respeito de outro suspeito disseram, sem brincadeira, que tinha "o lábio inferior grande demais".

Sacramento fervilha de temas para explorar. O que trouxe o EAL para cá? Será pura coincidência que todos os ramos das forças armadas tenham transferido seu treinamento para a Base da Força Aérea de Mather em 1º de julho de 1976, assim que os estupros começaram? E o que dizer da Universidade Estadual da Califórnia-Sacramento? Seu calendário acadêmico encaixa perfeitamente com os crimes (ele nunca atacou durante um feriado escolar). Usando nova tecnologia, um técnico em perfil geográfico aponta ruas onde ele acredita que o EAL pode ter morado. Eu revisitei os bairros. Conversei com pessoas que moram lá há décadas. Compartilhei o que encontrei com os detetives autodidatas armados de laptop envolvidos na caçada.

[NOTA DO EDITOR: *Michelle McNamara morreu em 21 de abril de 2016.*]

PARTE TRÊS

[NOTA DO EDITOR: *Quando Michelle morreu, ela já havia escrito metade de* Eu terei sumido na escuridão. *Para preparar o livro para o lançamento, o principal pesquisador de Michelle, Paul Haynes, também conhecido como Kid, e o aclamado jornalista investigativo Billy Jensen, que era amigo de Michelle, trabalharam juntos para acertar pontas soltas e organizar o material que Michelle foi deixando de fora. O capítulo a seguir foi escrito conjuntamente por Haynes e Jensen.*]

UMA SEMANA APÓS A MORTE DE MICHELLE, tivemos acesso aos seus discos rígidos e começamos a explorar seus arquivos sobre o Assassino do Golden State. Todos os 3.500 arquivos. Não só eles, como dezenas de cadernos, blocos de notas, pedaços de papel e milhares de páginas digitalizadas de relatórios policiais. E as 37 caixas de arquivos que ela recebeu do promotor público do Condado de Orange, que Michelle amorosamente apelidou de Mina de Ouro.

Milhares de peças de um quebra-cabeça, e apenas uma pessoa sabia que aspecto ele supostamente deveria ter. Essa pessoa não era Michelle. Era o próprio assassino.

A baleia branca* de Michelle não era o Assassino da Dália Negra, ou o Assassino do Zodíaco, ou mesmo Jack, o Estripador – infames autores de crimes não solucionados cujos "corpus de trabalho" – e, portanto, os arquivos com material das investigações – eram relativamente pequenos.

Não. Michelle estava atrás de um monstro que havia estuprado nada menos que cinquenta mulheres, e assassinado pelo menos dez pessoas. Havia mais de 55 cenas de crime, com milhares de elementos de prova.

---

* A baleia branca é o "personagem" obsessivamente caçado do livro clássico de Herman Melville, *Moby Dick*. [N.T.]

Abrimos o principal disco rígido de Michelle e começamos a ler os capítulos que ela havia concluído. Eles nos fizeram lembrar em primeiro lugar da razão de termos sido atraídos pela escrita dela.

Sua prosa salta da página e vem sentar ao nosso lado, com histórias que falam de Michelle pelas ruas de Rancho Cordova, Irvine e Goleta atrás de um assassino. A quantidade de detalhes é imensa. Mas sua escrita, ao mesmo tempo tenaz e empática, tece as especificidades dentro de uma narrativa fluente. Bem na hora em que o leitor médio pode ficar fatigado com o número excessivo de fatos, ela introduz uma frase ou mostra um detalhe revelador que faz com que tudo volte a ganhar interesse. No manuscrito e no site *True Crime Diary*, Michelle sempre conseguiu achar o equilíbrio perfeito entre os extremos típicos do gênero. Ela não se recusa a evocar elementos-chave do horror e, no entanto, evita condescender com detalhes escabrosos, ou apoiar uma cruzada por uma justiça calcada numa suposta superioridade moral ou numa hagiografia da vítima. O que suas palavras evocam é a sensação de ficar intrigado, curioso, a compulsão de tentar resolver um quebra-cabeça e de preencher espaços vazios tenebrosos.

Mas havia partes da história que Michelle não tinha completado. Apresentamos aqui o que ela de fato havia terminado. Michelle tinha uma sutileza que normalmente não é encontrada em quem escreve sobre o crime real (exceto talvez em Capote – e mesmo assim, quando ele procurava uma conexão, muitas vezes simplesmente a inventava). Michelle estava escrevendo um livro de não ficção com um estilo que não poderia ser replicado. Pensamos a respeito dessa questão e até fizemos uma breve tentativa. Mas foi infrutífera. Michelle já vinha contando essa história de muitas formas – nos capítulos que estavam prontos, no artigo para a revista *Los Angeles*, e em seus muitos posts em blogs –, portanto, havia material suficiente para preencher muitas das lacunas.

Isto posto, havia tópicos que ela teria sem dúvida expandido se tivesse conseguido terminar o livro. Muitos dos seus arquivos ou notas rabiscadas mostravam caminhos que ela pretendia seguir – ou pistas falsas que ela certamente teria descartado. É como naquelas listas das coisas que você deseja fazer antes de morrer; se alguma amiga dela incluísse itens como "Viajar a Paris" e "Saltar de paraquedas", a lista de Michelle teria "Ir para Modesto", "Completar a lista reversa de ligações dos residentes de Goleta" e "Achar um jeito de submeter DNA aos sites 23andMe ou Ancestry.com."

Em 2011, depois de ter postado sua primeira história sobre crime real no site *True Crime Diary*, a respeito do EAR/ONS (ela ainda não criara para ele o apelido de Assassino do Golden State), Michelle tomou conhecimento de Paul quando ele postou um link para o texto dela sobre o fórum A&E Cold Case Files, que naquela época era o único lugar em que eram travados diálogos sobre o caso.

Michelle escreveu para ele imediatamente.

"Oi!" escreveu ela. "Você é um dos meus postadores favoritos." Ela continuou, e descreveu um sobrenome raro, com o qual deparara, e cujos detentores do sobrenome compartilhavam de uma geografia interessante. Talvez valesse a pena dar uma olhada.

– Eu tenho problemas de insônia – explicava ela – e quando não consigo dormir, fico atrás de bons suspeitos para o EAL. Não sei qual é o seu sistema, mas tenho feito duas coisas – pesquisado nomes no cemitério de Goleta, e pesquisado nomes de listas de alunos de várias escolas de Irvine, particularmente do bairro de Northwood. Não é como contar carneirinhos exatamente, mas também tem algo de hipnótico.

Os resultados da insônia de Michelle estão bem expostos em seu disco rígido:

- Mapas antigos e fotos aéreas de Goleta, usados para fazer comparações com o mapa da evidência da "lição de casa";
- Imagens dos solados de sapatos e de amarras de cenas de crime;
- Uma análise da ferramenta "reparador de grama", possivelmente usada no assassinato de Debbi Domingo;
- Uma pasta abarrotada sobre o Saqueador de Visalia, com as teses que ela concebia para ligá-lo ao EAR/ONS.

Havia uma lista de alguns itens específicos que haviam sido roubados das vítimas do Estuprador da Área Leste:

- Um dólar de prata "MISSILE";
- Um dólar de prata "M.S.R." 8.8.72;
- Um anel onde estava gravado "For my angel" ["Para o meu anjo"] 1.11.70;

- Um par de abotoaduras, amarelo ouro, com as iniciais "NR" manuscritas;
- Anel masculino em ouro, diamante 80 pontos, formato quadrado, 3 pepitas de ouro;
- Anel "[*deletado*] Always [*deletado*]" 2.11.71;
- Anel com iniciais em ouro "WSJ";
- Anel em prata envelhecida tipo "spoon ring" Prelude by International;
- Anel de formatura do Lycoming College 1965.

Além de uma nota mencionando que o estuprador tinha inclinação particular por rádios-relógios, tendo roubado cinco deles.

No meio dessa série de itens havia uma planilha com os nomes e endereços da equipe de atletismo de 1976 da Escola Secundária Dos Pueblos, uma toca de coelho que ela perseguiu com o palpite de que o EAL poderia ter sido um jovem corredor com pernas musculosas.

Um documento era intitulado "Pessoas Possivelmente Interessantes". Era uma lista elaborada ao longo do tempo, com notas acrescentadas por Michelle conforme checava nomes e datas de nascimento de potenciais suspeitos. Alguns dos fragmentos preservavam a indicação "Enviado do meu iPhone" – revelando a origem de seu conteúdo, como um lembrete rápido que enviara a ela mesma enquanto matava tempo na pré-estreia de algum filme.

Em outra anotação, ela escreveu: "Não subestime a fantasia: não estuprar diante de um homem – medo de homens; funcional; privacidade, atormentar o homem não é parte da sua fantasia. Mamãe e choro. Sem remorsos. Provavelmente parte da fantasia".

Havia até notas sobre sua própria psicologia:

- Ele era um espreitador e perseguidor compulsivo. Nós, que o caçamos, sofremos da mesma aflição. Ele espreitava pelas janelas. Eu teclo "Enter" Enter. Enter. Clique Mouse clique, clique do mouse.
- Ratos procuram comida.
- A caçada diz respeito ao jorro de adrenalina, não à captura. Ele é o tubarão fake de Tubarão, que mal é visto, e por isso é duplamente temido.

Michelle entrava em contato com testemunhas de antigos relatórios quando sentia que havia algum detalhe ainda não trabalhado ou uma pergunta incômoda que os investigadores tinham deixado de fazer. Uma dessas testemunhas era Andrew Marquette.[*]

A noite de 10 de junho de 1979 foi especialmente quente, e Marquette deixara a janela de seu quarto aberta, para que entrasse uma brisa enquanto tentava pegar no sono. Por volta de meia-noite, ele ouviu o crepitar de passos no caminho de pedra debaixo de sua janela. Deu uma olhada e viu um estranho andando meio agachado ao longo da sua casa, de olho na janela do vizinho. Marquette olhou para a tal janela e viu o casal que morava ali colocando o filho deles para dormir.

Marquette continuou observando o sujeito, que seguiu na direção de um pinheiro e se afastou até um gramado escuro. Pegou uma pistola .22 que mantinha perto da cama e deslizou o ferrolho para trás. Era um som que o espreitador deve ter reconhecido, pois na mesma hora disparou por cima da cerca para o quintal da frente. Marquette foi até a casa do vizinho e bateu na porta. Ninguém atendeu.

Ele voltou, deixou a pistola em casa, e foi de novo para o vizinho para tentar falar com ele. A meio caminho, os faróis de um carro iluminaram a fachada das casas do lado norte da quadra e tornaram visível por um instante o espreitador, que estava agora com uma bicicleta, encostado numa casa. Quando Marquette começou a se aproximar dele, o sujeito saiu pedalando enlouquecido pelo gramado, fugindo de Marquette e sumindo na noite. Marquette chamou a polícia. Eles vasculharam o bairro, mas não acharam o espreitador.

Horas mais tarde, ocorreu o quadragésimo sétimo ataque do EAL, a meia quadra dali. Os investigadores voltaram a falar com Marquette durante a averiguação, e ele relatou a mesma história.

O espreitador era um homem branco, na casa dos vinte anos, cabelo comprido na altura do pescoço, calça Levi's e camiseta de cor escura – o que batia com o que a última vítima do EAL descrevera. A bicicleta com que o espreitador fugiu foi encontrada abandonada, mais tarde naquela manhã, a várias quadras dali, perto de uma lata de cerveja Olympia, da geladeira da vítima. Investigadores logo concluíram que era a mesma bicicleta roubada horas antes do ataque de uma garagem aberta, a um quilômetro e meio dali. Perto dessa garagem, detetives encontraram um par de cadarços brancos com nós.

---

[*] Pseudônimo.

Michelle sentiu que Marquette era alguém que valia a pena entrevistar. Procurou-o no final de 2015.

Ela enviou-lhe um mapa que havia esboçado, junto com sua visão do esquema geral dos eventos daquela noite, e pediu que ele confirmasse e fizesse os acréscimos e correções que julgasse adequados. Paul compilou uma fileira de 17 fotos e Michelle pediu a Marquette que apontasse os que fossem mais parecidos com o cara que viu naquela noite.

Ao telefone, ela pediu a Marquette que dissesse a primeira palavra que lhe viesse à mente para descrever o espreitador que tinha visto. Marquette respondeu sem hesitar: "Aluno de colegial".

Num arquivo de 2011 chamado "pistas do eal", Michelle tentou consolidar num perfil os fatos conhecidos a respeito do homem:

- Fisicamente costuma ser descrito como tendo de 1,75 a 1,80, com constituição de nadador. Magro, mas com peito musculoso e panturrilhas perceptivelmente salientes. Pênis muito pequeno, não só estreito, mas curto. Calça 40-41. Cabelo loiro escuro. Nariz maior que o normal. Sangue tipo A, não secretor.
- Usava o telefone para contatar as vítimas, antes do ataque, ou depois. Às vezes ligava e imediatamente desligava sem dizer nada. Outras vezes, emitia respirações profundas e ameaças, teatrais, tipo filme de terror.
- Usava máscara de esqui. Portava armas. Tinha o que parecia ser uma lanterna de navegação tipo caneta, e gostava de assustar as vítimas ofuscando-as com o facho de luz. Rasgava toalhas em tiras, ou usava cadarços, para amarrar as vítimas.
- Tinha um roteiro e costumava segui-lo. Variações de "Faça o que eu digo, se não você morre". Alegava só querer dinheiro e comida. Algumas vezes dizia que era para o seu apartamento. Outras vezes mencionava seu furgão. Fazia a mulher amarrar o homem, e depois os separava. Algumas vezes empilhava pratos nas costas do homem e dizia que se ouvisse um prato cair mataria a mulher.
- Com frequência trazia óleo de bebê para a cena e usava-o como lubrificante.
- Gostava de roubar bicicletas da vizinhança, para usá-las na fuga.

- Alguns itens pessoais associados a ele: uma bolsa com um longo zíper, tipo bolsa de médico ou tipo mochila; tênis azuis; luvas de motocross; calça de veludo cotelê.
- Levava embora carteiras de habilitação e joias, especialmente anéis.
- Algumas das coisas que ele diz, que podem ou não ser verdade, mas que de qualquer modo são interessantes: ter matado alguém em Bakersfield; voltar para LA; "Eu te odeio, Bonnie"; ter sido expulso da Força Aérea.
- Alguma coisa deve ter acontecido com ele no final de outubro de 1977. Em dois ataques diferentes naquela época, as vítimas relataram que chorou.
- Alguns dos veículos que ele pode ter utilizado: um furgão Chevy verde, uma caminhonete amarela com para-lama traseiro ressaltado, de 1960, um Fusca.

Um e-mail encaminhado a Michelle por Patton revela que ela envolveu até o sogro, um ex-oficial de carreira da Marinha dos EUA, para um levantamento das bases militares da área na época, já que havia uma tese de que o estuprador poderia ter sido da força aérea.

A mensagem encaminhada:

De: Larry Oswalt
Data: 18 de abril de 2011, 14:01:06 PDT ["Pacific Daylight Time"]
Para: Patton
Assunto: Bases da Força Aérea na área de Sacramento

Mamãe disse que a Michelle tinha algumas perguntas sobre as Bases da Força Aérea na área de Sacramento. Aí vai a lista.
Perto de Sacramento:
  McLellan, fechada em 2001
  Mather, fechada em 1993
  Beale, ainda ativa – 65 quilômetros ao norte de Sacramento
Travis fica em Fairfield, CA, mais ou menos ao norte de São Francisco, e bem distante de Sacramento.
Diga se precisar de alguma informação adicional.
  Seu pai.

Muitos tentaram traçar um perfil do EAR/ONS ao longo dos anos, mas Michelle queria ir um passo além e mergulhar fundo nas localizações dos estupros, para ver se o perfil geográfico levava à sua identidade. Entre as coisas que deixou, havia suas ponderações a respeito da geografia do EAR/ONS:

- Minha impressão é que as duas localizações mais importantes são Rancho Cordova e Irvine.
- O primeiro e o terceiro estupros estão a metros de distância um do outro em Rancho Cordova. Ele saiu andando sem pressa do seu terceiro ataque sem calças, sugerindo que vivia perto dali.
- Assassinou Manuela Witthuhn em 8 de fevereiro de 1981, em Irvine. Cinco anos mais tarde assassinou Janelle Cruz. Manuela e Janelle viviam no mesmo loteamento, a três quilômetros uma da outra.
- Fato interessante, a fita cassete da secretária eletrônica de Manuela foi roubada durante o ataque. Será que a voz do suspeito estava na fita? Nesse caso, será que teve receio de ser reconhecido como alguém do bairro?

Um documento que Michelle criou em agosto de 2014, intitulado "GeoChapter" ["CapítuloGeo"] mostra-a repensando o mapa depois de mais de três anos de intensa pesquisa ininterrupta. Quando você abre o documento, há apenas uma linha: "Carmichael parece ser um núcleo central, uma espécie de zona-tampão".

DESCOBRIR O ASSASSINO POR MEIO DE PERFIL GEOGRÁFICO

Embora suas características mais fundamentais – seu nome e seu rosto – sejam desconhecidas, pode-se dizer com razoável certeza que o Estuprador da Área Leste era, entre cerca de 700 mil outros seres humanos, residente do Condado de Sacramento em meados para fins da década de 1970.

A conexão do EAL com os diversos outros lugares que atacou – Stockton, Modesto, Davis, a East Bay – é menos nítida.

O Estuprador da Área Leste foi um criminoso muito ativo em Sacramento, exibindo familiaridade e ubiquidade, próprios de alguém que sem dúvida era de lá. Em locais como Stockton, Modesto e Davis, onde atacou duas ou três vezes em cada lugar, pode-se questionar que tipo de conexão teria com tais cidades, se é que tinha alguma. Talvez tivesse familiares ou negócios ali. Talvez estivesse apenas de passagem. Talvez atirasse um dardo aleatoriamente em algum mapa.

Mas você teria dificuldades em encontrar um investigador que não achasse que o EAL tivesse morado ou pelo menos trabalhado em Sacramento.

Se aceitarmos que o EAL morou em Sacramento de 1976 a 1978 ou 1979, o que é praticamente certo, e que depois viveu no Sul da Califórnia na primeira metade da década de 1980, o que é altamente provável, então o palheiro fica consideravelmente menor. Se você conceber uma lista das pessoas que viveram nessas duas áreas durante esses períodos de tempo, o grupo de suspeitos irá encolher de cerca de um milhão para talvez uns dez mil.

Seria ideal se o processo fosse tão simples quanto, digamos, aplicar filtros a uma busca de produto na Amazon. Com uns poucos cliques, você poderia filtrar por gênero (masculino), ano de nascimento (1940-1960), raça (branca), altura (1,70 a 1,80), lugares onde viveu (Carmichael E Irvine; ou Rancho Cordova E código postal 92620; ou Citrus Heights, Goleta, E Dana Point), e talvez a principal ocupação (corretor imobiliário, trabalhador na construção civil, pintor, paisagista, arquiteto paisagista, enfermeiro, farmacêutico, funcionário de hospital, policial, vigia, funcionário autônomo de reparos gerais – todas entre as muitas ocupações que vários investigadores e detetives diletantes têm sugerido como possíveis para o EAL). É só definir todos esses parâmetros de busca e ir em frente! Você terá em mãos uma lista manejável e também abrangente de potenciais suspeitos.

Mas não é tão fácil assim. Os nomes têm que vir de algum lugar, e não existe nenhum banco de dados central de, simplesmente, pessoas. Ele precisa ser ou composto ou construído. E criar uma lista dessas era de fato um dos projetos em relação aos quais Michelle se mostrava mais otimista.

Ele pode ter vindo de Visalia. Ou talvez Goleta seja sua cidade natal. Pode ter morado no código postal 92620 de Irvine. Ter frequentado a Cordova High School. Seu nome pode constar tanto da lista telefônica de 1977 de Sacramento como da de 1983 do Condado de Orange. Não precisamos de acesso a informação restrita ou de uma lista oficial de suspeitos para detectar alguns suspeitos potenciais que de outro modo poderiam navegar por baixo do radar. Todas as informações e ferramentas necessárias que poderiam ser usadas para processar isso já estavam disponíveis na forma de agregadores de registros públicos online, registros de nascimento, registros de propriedade, anuários e listas telefônicas de páginas amarelas das décadas de 1970 e 1980 (muitas das quais felizmente já foram digitalizadas).

No ano que precedeu a morte de Michelle, Paul começara a criar listas máster de residentes para os Condados de Sacramento e Orange, para os períodos de tempo relevantes, que combinavam nomes extraídos de várias fontes, como registros de casamento e divórcio do site Ancestry.com, o registro de ocorrências do condado correspondente (o que deu ensejo ao uso de um Web scraper*), listas de alunos, e velhas listas telefônicas de endereços e estabelecimentos comercias e listas telefônicas de assinantes.**

Michelle então entrou em contato com um programador de computação no Canadá que se ofereceu para ajudar voluntariamente da maneira que pudesse. Por meio das especificações fornecidas por Paul, o programador construiu um dispositivo de referências cruzadas que processa múltiplas listas e encontra linhas de texto coincidentes. Com esse aplicativo, Paul conseguiu começar a inserir duas ou mais listas e então analisar os resultados – que agora chegam a mais de quarenta mil.

Depois que a lista de coincidências foi gerada, Paul passou a examiná-la e foi descartando os falsos positivos (muito mais prováveis por serem de nomes muito comuns, como John Smith), usando para isso agregadores de registros públicos. Paul então coletava o maior volume possível de informações sobre cada nome coincidente, até ter relativa certeza de que nem ele nem nenhum de seus parentes do sexo masculino fossem viáveis.

---

* *Web scrapers* são mecanismos informáticos de "raspagem" de dados em sites da internet. O termo costuma ser usado em inglês. [N.T.]

** O texto de guias e listas telefônicas foi obtido por meio de um software conhecido como OCR (de *optical character recognition* ou "reconhecimento óptico de caracteres"), que converte em texto a imagem do material escaneado. Como se trata de uma leitura por olho digital de um material analógico de qualidade de impressão e escaneamento variável, o resultado é cheio de erros de sintaxe e transcrição, desde a falha em distinguir, por exemplo, a letra D da letra O, a séries caóticas de sinais de pontuação, símbolos e outros caracteres não alfanuméricos errôneos. Esses problemas exigiram centenas de horas de acertos a fim de transformar esses escaneamentos de volumes editados há décadas em material legível e em listas de nomes adequadamente formatadas.

Os nomes daqueles que ele não era capaz de descartar foram acrescentados a uma lista máster de potenciais suspeitos.

Em casos de roubo, estupro ou assassinato em série, as listas de suspeitos com frequência chegam a vários milhares de nomes. A dificuldade de lidar com uma lista desse tamanho reforça a necessidade de conceber um sistema de priorização, por meio do qual os níveis dos suspeitos sejam determinados por fatores como crimes cometidos anteriormente e contatos com a polícia, sua disponibilidade para todos os crimes da série, características físicas e – se tiver sido feito um perfil geográfico – o trabalho do suspeito e seus endereços residenciais.

O perfil geográfico é uma técnica de investigação criminal especializada – talvez mais útil e científica do que o perfil comportamental, que fica mais próximo de uma arte do que de uma ciência –, por meio da qual as localizações principais de uma série de crimes associados são analisadas a fim de se determinar os pontos de ancoragem prováveis (casa, trabalho etc.) de um criminoso em série. Isso permite que você se concentre em bolhas isoladas dentro de um grupo de suspeitos mais amplo.

Embora essa técnica geral já estivesse presente havia algum tempo de modo informal – vemos investigadores lançando mão dela para encontrar um sequestrador no filme *Céu e Inferno* (1963) de Akira Kurosawa –, a metodologia do perfil geográfico sequer teve um nome até o final da década de 1980, quase dez anos depois que a expressão "assassino em série" havia entrado no léxico popular. Como ainda não era um procedimento investigativo estabelecido, a consciência de que existia um geoperfil não poderia ter sido um fator motivacional para o EAL – que era mestre em promover a desorientação –, no sentido de levá-lo a despistar geograficamente viajando grandes distâncias até regiões afastadas do sul da Califórnia. Além disso, seus crimes no sul da Califórnia em geral não eram reconhecidos como crimes do EAL (e ele especificamente parecia querer evitar esse tipo de reconhecimento, o que é uma das prováveis razões que fizeram com que começasse a matar suas vítimas – para eliminar testemunhas), até que a evidência por DNA estabelecesse tais crimes como seus. A conclusão lógica, pelo princípio da navalha de Occam, segundo o qual a explicação para um fenômeno deve partir do menor número possível de premissas, é que o EAL estava morando no sul da Califórnia no período em que cometeu os crimes ali.

Dito isto, apesar de não defender a completa eliminação de alguém apenas por não ser possível atribuir-lhe uma residência no sul da Califórnia, seria necessária alguma razão pra lá de convincente para justificar o interesse em tal suspeito.

No entanto, o sul da Califórnia – devido à pouca frequência de crimes conhecidos do EAL na região, e à grande distância – não é ideal para um perfil geográfico. Como Sacramento foi a área em que nosso criminoso se mostrou mais prolífico no período de dez anos de seus crimes conhecidos, é a mais oportuna das localizações relevantes ao caso para construir um perfil geográfico.

Com 29 localizações distintas vinculadas a ataques confirmados do EAL e quase uma centena de roubos, relatos de espreitas e outros incidentes provavelmente associados a ele, há dados mais que suficientes para criar um perfil geográfico que destaque os bairros nos quais seria mais provável que o EAL tivesse morado. Em linguagem de perfil geográfico, essas áreas são conhecidas como zonas-tampão. Zonas-tampão são como um olho do furacão, definidas pela típica relutância de um criminoso de agir perto demais de onde mora.

Portanto, pelo menos em tese, identificar o EAL deveria ser uma simples questão de encontrar pessoas que moravam no sul da Califórnia no início da década de 1980 e que tivessem antes morado no Condado de Sacramento de meados ao final da década 1970 – e que provavelmente morariam em uma daquelas zonas-tampão.

———

Ao examinarmos as áreas familiares ao criminoso nas primeiras fases da série, em oposição àquelas para onde ele se ramificou mais tarde, é possível analisar a cronologia dos ataques em Sacramento e dividi-los em várias fases. Escolhemos cinco:

- Ataques 1-4 (anteriores ao silêncio da mídia);
- Ataques 5-8 (anteriores ao silêncio da mídia);
- Ataques 9-15 (posteriores ao silêncio da mídia, e após as primeiras notícias sobre um estuprador em série operando na Área Leste de Sacramento);
- Ataques 16-22 (começando pela primeira grande mudança no *modus operandi* do EAL, quando passou de ataques a mulheres

sozinhas a atacar casais, e antes de seu hiato de três meses no verão de 1977);

- Ataques 24-44 (depois do hiato do verão de 1977 do EAL, e também do seu primeiro ataque conhecido fora do Condado de Sacramento).

Criar um Mapa do Google com uma camada para cada fase permite que você isole cada uma e consiga alternar rapidamente entre elas, comparando a respectiva concentração e determinando se um ponto de âncora possível ou uma aparente zona-tampão se mantêm consistentes ao longo do raio de atividade em expansão do criminoso. Além disso, núcleos mais densos de ataques tendem a indicar regiões que o criminoso talvez não conheça muito bem.

De particular interesse é o trecho do Condado de Sacramento onde se juntam Carmichael, Citrus Heights e Fair Oaks, que é uma parte da cidade onde os ataques do EAL foram mais difundidos – e que também exibem a zona-tampão mais definida. (Ver Figura 1)

Paul adotou a suposição de que o EAL vivia em algum lugar nas vizinhanças do que está identificado no mapa como North Ridge Country Club, e observou que, cada vez que o EAL atacou essa área, era do lado oposto àquela ostensiva zona-tampão onde atacara antes – um possível jogo entre instinto (mudança de ritmo) e cálculo (evitar áreas com vigilância aumentada).

FIGURA I

Paul decidiu tentar um perfil geográfico usando uma abordagem totalmente improvisada e não científica. Ele transportou imagens da tela de seu Google Map para o Photoshop e começou a traçar linhas entre os ataques naquela área, emparelhando ataques sucessivos. Ao marcar tanto o ponto médio de cada linha como o local em que cada linha cruzava com outra, e depois ligar cada conjunto de pontos marcados, Paul obteve formas que então sombreou. As áreas de maior densidade de sombreamento em tese iriam representar a base aproximada onde moraria o EAL. (Ver Figura 2)

Alternativamente, foram traçadas linhas entre os pontos médios, que eram perpendiculares às linhas que conectavam os ataques emparelhados, a fim de encontrar a concentração mais densa de intersecções. O resultado foi similar. (Ver Figura 3)

Paul então adotou uma abordagem diferente mas igualmente *ad hoc* e formou um triângulo que ligava os três ataques mais afastados na Área Leste, e então, e a fim de encontrar seu verdadeiro centro, criou um triângulo menor, invertido, ligando os pontos médios dos três lados da forma maior. Repetiu esse processo até ficar com um triângulo pequeno o suficiente, a ponto de equivaler a uma folha de papel que não se pudesse ser dobrada de novo pela metade. (Ver Figura 4)

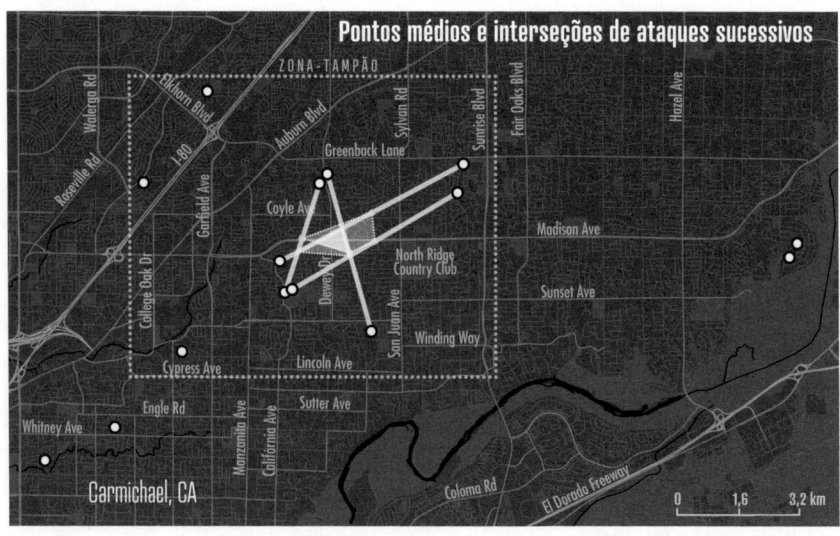

FIGURA 2

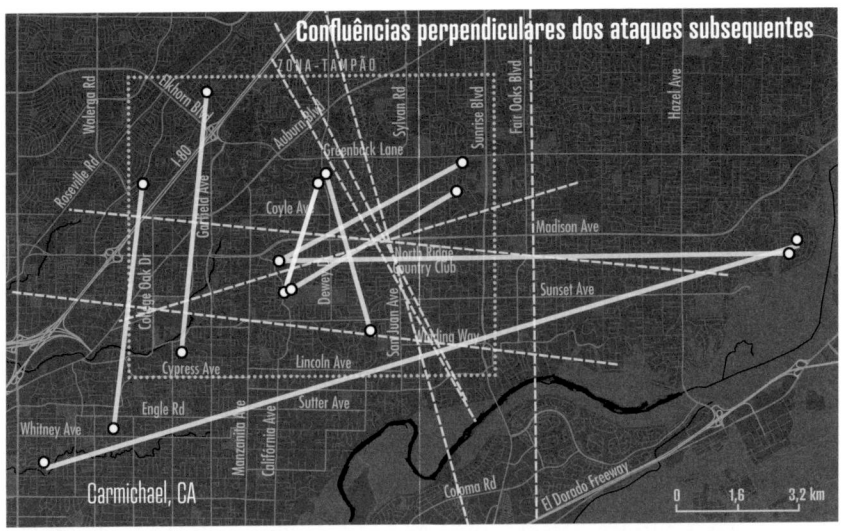

FIGURA 3

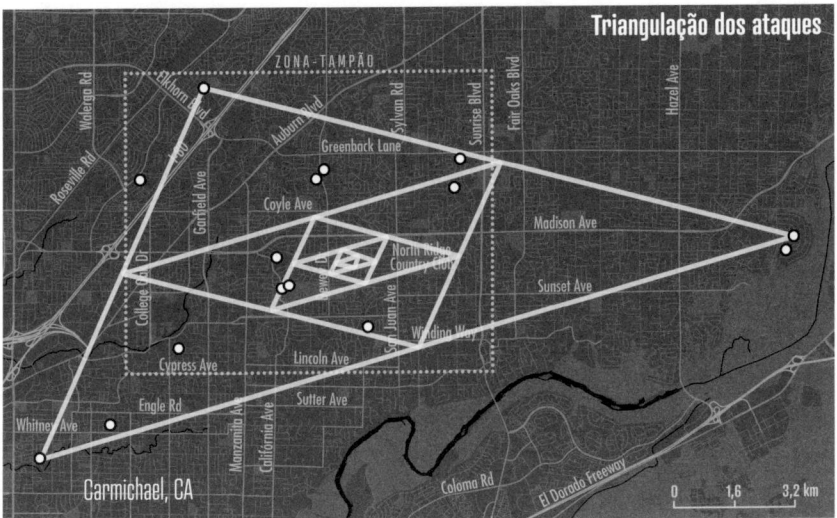

FIGURA 4

Cada esforço, tanto os que acabamos de descrever quanto os que omitimos para não abusar da paciência do leitor, produziram resultado similar, o que sugeria que o ponto de âncora do EAL ficava em algum lugar perto da intersecção entre Dewey Drive e Madison Avenue, na divisa

entre Carmichael e Fair Oaks. Essa conclusão foi apoiada em certa medida por um estudo de 1995 do FBI (Warren *et al.*), que descobriu que o
quinto ataque de uma série ficava mais perto da casa do criminoso em uma
pluralidade de instâncias (24 por cento dos casos, contra 18 por cento dos
casos em que o primeiro ataque ficava mais próximo). O quinto ataque do
EAL era o segundo mais próximo do ponto de âncora proposto, enquanto
o ataque de número 17 ficava apenas nominalmente mais próximo (numa
variação de cerca de cem metros).

Uns dois anos mais tarde, Michelle teve acesso a um perfil geográfico
sobre os ataques do EAL em Sacramento feito por ninguém menos que
Kim Rossmo, o pai do perfil geográfico moderno. Na verdade, foi o próprio
Rossmo que cunhou o termo.

O ponto de âncora de Rossmo ficava perto da intersecção entre a Coyle
Avenue e a Millburn Street – menos de oitocentos metros a noroeste do
ponto de âncora que Paul havia postulado sem nunca ter visto a análise
de Rossmo. (Ver Figura 5)

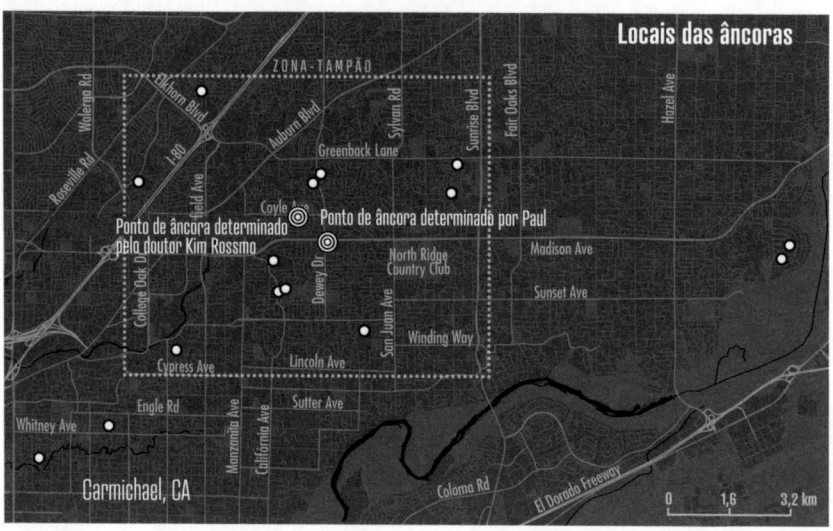

FIGURA 5

DESCOBRIR O ASSASSINO POR MEIO DO DNA FAMILIAR

Ao rolar na tela o resto dos 3.500 documentos do disco rígido de
Michelle, depara-se com um arquivo intitulado "RecentDNAresults"

["Resultados recentes de DNA"], onde estão os marcadores Y-STR do EAL (como *short tandem repeats*, isto é, "sequências curtas repetidas" do cromossomo Y, que definem a ancestralidade pela linha masculina), incluindo o esquivo marcador PGM.

Ter o DNA do Assassino do Golden State sempre foi o ás na manga dos investigadores.

Mas o DNA de um assassino tem tanto valor quanto os bancos de dados com os quais for possível compará-lo. Não havia uma correspondência no CODIS. E tampouco uma correspondência no banco de dados de Y-STR do sistema penal da Califórnia. Se o pai, irmãos ou tios do assassino tivessem sido presos por algum crime nos últimos 16 anos, um alerta teria sido enviado a Paul Holes ou Erika Hutchcraft (que no momento era a investigadora chefe no Condado de Orange). Teriam examinado a família do homem, focalizado em um membro que estivesse na área dos crimes, e aberto uma investigação.

Mas não tinham nada.

Existem bancos de dados públicos nos quais o perfil de DNA poderia ter sido introduzido à procura de correspondências, e que são compostos não de criminosos sentenciados, mas de pessoas interessadas em genealogia. Você pode introduzir os marcadores STR do cromossomo Y do assassino nesses bancos de dados públicos e tentar encontrar uma correspondência, ou pelo menos um sobrenome que possa ajudá-lo na busca.

Paul Holes havia feito isso em 2013, e – do mesmo modo que Michelle, sorrindo e proclamando "Resolvi o caso!" –, achou que finalmente havia pego o homem por meio dessa técnica.

Michelle conta a história em sua seção inacabada intitulada "Sacramento, 2013":

Paul Holes ainda consegue ouvir a batida da gaveta de seu arquivo ao se fechar. Ele esvaziara tudo que dizia respeito ao EAL, encaixotara e enviara por FedEx para Larry Pool, no Condado de Orange.

"Larry conseguiu", Holes pensou. É só questão de tempo.

Uma década mais tarde, Holes estava sentado em seu escritório, no mais absoluto tédio. Era agora o chefe do laboratório de criminalística. Em seu segundo casamento. Mais dois filhos pequenos com a segunda esposa. Havia trabalhado no laboratório de criminalística tempo suficiente para ver especialidades inteiras sendo desacreditadas.

Análises de fios de cabelo? Ele sentia os músculos se contraírem só de pensar nisso. Ele e seus colegas às vezes sentavam-se juntos e riam das ferramentas com as quais costumavam ter que trabalhar, instrumentos desajeitados e precários, como a primeira geração de celulares.

Estava começando a cumprir a promessa que sempre dissera que iria cumprir, que deixara de lado por uma década a fim de acumular promoções estáveis e prover a família. Investigador Paul Holes. Sempre gostara de como isso soava. Estava conhecendo as pessoas certas. Conseguindo as indicações certas. Uma transferência para o escritório da Promotoria para trabalhar em tempo integral em casos não solucionados já estava sendo cogitada.

Mas havia um problema, um que ele sabia muito bem que iria levar com ele para o escritório da Promotoria. O EAL. A cada ano que ele deixava de emergir, agarrado pelo DNA ou delatado por algum informante, o interesse de Holes aumentava. Sua esposa podia chamar isso de obsessão. Planilhas eram elaboradas. Passeios tranquilos de carro transformavam-se em visitas a cenas de crime. Não uma vez ou outra, mas toda semana.

Às vezes pensava na destruição urdida por um homem sem rosto, não só das vítimas mas também das respectivas famílias, o constrangimento dos detetives, o dinheiro e o tempo inutilmente desperdiçados, o esforço e sacrifício da vida familiar, os casamentos arruinados e o sexo comprometido pelo resto da vida... Holes raramente praguejava. Não era do seu feitio. Mas quando pensava em tudo isso, simplesmente tinha vontade de dizer: vá se foder. Vá se foder. Você.

A primeira geração de detetives que trabalhou no caso já estava tendo problemas de saúde. Os detetives da segunda geração, que trabalhavam no caso quando podiam arranjar um tempinho aqui e ali, iriam logo se aposentar. O tempo se esgotava. O EAL olhava para todos eles, com um sorriso perverso, por uma porta entreaberta.

Holes deslizou sua cadeira para perto do computador. No último ano, o DNA ancestral havia se popularizado entre pessoas curiosas a respeito de sua própria genealogia e, embora isso fosse bem menos divulgado, também como uma ferramenta para encontrar criminosos não identificados. Muitos dos fugitivos da lei estavam preocupados. Havia problemas em relação à garantia de qualidade. Questões de privacidade. Holes conhecia DNA. Conhecia bem. Na sua opinião, o DNA ancestral era uma ferramenta, não uma certeza. Ele tinha o perfil de Y-DNA gerado a partir do DNA do EAL, o que significa que havia isolado a linhagem paterna do EAL. O perfil Y-DNA podia ser introduzido em certos sites de genealogia, do tipo que as pessoas usam para localizar primos de primeiro grau e assim por diante. Você introduz uma série de marcadores do seu perfil Y-DNA, de 12 a 111, e recebe de volta uma lista de correspondências, sobrenomes de famílias com as quais você pode partilhar um ancestral comum. Quase sempre as correspondências estão a uma distância genética de 1 de você, o que não significa muita coisa, em termos de procura de parentes. O que você procura é o esquivo 0 – uma correspondência próxima.

Holes fazia isso a cada duas semanas. Mantinha suas expectativas de conseguir o zero. Uma maneira de alimentar a obsessão. E foi assim que numa tarde de meados de março de 2013 ele introduziu a familiar sequência e deu Enter. Depois de um instante a lista apareceu, com muitos dos nomes já familiares de suas buscas anteriores. Mas ele não reconheceu o nome bem no topo da lista.

O EAL tem um marcador extremamente raro. Apenas 2 por cento da população mundial tem esse marcador. Quando Holes clicou no link do nome no alto da lista, viu que o perfil continha esse marcador raro. Também batia com outros 11 marcadores do EAL, e do mesmo jeito – distância genética 0. Holes nunca havia recebido de volta uma distância 0.

Ele não sabia o que fazer primeiro. Pegou o telefone e ligou para Ken Clark, o detetive do Xerife do Condado de Sacramento com quem ele mais falava, mas desistiu antes de discar. Sacramento ficava a uma hora de carro do escritório de Holes em Martinez. Pegou a chave do carro e foi até lá.

Ia para o lugar onde, 36 anos atrás, tudo havia começado.

Michelle nunca conseguiu chegar à moral da história – o tipo de moral da história que teria levado qualquer um que viesse trabalhando neste caso por tanto tempo a ultrapassar a linha. O que aconteceu foi que um agente aposentado do Serviço Secreto e detetive amador chamado Russ Oase havia anonimamente feito o upload dos marcadores do EAL no mesmo banco de dados. Assim, a correspondência que Paul Holes acreditou ter encontrado era na verdade o resultado de dois caras introduzindo o mesmo perfil de DNA de um assassino e obtendo uma correspondência de imagem em espelho.

O DNA era o fio que Michelle sentiu como a melhor alternativa para sair do labirinto do Assassino do Golden State. A Califórnia era um dos únicos nove estados do país onde era possível fazer testes de DNA familiar dentro do banco de dados do estado. *Se o irmão do AGS for preso por um crime amanhã, teremos uma correspondência.* Mas esse banco de dados contém apenas pessoas que já foram sentenciadas alguma vez por um crime.

Michelle achou que tinha encontrado o assassino quando introduziu o perfil do DNA num banco de dados Y-STR disponível online no site Ancestry.com.

Numa rápida olhada, no alto da página, de fato parece promissor. O nome no alto da lista (estamos ocultando os nomes) tem muitas correspondências, como podemos ver pelas marcas de checagem. O nome é muito incomum (há apenas um punhado nos Estados Unidos e na Inglaterra). Ao lado do nome, MRCA indica Most Recent Common Ancestor ["Ancestral Comum Mais Recente"], e o numeral é o número de gerações que você precisa recuar na sua árvore genealógica para ter 50 por cento de probabilidade de encontrar um ancestral comum. O MRCA entre o homem e Michelle (no lugar do DNA do assassino) estima que ele viveu 11 gerações atrás (com 50 por cento de probabilidade).

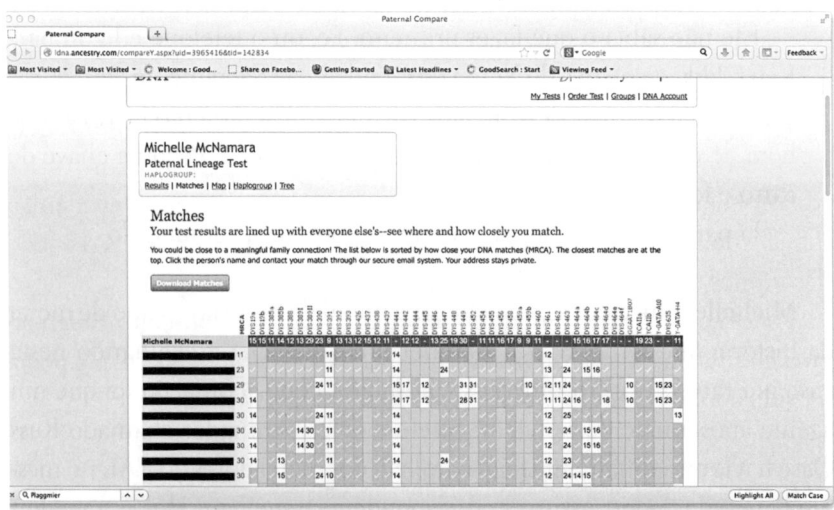

Depois de compartilhar seu achado com Paul Holes e outros especialistas, Michelle iria descobrir que ele não era tão significativo como imaginara de início. Você teria que recuar 330 anos na família desse sujeito, e mesmo assim teria uma chance de apenas 50 por cento de encontrá-lo.

Achar a pessoa exata a partir desses resultados era impossível com esse teste.

Um desses especialistas consultados por Michelle era Colleen Fitzpatrick, um genealogista forense que auxilia as pessoas a encontrarem seus pais biológicos – e que tem sido alguém crucial para ajudar a resolver alguns crimes importantes, como o do infame Assassino do Canal, de Phoenix. Fitzpatrick escreveu o livro de genealogia forense – literalmente[*] – e passou muitas horas, às vezes varando a madrugada, ao telefone com Michelle, discutindo as diversas maneiras de abordar o caminho genealógico para identificar o AGS.

Depois que Michelle morreu, Colleen explicou a Billy que embora não tenhamos uma linhagem utilizável para seguir, a partir da comparação acima temos de qualquer modo uma pista:

"Mesmo que você depare com correspondências Y que sejam distantes, mas que tenham todas o mesmo nome, você pode dizer que se trata provavelmente do sobrenome do Senhor X e que ele pertence à mesma família estendida dessas correspondências (em linha direta), talvez remontando várias gerações. Mas, neste caso, há uma variedade de nomes, então você não tem como apontar um. O 'sabor' dos nomes pode às vezes indicar alguma filiação étnica para o seu Senhor X. Digamos, se a lista dele é composta só por nomes irlandeses, você pode dizer que ele provavelmente é irlandês. Foi o que eu fiz nos assassinatos do canal. Eu não apenas deparei com o nome Miller para o Assassino do Canal deles, eu também disse ao DP de Phoenix que ele era um Miller de origem irlandesa. Algumas semanas mais tarde, eles prenderam Bryan Patrick Miller. Foi daí que eu tirei a ideia de que o EAL tinha um nome alemão mas era do Reino Unido. Nos testes que fiz para Michelle, esse é o 'sabor' dos nomes aos quais eu estava chegando."

Portanto, estávamos procurando um cara com um sobrenome alemão cuja família em algum momento viveu no Reino Unido. Claro, ele podia ter sido adotado; e então todas as apostas ficavam invalidadas.

---

[*] O livro de Colleen Fitzpatrick tem por título justamente *Forensic Genealogy* ["Genealogia Forense"] e foi publicado em 2005.

Tudo se resume ao tamanho do banco de dados com o qual você está tentando comparar sua amostra. Em 2016, havia muitas companhias oferecendo rodar seu perfil de DNA e adicioná-lo a um conjunto de dados em rápida expansão. Essas companhias usam teste de DNA autossômico. Por cerca de cem dólares e um pouco da sua saliva, as companhias entregam seu perfil de DNA. Além de saber se você tem probabilidade de manifestar Alzheimer no futuro, ou as probabilidades de sua cor de olhos, o teste é usado por adotados ou pessoas que foram criadas por mães solteiras. Os resultados que elas obtêm podem levar a primos em primeiro grau que elas desconheciam, e a partir daí elas podem descobrir seus pais biológicos e outras informações sobre sua identidade. Mesmo que você não consiga uma correspondência de início, ainda há esperança. As companhias enviam-lhe e-mails quando novos membros da família fornecem seu DNA. "Você tem novos parentes de DNA" lê-se em um e-mail que Billy recebeu recentemente do 23and-Me, depois de ter enviado seu DNA há alguns anos. "51 pessoas que compartilham DNA com você foram acrescentadas à lista de Parentes de DNA nos últimos 90 dias." Os testes não conectam apenas linhagem masculina. Conectam todo mundo.

O mais importante é que os bancos de dados são imensos – o 23andMe tem 1,5 milhão de perfis, e o Ancestry tem 2,5 milhões.

Pense simplesmente em quantos assassinatos, estupros e outros crimes violentos poderiam ser solucionados se as forças da lei pudessem introduzir o DNA de cenas de crimes nesses bancos de dados e serem direcionadas no rumo certo por meio de um primo do perpetrador encontrado no sistema. Infelizmente, nenhuma dessas companhias aceita trabalhar com as forças da lei, alegando questões de privacidade e os seus termos de serviço.

A ideia de que a resposta a esse mistério provavelmente está escondida nos bancos de dados de 23andMe e Ancestry.com mantinha Michelle acordada à noite.

Se pudéssemos apenas introduzir o material genético real do assassino – em vez de apenas marcadores selecionados – num desses bancos de dados, seriam grandes as chances de encontrar um primo em segundo ou terceiro grau e essa pessoa levaria os investigadores à identidade do assassino.

Portanto, a resposta pode muito bem estar atrás dessa porta trancada. Uma tranca feita de questões de privacidade e questões de busca e apreensão ilegal.

Michelle queria poder introduzir o DNA do assassino nesses bancos de dados comerciais em rápida expansão. Ela teria passado por cima dos termos de serviço deles para conseguir isso. Mas para introduzir seu DNA nesses bancos de dados, a companhia lhe envia um tubo para você cuspir dentro dele e mandar de volta para eles. Michelle não tinha a saliva do assassino nem um esfregaço. Ela tinha o perfil no papel. Mas de acordo com um cientista amigo de Billy, havia uma maneira de contornar isso. Não obstante, quando os críticos falam de privacidade, de termos de uso das empresas comerciais e da Quarta Emenda, eles evocam a clássica declaração de Ian Malcolm, interpretado por Jeff Goldblum, em *Jurassic Park – Parque dos Dinossauros*: "Seus cientistas estavam tão preocupados com o que poderiam ou não fazer que não pararam para pensar no que deveriam fazer".

———

Quando Michelle começou a trabalhar no texto para a revista *Los Angeles*, que serviu de base para este livro, arquivos oficiais do caso começaram a chegar até ela. Passou então a ler o material com muita atenção e a construir um índice de pessoas, lugares e coisas citados nos relatórios. A intenção era tríplice: promover a fácil localização de elementos de investigação dentro dos relatórios, esclarecer ambiguidades entre indivíduos selecionando os que podiam ser de interesse com base em movimentos geográficos posteriores, e, por fim, descobrir nomes sobrepostos ou possíveis vínculos entre as vítimas.

Michelle havia cultivado relacionamentos com investigadores, da ativa ou aposentados, que evoluíram para uma troca aberta de informações. Ela era como uma investigadora honorária, e sua energia e seus vislumbres revigoraram o sangue cansado do caso. Ela passou adiante nossos achados, junto com a Lista Máster, a alguns dos investigadores da ativa.

O acervo de material oficial sobre o caso continuou aumentando. Isso culminou com uma impressionante aquisição de material físico sobre o caso em janeiro de 2016, quando Michelle e Paul foram levados a uma pequena sala do Departamento do Xerife do Condado de Orange que guardava 65 caixas de papelão cheias de arquivos sobre o EAR/ONS. Fato notável, eles tiveram permissão de examiná-las – sob supervisão – e de pegar emprestado o que desejassem.

Tratava-se da Mina de Ouro.

Eles separaram 35 das caixas junto com dois grandes recipientes de plástico para levar para LA.

Michelle já previra tudo antes. Em vez de viajarem os dois num carro, entraram em Santa Ana em dois utilitários esportivos. Empilharam as caixas de papelão em carrinhos de mão e desceram com eles até a área de carga atrás do quartel-general do Departamento do Xerife do Condado de Orange, onde enfiaram as caixas nos dois SUVs enquanto o subxerife, sem ter conhecimento do que estavam fazendo, saía do edifício e por sorte pareceu não se dar conta do que estava acontecendo. Fizeram tudo com a maior rapidez fisicamente possível, antes que o pessoal do xerife mudasse de ideia.

Voltaram a LA, e as caixas foram levadas ao segundo andar da casa de Michelle. O antigo quarto de brinquedos da filha virava agora o Quarto das Caixas.

Logo começaram a cavoucar o material. Todos os santos graais, elementos retidos que Michelle não havia visto ainda, estavam ali, assim como pilhas de relatórios suplementares. Esses relatórios suplementares – compilados a partir de depoimentos de órfãos e gente da periferia do caso, com informações e elementos únicos, que iam parar no fundo do arquivo do EAL na ausência de alguma pasta específica onde pudessem ser arquivados – estavam entre os materiais mais cobiçados por eles. Michelle e Paul compartilhavam a crença de que se o nome do criminoso estivesse em algum lugar nesses arquivos, provavelmente seria numa daquelas anotações à margem: o suspeito esquecido, o relato de testemunha descartado, o veículo fora de lugar que nunca havia sido investigado, ou o espreitador que na época dera o que parecia ser uma explicação razoável para a sua presença na área.

Michelle comprou dois escâneres digitais de alta capacidade, e eles começaram a escanear os materiais. Muita coisa não havia sido sequer vista por investigadores da ativa, como Paul Holes, Ken Clark e Erika Hutchcraft. Esse escaneamento iria não só permitir o fácil acesso aos arquivos e tornar o texto rastreável, mas permitiria também que Michelle retribuísse o espírito generoso desses investigadores fornecendo-lhes um serviço de valor inestimável.

Este foi o avanço mais estimulante desde que a investigação tivera início. Uma grande guinada, algo que mudou o jogo. Michelle acreditava que a probabilidade de o nome do criminoso estar em algum lugar naquelas caixas era de cerca de 80 por cento.

Depois que o artigo da revista *Los Angeles* foi publicado, Michelle fez uma postagem no blog sobre as cartas que estava recebendo de detetives diletantes, que haviam lido a história e ficaram obcecados – mesmo que apenas por algumas horas – em tentar desvendar o caso.

Nas últimas semanas, tenho recebido dezenas de mensagens de leitores sobre meu artigo "In the Footsteps of a Killer". Muitos e-mails traziam ideias a respeito de provas e novos enfoques quanto à melhor maneira de pegar o Assassino do Golden State, o esquivo criminoso em série violento que de 1976 a 1986 fez muitas vítimas em várias partes da Califórnia.

O mapa foi o que despertou mais ideias, com muitos leitores contribuindo com teorias baseadas em sua experiência profissional ou acadêmica. Um leitor, empreiteiro de obras com experiência em "condomínios planejados para golfe", achou que o mapa era similar ao de muitas comunidades nas quais havia prestado serviços. Os caminhos desenhados à mão, disse ele, pareciam caminhos para carrinhos de golfe.

Outro teve um vislumbre assustador a respeito das linhas detalhadas que limitam as propriedades. Elas indicam as cercas, disse quem deu a dica, porque quem fez o mapa está mostrando barreiras que ele irá encontrar ao se mover por ali no escuro.

Outra leitora achou ter visto uma pista no registro "Louco é a palavra que me lembra da sexta série". O "6" em "6ª" série parecia mais um "G", ela apontou, acrescentando que era claro que a pessoa que tinha escrito aquilo havia corrigido e inserido a palavra "the" ["o artigo, "o" ou "a"] antes do "6", como se mudasse o que originalmente ia escrever, e que isso na opinião dela provavelmente indicava o nome da cidade onde ele havia sido criado. Uma cidade, segundo ela supõe, que começa com "G".

A evidência "Louco é a palavra" revela a raiva que quem escreveu tinha de seu professor da sexta série. Mais de um leitor destacou que professores homens de sexta série eram relativamente incomuns na década de 1960, época em que a pessoa que escreveu presumivelmente estava na escola elementar.

Outro leitor observou que Visalia, onde o Assassino do Golden State pode ter começado como um criminoso mais jovem, era onde moravam vários pilotos da vizinha Estação Aeronaval de Lemoore. O assassino talvez fosse filho de um piloto, teoriza a pessoa que deu a dica, já que várias outras localidades na série de crimes são próximas de bases aéreas.

Algumas dessas pistas podem ajudar a formar um quadro do assassino. Algumas podem não ter absolutamente nada a ver com ele, como um quebra-cabeça que você compra numa venda de garagem e que foi misturado com as peças de outros vinte quebra-cabeças.

Michelle estava determinada a ir até o fim na investigação de cada uma dessas peças para ver se havia encaixe.

Um dos últimos documentos modificados no seu disco rígido – datado de 18 de abril de 2016, três dias antes de sua morte – era intitulado "StillToDo" ["Ainda a Fazer"].

- Descobrir com Debbi D a respeito da lanterna; se eles a tinham trazido de outra casa. Segundo o que ela sabia, Greg visitara Toltec?
- [Um dos detetives] precisou de uma licença psiquiátrica depois do O/M [Offerman/Manning], e Ray disse ser a pior cena de crime que já havia visto (isso foi em e-mail para Irwin). Por que pior do que Domingo/Sanchez?
- Para Erika: Como minha experiência não é em leitura de cenas de crimes, o que você acha que aconteceu no caso Cruz?
- Para Ken Clark: Havia um elo público/imprensa com Maggiore na época do homicídio? É verdade que o FBI realizou teste familiar e esperava de 200 a 400 correspondências e não obteve nenhuma?
- Checar com o Ken o que ele quis dizer exatamente quando falou do marido ou do cara vestido de palhaço andando pela rua.

As perguntas prosseguem por páginas e páginas. No blog de Michelle, *True Crime Diary*, começaremos a tentar obter as respostas a essas questões que ela deixou em aberto. As discussões sobre o caso estão em curso, e convidamos os leitores a participar e acompanhar os numerosos murais de mensagens que trazem dia e noite novas pistas e diferentes teorias a respeito do assassino. Michelle sempre disse que ela não se importava com quem resolvesse o caso, desde que ele tivesse solução.

É inquestionável o impacto de Michelle neste caso. Nas palavras de Ken Clark, ela "chamou a atenção para um dos menos conhecidos, embora mais prolíficos criminosos em série que já operaram nos Estados Unidos. Se eu não tivesse lido os relatórios por minha conta nos anos em que investiguei esse caso, a história seria praticamente inacreditável. A pesquisa profissional que ela realizou, a atenção aos detalhes, e seu sincero desejo de identificar o suspeito permitiram-lhe alcançar um equilíbrio entre a privacidade daqueles que sofreram e ao mesmo tempo expor o suspeito de uma maneira que torne possível a alguém reconhecê-lo".

– Não é fácil você conquistar a confiança de tantos detetives em tantas jurisdições – contou-nos Erika Hutchcraft –, mas ela conseguiu isso, e você sabia que era por causa de sua reputação, sua perseverança e pelo fato de que ela se importava com o caso.

Paul Holes concordou, chegando a declarar que ele considerava Michelle sua detetive parceira no caso. – Estávamos sempre em contato. Se eu ficava animado com algo e mandava para ela, ela se animava também. Pesquisava e encontrava um nome e me mandava para eu procurar. Este caso é em última instância uma montanha-russa emocional: os altos são impressionantes quando você imagina que encontrou o cara, e aí você bate a cara na parede quando tem que eliminar aquele promissor suspeito por meio do DNA. Michelle e eu partilhamos esses altos e baixos. Eu tinha meus bons suspeitos, e ela tinha os dela; ficávamos trocando e-mails num crescendo de excitação só para experimentar no fim uma eliminação.

– Michelle foi capaz do feito de conquistar não só a minha confiança mas a de toda a força-tarefa, e demonstrou ser uma investigadora nata, agregando valor com os insights dela e sua tenacidade. A capacidade de compreender o caso, ter vislumbres que muitos não têm a aptidão de alcançar, a persistência e a personalidade divertida e envolvente, tudo isso junto, numa mesma pessoa, era algo impressionante de se ver. Sei que ela era a única pessoa que poderia ter conseguido o que conseguiu neste caso, começando como alguém de fora e se tornando com o tempo uma de nós. Acho que essa parceria público/privada foi realmente única numa investigação criminal. Michelle foi talhada para isso.

– A última vez que vi Michelle foi em Las Vegas, onde passamos um bom tempo juntos falando a respeito do caso. Mal sabia eu que seria a última vez que iria vê-la pessoalmente. O último e-mail que recebi dela foi na quarta-feira, 20 de abril. Como sempre, ela dizia estar mandando alguns arquivos que ela e seu pesquisador haviam descoberto e que ela achava que seria bom eu conhecer. Terminou o e-mail dizendo "Falo com você em breve, Michelle".

– Baixei aqueles arquivos que ela mandou depois de saber do falecimento dela na sexta-feira à noite. Ela continuava a me ajudar.

Num e-mail dela ao seu editor em dezembro de 2013, Michelle tratou daquilo que todo jornalista que lida com o crime real tem que enfrentar quando escreve a respeito de um crime não resolvido: como é que a história termina?

Ainda estou otimista a respeito dos desdobramentos do caso, mas não estou cega para o desafio de escrever a respeito de um mistério até agora não esclarecido. Eu tenho de fato uma ideia a esse respeito. Depois que meu artigo na revista foi publicado, recebi toneladas de e-mails de leitores, quase todos começando na linha de "Você já deve ter pensado nisso, mas, se não pensou, o que acha de (insira aqui alguma ideia de investigação)". Isso realmente confirmou para mim que dentro de cada um há um Sherlock Holmes espreitando, que acredita que se tiver em mãos o volume certo de pistas será capaz de resolver um mistério. Se aqui o desafio, ou a fragilidade percebida, é que o aspecto de não ter havido uma solução irá deixar os leitores desatendidos, por que não fazer disso sua chamada principal e usá-lo como um ponto forte? Eu tenho literalmente centenas de páginas de análises, daquela época e mais recentes – perfis geográficos, análises de calçados, dias da semana em que ele atacou etc. Uma ideia que eu tive é incluir algumas delas no livro, para dar ao leitor a chance de brincar de detetive.

Nós não vamos parar, até conseguirmos o nome dele. Também ficaremos brincando de detetive.

– PAUL HAYNES E BILL JENSEN
Maio de 2017

POSFÁCIO

MICHELLE ACHAVA CHATO tudo que tivesse a ver com magia ou naves espaciais. "Tô fora", dizia com uma risada. Armas de raio, varinhas mágicas, espadas luminosas, faculdades sobre-humanas, fantasmas, viagens no tempo, bichos falantes, superciência, relíquias encantadas ou maldições antigas: "Tudo isso tem cara de enganação".

– Ele está construindo outra armadura? – ela perguntou durante uma projeção do primeiro filme *Iron Man* ["Homem de Ferro"]. Depois de uns vinte minutos do filme, Tony Stark ajusta e aprimora sua armadura cinza, quadrada, Mark I, que vira uma superarmadura dourada e cor vermelho "maçã do amor". Michelle deu uma risadinha e saiu para ir fazer compras.

Os *spaghetti westerns* eram longos demais e violentos demais. Os mortos-vivos eram cientificamente implausíveis. E assassinos em série diabólicos com esquemas complexos eram, no que lhe dizia respeito, tão fantásticos quanto unicórnios.

Michelle e eu estávamos casados havia dez anos, e juntos havia treze. Não existia um único ponto de conexão entre nós em termos de cultura popular. Ah, havia sim – *The Wire*. Nós dois gostávamos de *The Wire*. Isso mesmo.

Quando nos conhecemos, eu era um caldeirão borbulhante e efervescente de fatos efêmeros e desconexos. Filmes, novelas, quadrinhos, música.

E assassinos em série.

Eu sabia números de mortos e *modi operandi*, e citações de entrevistas. Acumular informações sobre assassinos em série é uma espécie de rito de passagem para caras na casa dos 20 anos que querem parecer misteriosos e durões. Eu era justamente esse tipo de pateta que, nos meus 20 anos, faria qualquer coisa para parecer misterioso e durão. E lá estava eu, durante todo o besteirol dos anos 1990, tagarelando minúcias sobre Henry Lee Lucas e Carl Panzram e Edmund Kemper.

Michelle também conhecia esses fatos e essas informações inúteis. Mas para ela, isso era ruído de fundo, tão sem importância e sem interesse quanto o barulho de uma betoneira despejando cimento.

O que lhe interessava, o que acendia sua mente e disparava neurônios e receptores, eram as pessoas. Especificamente, detetives e investigadores. Homens e mulheres que, armados de um punhado de pistas aleatórias (ou, na maioria das vezes, de excesso de pistas, que precisavam ser filtradas para se descartar as falsas pistas), eram capazes de construir armadilhas para capturar monstros.

(Ufa – isso foi aquela descrição de sinopse de personagem de filme, daquilo que Michelle fazia. Perdão. Para mim é difícil não entrar numa espiral hiperbólica quando falo dela.)

Fui casado por uma década com uma combatente do crime – enfaticamente realista, metódica, do tipo britânico, que cultua as "pequenas células cinzentas". Via a sua indignação quando lia testemunhos de sobreviventes ou entrevistas com membros da família que ainda se debatiam com o fato de lhes ter sido arrancado um ente querido. Havia vezes em que eu levava a ela o café da manhã na cama e a encontrava diante do laptop chorando, frustrada e arrasada, porque mais uma pista que ela perseguira fizera-a dar com a cara num muro de tijolos. Mas aí ela tomava mais uma talagada de cafeína, enxugava os olhos, e saía martelando de novo o teclado. Uma nova janela se abria, uma nova conexão era perseguida, tinha início outra caçada a esse odioso canalha assassino.

O livro que você acaba de ler foi o mais perto que ela chegou. Ela sempre dizia "Eu não estou interessada em virar aquela que o capturou. Só quero algemas nos pulsos do cara e uma porta de cela batendo atrás dele". E era isso mesmo. Ela nasceu com coração e mente de um verdadeiro policial – ansiava por justiça, não por glória.

Michelle era uma escritora incrível: era honesta – às vezes até demais –, com seus leitores, com ela mesma e também a respeito de si mesma. Você vê isso nas seções sobre histórias de vida de *Eu terei sumido na escuridão*. E vê como ela era honesta a respeito das próprias obsessões, da própria mania, do seu às vezes perigoso compromisso com essa busca – com frequência à custa do sono e da saúde.

A mente voltada para a investigação e a lógica. O coração, para a compaixão e a visão profunda. Ela combinava essas duas qualidades de maneiras que eu nunca havia visto antes. Embora não estivesse empenhada em fazer isso, levou-me a repensar meu caminho de vida, minha maneira de me relacionar com as pessoas, e as coisas que eu valorizava. Fez tudo ficar melhor para mim e para as pessoas à sua volta. E o fez sendo original, de uma maneira tranquila, sem esforço.

Vou lhe dar um exemplo específico, episódico, e depois outro mais amplo, mais universal.

O episódico: em 2011, trabalhei com Phil Rosenthal na criação de uma *sitcom* baseada na minha vida. A série *Louie*, do comediante de stand-up Louis C. K., ficara no ar um ano, e eu estava muito animado com o novo terreno que se abria em termos de como estruturar uma sitcom e como apresentar o lado pessoal de uma maneira voltada ao humor. Eu basicamente queria o meu próprio *Louie*. E assim Phil e eu sentamos e passamos a trabalhar os detalhes da minha vida diária.

– O que a sua mulher faz? – Phil perguntou numa tarde em que sentamos para escrever.

Eu lhe contei. Disse que ela começara um blog chamado *True Crime Diary*. Contei que no início foi a maneira que ela encontrou de escrever sobre vários casos policiais não solucionados e casos que ela acompanhava online. Expliquei que ela iria incluir postagens que possíveis suspeitos faziam no MySpace. As mídias sociais são uma mina de ouro para os investigadores, concluiu ela. O velho método de arrancar informações de suspeitos à força não era nada comparado com as descargas mentais que esses narcisistas sociopatas oferecem todo dia em suas contas de Tumblr, Facebook e Twitter. Ela usava Google Maps e uma dezena de outras novas plataformas a fim de construir soluções para casos que pareciam definitivamente empacados. Era especialmente adepta de ligar dados de um caso obscuro, de década atrás, a um crime atual, aparentemente sem conexão com o outro: "Está vendo como ele aprimora seu *modus operandi*? Uma fracassada tentativa de sequestro numa rua sem acesso fácil a uma rodovia evoluiu para um sequestro mais fácil, perto de uma rotatória, onde ele pode se misturar e mudar de direção. Ele ficou mais corajoso e mais competente. É o mesmo carro nos dois casos, e ele conseguiu não ser detectado porque agora é outro estado, e muitas vezes forças policiais diferentes não compartilham informações". (Esse monólogo em particular, eu lembro, aconteceu uma noite na cama, o laptop apoiado nos joelhos dela; essa era a ideia de Michelle de conversas íntimas de um casal na cama.)

As participações dela no blog despertaram interesse de programas de notícias da tevê a cabo, e depois do Dateline NBC, que a contratou para refazer entrevistas com suspeitos no caso de um mórmon negro assassino de viúvas. As pessoas entrevistadas sentiam-se intimidadas ao serem abordadas por uma grande rede de tevê, mas ficavam totalmente à vontade para se abrir com uma blogueira. Elas simplesmente não percebiam que a blogueira com a qual estavam falando havia inventado uma forma de investigação de homicídios mutante, mais expansiva. Contavam tudo a ela.

Phil pensou nisso por um minuto mais ou menos, depois que eu terminei de falar. Então disse "Bem, esse é um programa *muito* mais interessante do que o que a gente está criando. Que tal algo com a sua mulher da tevê como uma organizadora de festas? Soa bem?".

E agora, o exemplo mais universal da singularidade de Michelle. Vivemos numa cultura da aceitação instantânea, da rolagem rápida, de clicar por impulso, de argumentos de 140 caracteres, e de vídeos virais de trinta segundos. É fácil captar a atenção de alguém, mas quase impossível mantê-la.

Michelle estava lidando com um assunto que exige atenção contínua, que com frequência não traz recompensa alguma em termos de produzir algum tipo de satisfação ou desfecho final. Requer a atenção não de um leitor apenas, mas de dezenas de policiais, garimpeiros de dados e de "jornalistas cidadãos" para produzir um avanço mesmo que seja mínimo.

Michelle conquistou e sustentou essa atenção por meio de uma escrita e uma maneira de narrar histórias impecável, convincente. Você entende o ponto de vista de todo mundo na escrita dela, e nenhum dos seus sujeitos é um personagem que ela tenha inventado. São pessoas que ela conheceu, com as quais se importou, e nas quais investiu tempo para ver como eram de fato: a polícia, os sobreviventes, os enlutados, e por mais difícil que seja para mim ter alguma ideia disso, até mesmo um inseto ferido, destrutivo, como o Assassino do Golden State.

Eu ainda estou esperando que ele ouça essa porta da cela batendo atrás dele. E espero que ela de alguma maneira ouça também.

***

Neste último Natal, Alice, nossa filha, abriu um presente que o Papai Noel deixou para ela. Estava feliz, desembrulhando sua pequena câmera digital e mexendo nos controles. Um presente divertido. Feliz Natal, minha querida.

Mais tarde naquela manhã, ela perguntou, assim do nada:

— Pai, por que você e o Papai Noel têm a letra igualzinha?

Michelle Eileen McNamara já se foi. Mas deixou aqui uma pequena detetive.

E um mistério.

— PATTON OSWALT
Herndon, VA
2 de julho de 2017

EPÍLOGO: CARTA A UM HOMEM VELHO

VOCÊ ERA A SUA ABORDAGEM: o tranco na cerca. Uma leve queda de temperatura por causa de uma porta do pátio arrombada. O cheiro de loção pós-barba permeando um quarto às 3 da madrugada. Uma lâmina na base do pescoço. "Quieta, senão eu te mato." Os sistemas reflexos de detecção de ameaças piscavam timidamente através da pesada marreta do sono. Ninguém tinha tempo de sentar. Acordar significava a pessoa compreender que estava sitiada. As linhas telefônicas haviam sido cortadas. As balas removidas das armas. Amarras já prontas, aplicadas. Forçando as vítimas a agir a partir da periferia, o borrão de uma máscara e aquelas respirações estranhas, sorvendo o ar. A sua familiaridade assustava as vítimas. Suas mãos voavam até interruptores difíceis de localizar. Você sabia nomes. Número de filhos. Lugares que a pessoa frequentava. Seu pré-planejamento dava-lhe uma vantagem crucial, porque quando suas vítimas despertavam com a ofuscante luz da lanterna e suas ameaças entredentes, você era sempre um estranho para elas, mas elas nunca eram estranhas a você.

Corações batiam forte. Bocas secavam. Sua fisicalidade permanecia inimaginável. Você era um sapato de sola dura sentido de maneira fugaz. Um pênis untado de loção de bebê enfiado num par de mãos amarradas. "Faça gostoso." Ninguém viu seu rosto. Ninguém sentiu todo o peso de seu corpo. Vendadas, as vítimas valiam-se do cheiro e do que ouviam. Talco floral. Um toque de canela. O tilintar dos ganchos de uma cortina no varão. O zíper abrindo uma bolsa de pano. Moedas caindo no chão. Um choramingar, um soluço. "Ah, mãe." Um vislumbre de um tênis de camurça, cor azul-royal.

Os latidos de cães sumindo à distância na direção oeste.

Você era aquilo que deixava para trás: um corte vertical de dez centímetros na tela da janela na casa de campo de Montclair, em San Ramon. Uma machadinha de cabo verde na cerca-viva. Um pedaço de cordão dependurado num galho de bétula. Espuma numa garrafa vazia de Schlitz Malt Liquor, no quintal dos fundos. Manchas de tinta azul não identificada. O fotograma 4 do rolo de filme 3 do Departamento do Xerife do Condado de Contra Costa, com o ponto onde eles acreditam que você pulou a cerca. A mão direita roxa de uma garota, que ficou dormente por horas. A silhueta de um pé-de-cabra marcada na poeira.

Oito crânios esmagados.

Você era um voyeur. Registrava pacientemente hábitos e rotinas. Na primeira noite que a escala de trabalho de um marido mudou para o turno da noite, você atacou. Havia marcas de solado em ziguezague, de quatro a sete dias antes do ataque, debaixo da janela do banheiro na cena do crime da quadra 3800 de Thornwood, Sacramento. Policiais notaram que alguém em pé ali podia enxergar o quarto de dormir da vítima. "Trepa comigo como você trepa com o seu velho", você cochichou, como se soubesse como o cara fazia. Calçou sapatos de salto alto numa garota, algo que ela fazia na cama como o namorado. Você roubou Polaroids de biquíni como lembrança. Você percorria o lugar com sua lanterna e frases curtas, repetitivas, ao mesmo tempo diretor e astro do filme que se desenrolava na sua cabeça.

Quase todas as vítimas descrevem a mesma cena: um instante em que elas podiam sentir que você havia voltado depois de um período entretendo-se em saquear, em alguma outra parte da casa. Sem palavras. Sem movimento. Mas elas sabiam que você estava ali, podiam imaginar o olhar sem vida vindo dos dois buracos da sua máscara de esqui. Uma vítima sentiu você olhando fixo para a cicatriz nas costas dela. Depois de um tempo sem ouvir nada, ela pensou "ele foi embora". Deu um suspiro, bem na hora em que a ponta da sua faca voltou e começou a deslizar pela ponta da cicatriz.

A fantasia fazia sua adrenalina circular. Sua imaginação compensava a sua escassa realidade. Sua inadequação fedia. Uma vítima tentou usar psicologia reversa com você e sussurrou "Você é um cara bom". Você de repente a soltou, espantado. A sua bravata de cara durão tinha um cheiro de blefe. Havia um tremor no seu sussurro entredentes, uma gagueira ocasional foi detectada. Outra vítima descreveu à polícia que você agarrou o seio esquerdo dela, por um breve instante. "Como se fosse uma maçaneta."

"Ah, não é gostoso isso?" você perguntou para uma garota enquanto a estuprava e encostava uma faca na garganta dela até que ela concordou.

Suas fantasias iam fundo, mas elas nunca passaram a perna em você. Toda investigação sobre um criminoso violento à solta é uma corrida; você sempre estava na dianteira. Você era esperto. Sabia que tinha que estacionar fora do perímetro policial padrão, ou entre duas casas ou num terreno baldio, para evitar suspeitas. Você fazia pequenos buracos nas vidraças, usava uma ferramenta para conseguir empurrar trancas de madeira, e abria janelas enquanto suas vítimas estavam dormindo. Desligava o ar condicionado para poder ouvir melhor se alguém chegasse. Deixava os portões laterais abertos e rearranjava a mobília do pátio para poder ter uma via de fuga desimpedida. Pedalando uma bicicleta de dez marchas você escapou de um agente do FBI que o perseguia de carro. Andava agachado por cima de telhados. Em Danville, em 6 de julho de 1979, um cão farejador teve uma reação tão forte diante de um arbusto em Sycamore Hill Court que o seu guia achou que o rastro de cheiro havia sido deixado há apenas alguns instantes.

Um vizinho viu você fugir da cena de um ataque. Você saiu da casa do jeito que entrou: sem calças.

Helicópteros. Barreiras na estrada. Patrulhas de cidadãos anotando placas de carros. Hipnotizadores. Médiuns. Centenas de homens brancos cuspindo saliva numa gaze. Nada.

Você era um cheiro e algumas marcas de sapatos. As duas coisas rastreadas por cães farejadores e detetives. Elas levavam longe. Levavam a lugar nenhum.

Levavam à escuridão.

Por muito tempo, você levou vantagem. Seu andar é decidido. Atrás de você seguem os investigadores de polícia. O pior episódio da vida de uma pessoa é registrado em letra cursiva, mal escrita, por um policial sonolento e apressado. Muitos erros de ortografia. A textura dos pelos pubianos é descrita por um rabisco na margem. Investigadores seguem pistas usando telefones antigos, discando lentamente os números. Quando não há ninguém em casa, o telefone simplesmente continua chamando. Se eles querem consultar um registro antigo, têm que escavar pilhas de papéis manualmente. A máquina de teletipo batuca e perfura fitas de papel. Suspeitos viáveis são descartados com base em álibis fornecidos por suas mães. O relatório do caso acaba indo para um arquivo, depois para uma caixa e uma sala. A porta é fechada. Os papéis começam a amarelar, a memória a ficar mais tênue.

A corrida está a seu favor. Você está em casa livre; sente isso. As vítimas vão sumindo de vista. O ritmo delas cai, a confiança delas é drenada. Estão oprimidas por fobias e a memória torna-as hesitantes. Abaladas por divórcios, drogas. Os prazos prescrevem. Os kits de provas são jogados fora por falta de espaço. O que aconteceu com eles fica enterrado, brilhante e imóvel, uma moeda no fundo de uma piscina. As vítimas fazem seu melhor para tocar a vida em frente.

Você também.

Mas o jogo perdeu a graça. O roteiro é repetitivo e requer apostas mais altas. Você começou no parapeito das janelas, depois invadiu casas. A reação de medo delas estimulou-o. Mas depois de três anos, expressões de terror e súplicas não são mais suficientes. Você cede aos seus impulsos mais sombrios. Suas vítimas de assassinato são todas mulheres lindas. Algumas têm vidas amorosas complicadas. Para você, estou certa, são "putas".

O conjunto de regras agora era diferente. Você sabia que tinha pelo menos 15 minutos para fugir de um bairro quando suas vítimas eram deixadas amarradas e vivas em suas casas. Mas quando você saiu da casa de Lyman e Charlene Smith em Ventura, em 13 de março de 1980, não sentiu necessidade de correr. Os corpos deles só seriam encontrados dali a três dias.

Lenha para lareira. Pé-de-cabra. Chave inglesa. Você mata suas vítimas com objetos que encontra na casa delas – incomuns talvez, mas é que sempre foi seu hábito agir rápido e andar desimpedido de tudo, menos da sua raiva.

E então, depois de 4 de maio de 1986, você desaparece. Alguns acham que você morreu. Ou foi parar na prisão. Eu não.

Eu acho que você caiu fora quando o mundo começou a mudar. É verdade que a idade também deve ter feito você desacelerar. A testosterona, que antes jorrava, agora era um filete. Mas a verdade é que as memórias perdem força. O papel se degrada. Mas a tecnologia avança.

Você caiu fora quando olhou por cima do ombro e viu seus oponentes se aproximando.

Você ia ganhar a corrida. Era o observador no poder, nunca o observado. Um revés inicial aconteceu em 10 de setembro de 1984, num laboratório da Universidade Leicester, quando o geneticista Alec Jeffreys desenvolveu o primeiro perfil de DNA. Outro foi em 1989, quando Tim Berners-Lee escreveu uma proposta para a World Wide Web. Pessoas que sequer tinham conhecimento de você ou dos seus crimes começaram a conceber algoritmos que poderiam ajudar a encontrá-lo. Em 1998, Larry Page e Sergey Brin constituíram sua companhia, o Google. Caixas com seus relatórios policiais foram transportadas, escaneadas, digitalizadas e compartilhadas. Havia no mundo um zumbido de conectividade e velocidade. Smartphones. Tecnologia de reconhecimento óptico de caracteres. Mapas interativos com parâmetros personalizáveis. DNA familiar.

Vi fotos das marcas de botas para trilha que você deixou na terra, do lado de fora do dormitório de uma adolescente em 17 de julho de 1976, em Carmichael, uma rude relíquia da época em que voyeurs não tinham escolha a não ser plantar-se fisicamente diante de uma janela. Você era excelente nessas incursões furtivas. Mas o apogeu da sua perícia não tem mais valor. Seus talentos ficaram defasados. As mesas foram viradas. Janelas virtuais estão se abrindo à sua volta. Você, o mestre observador, virou um alvo envelhecido, desajeitado, na retícula da mira deles.

Uma máscara de esqui não irá ajudá-lo agora.

O telefone de uma das vítimas tocou 24 anos depois de ela ter sido estuprada. "Quer brincar?" um homem sussurrou. Era você. Ela tinha certeza. Um gracejo nostálgico, como um ex-astro de futebol com artrite que assiste à fita de vídeo de uma de suas partidas antigas. "Lembra de quando a gente brincou?"

Imagino você discando o número dela, sozinho num quarto pequeno e escuro, sentado na beirada da sua cama de solteiro, com a única arma que restou do seu arsenal disparando uma memória, a capacidade de despertar terror com a sua voz.

Um dia desses, não vai demorar, você vai ouvir um carro parar na sua calçada, o motor sendo desligado. Vai ouvir passos vindo na direção da sua porta. Como aconteceu com Edward Wayne Edwards, 29 anos depois de ele ter assassinado Timothy Hack e Kelly Drew em Sullivan, Wisconsin. Como aconteceu com Kenneth Lee Hicks, trinta anos depois de ele matar Lori Billingsley em Aloha, Oregon.

A campainha toca.

Ninguém deixou portas laterais abertas. Já faz tempo que você não consegue mais pular uma cerca. Você faz mais uma daquelas suas respirações forçadas. Aperta os dentes. Encaminha-se devagar em direção à campainha insistente.

É assim que termina para você. "Você ficará em silêncio para sempre, e eu terei sumido na escuridão", foi como você ameaçou uma de suas vítimas há muito tempo.

Abra a porta. Mostre-nos seu rosto.

Caminhe para a luz.

— Michelle McNamara

NOTA À EDIÇÃO BRASILEIRA

MICHELLE SEMPRE ESTEVE CERTA. Enquanto ela escrevia o epílogo deste livro, o Assassino do Golden State não estava debaixo da terra. Tampouco estava em uma penitenciária, preso por algum crime não relacionado a essa infame série de estupros e assassinatos. Ele estava vivo, e, pouco a pouco, seu destino seria selado.

Em 24 de abril de 2018, três dias depois do segundo aniversário da morte de Michelle – e apenas dois meses após o lançamento de *Eu terei sumido na escuridão* nos Estados Unidos –, o Assassino do Golden State finalmente foi preso, encerrando-se assim um período de quarenta anos de impunidade.

Ele foi capturado em casa. Em Citrus Heights, no condado de Sacramento, Califórnia. Bastante próximo, portanto, do perfil geográfico elaborado pelo principal colaborador de Michelle, Paul Haynes, o Kid.

As autoridades chegaram até ele por meio do DNA. Sua impressão genética, obtida de material recolhido nas cenas dos crimes, foi cadastrada em um site de pesquisa genealógica. Tornou-se então questão de tempo até que a busca se refinasse e sua identidade fosse confirmada. Um mandado foi expedido, e a polícia colheu material da maçaneta do carro do suspeito e mais tarde de um lenço pescado em seu lixo. Era "Ele".

Saqueador de Visalia, Original Night Stalker, Estuprador da Área Leste: as alcunhas são muitas, mas é o apelido que Michelle criou, Assassino do Golden State, que a mídia mais tem utilizado na extensa cobertura do caso.

As pistas bateram: ele é ex-policial, serviu na Marinha e esteve noivo, em 1970, de uma Bonnie Colwell ("Eu te odeio, Bonnie!").

Hoje ele é um homem velho de 72 anos. Com um rosto. E um nome: Joseph James DeAngelo.

Michelle McNamara e as vítimas de DeAngelo podem, enfim, descansar em paz.

Este livro foi composto com tipografia Electra e impresso
em papel Off-White 80 g/m² na Formato Artes Gráfica.